本书的出版获得以下基金的支持：

国家社科基金项目："清代非直省民族地区的法治问题研究"（14BFX015）

安徽医科大学博士基金项目："民国时期医患纠纷解决机制研究"

安徽医科大学重点学科马克思主义中国化研究

清代理藩院的法律功能研究

马青连 ◎ 著

中国社会科学出版社

图书在版编目(CIP)数据

清代理藩院的法律功能研究 / 马青连著. —北京：中国社会科学
出版社，2016.12
ISBN 978 - 7 - 5203 - 0668 - 3

Ⅰ.①清… Ⅱ.①马… Ⅲ.①理藩院 – 行政管理 – 行政法 – 研究 –
中国 – 清代 Ⅳ.①D929.49

中国版本图书馆 CIP 数据核字(2017)第 143945 号

出 版 人	赵剑英	
责任编辑	任 明	
责任校对	刘 娟	
责任印制	李寡寡	

出 版	中国社会科学出版社	
社 址	北京鼓楼西大街甲 158 号	
邮 编	100720	
网 址	http://www.csspw.cn	
发 行 部	010 - 84083685	
门 市 部	010 - 84029450	
经 销	新华书店及其他书店	

印刷装订	北京市兴怀印刷厂
版 次	2016 年 12 月第 1 版
印 次	2016 年 12 月第 1 次印刷

开 本	710×1000 1/16
印 张	19.25
插 页	2
字 数	278 千字
定 价	75.00 元

序　言

马青连是我指导的博士生。2007 年，他参与我主持的国家社科基金项目《元明清时期国家与边疆民族地区基层社会关系的互动研究——以法制变迁为中心的考察》的部分研究工作，其主要关注国家和东北边疆民族地区的法制互动，在这期间他注意到了作为清代管理民族事务的最高中央机构——理藩院，并对之产生浓厚兴趣。在征求我的意见并经过反复讨论，最终以"理藩院对蒙古、西藏和回疆地区的立法与司法问题研究"作为他的博士论文选题，三年的艰苦努力使他顺利完成博士论文答辩，并经过多年思考形成《清代理藩院的法律功能研究》这部专著。

该书把清代蒙古、回疆及西藏这三个非直省民族地区作为研究的地域范畴，以法律多元理论作为具体理论支撑，借助国家法与固有法的二元法制模式作为研究视角，并通过综合运用法学、民族学、历史学及法律社会学等多学科的研究方法，具体分析清帝国如何通过理藩院的设置，赋予其针对蒙古、回疆及西藏地区的法律功能，实现控制边疆民族地区的政治目的。通览本书，我认为有以下几个值得肯定的地方：

第一，选题以小见大，立足于理藩院这个机构，比较客观地考察清代民族法治状况。清帝国于崇德元年设置了专门管理蒙古事务的理藩院，在其统治的两百多年里，随着整个政权机构的调整以及管理藩部事务的不断增多与复杂，理藩院本身的机构及功能设置也在不断变化与完善，最终成为直属于皇帝管理清代蒙古、回疆及西藏等非直省民族地区事务的最高中央机关。理藩院是清中央政府管理西、北少数民族地区事务的中央机构，为了有效地治理这些地区，清中央政府赋予了理藩院很大的权力。其中，协助皇帝对这些非直省民族地区立法是理藩院的一项重要功能，其制定了一系列适用于这三个非直省地区的民族法律规范，如《蒙古律例》《理藩院则例》《回疆则例》等。这些法规总的精神原则符合《大清律例》，是在其基本原则指导下的立法结果。但是，又允许这些非直省民族地区固有法的存在和适用，这样就形成了清代民族法制的二元性。这种二元性在理藩院的司法审判中也有着充分的表现，因为案件审判也是理藩院的重要功能之一，理藩院对这三个非直省民族地区案件的审理体现出强烈的多元化特点。对有些案件是直接审理，有的则是间接参与审理，同时值得注意的是，理藩院是蒙古及回疆地区案件审理的上诉审级。西藏地区较为特殊，理藩院对于西藏重大宗教案件是有权直接审理的，对于一般案件则是通过议覆程序或者审判监督程序实现对西藏地区案件的管辖。理藩院在各种形式的审理之中交叉适用国家法与民族地区的固有法，有效地解决民族地区的纠纷，客观上维护了边疆地区的稳定和发展，为大清帝国的稳定有序做出了贡献。

第二，提出清代行政区划的二元结构——非直省与直省的设想。非直省地区与直省地区是相对而言的一个概念。有清一代，就行政区划而言，清朝的地方行政区划可以分为一般行政区划和特殊行政区划。一般行政区划大体上可以称为直省地区，而特殊行政区划大体上可以称为非直省地区。所谓直省地区是指清中央政府以省为建制对地方实施管辖的地区，中央直接派官建制由巡抚及总督进行统治，中央对于直省地区的控制力度比较强大，往往以流官作为直省地区的封疆大吏，隶属于六部。非直省地区是指由于特殊历史原因还没有条件实施直接设省管理，主要考虑到该地区的历史文化、民族风俗以及该地区与清中央的关系，以将军、大臣、都统等来统治，直属于皇帝，同时清中央政府又用种种手段掣肘，当历史条件成熟的时候会直接设省，从而把它变成直省地区。

从历史变迁来看，这种行政区划的设置体现出一大特点：作为特殊区划的非直省地区逐步减少而一般行政区划的直省地区则相应地增加。清朝初年全国设有18个省作为一般行政区划，外加东北和西北地区的特殊行政区划。具体为普通行政区18省；特殊行政区有顺天府、盛京、吉林、黑龙江、新疆、蒙古、西藏、青海，这些特殊行政区在当时就属于"非直省"地区。苏发祥先生的《清代治藏政策研究》也认为，至清光绪年间地方行政区划发生剧变，光绪十年新疆建省，光绪十一年台湾建省，光绪三十三年东北地区建省，至此，清代在全国地方行政区划共有23个省和蒙古及西藏两个特殊行政区。清代的非直省地区是清代地方行政区划的一种形式，与直省地区相比较具有较大的自治权力。值得注意的是，清朝末年为加强对地方的治理力度，逐步扩大直省的范围，相应地，非直省地区逐步减少，实际上反映出清中央集权逐步加强的动态过程。理藩院是管理清代蒙古、回疆及西藏地区民族事务的清中央最高机构，因此，本书的研究以蒙古、回疆及西藏地区为中心，旨在考察理藩院在清代非直省地区的民族法制问题。

第三，多元化研究方法并用，尤其是法律多元理论的运用能有效彰显清政府治理边疆民族策略的灵活性。主要体现在运用"国家法"与"固有法"这一二元结构的法律多元理论。法律多元主义认为，法律多元根源于文化的多元。由于不同国家、不同地区之间有不同的宗教、习惯、生活方式以及不同的地理环境，使文化具有多元性，在法律上则表现为不同国家、不同地区有不同的法律，而在一个国家内部，由于历史发展阶段的不同，法律也是不同的，甚至在历史发展的同一时期，也存在不同层次的法律。同时，法律多元主义还认为，在社会中占统治地位的国家法律制度和其他"类法律秩序"之间的关系，它们的互动关系实际上是法律运行关系，不能将国家法律看作是与社会中的其他"类法律规范"完全对立的，也不能只注意国家法律的运行，因为多元规范程序是同一社会环境中的制度组成部分，它们总是混杂于同一社会的微观运行过程中。

作者把固有法定义为独立于国家法之外的、权威来自地方的、具有强制性的行为规范的总和。具体到本书所涉及的清代蒙古、回疆及西藏地区而言，"国家法"是指清政府制定的全国性规范性文件以及专门针对蒙古、回疆及西藏地区制定的规范性文件（包括皇帝的谕旨及临时制定的条例等）。"固有法"则主要指"地方化"了的，被当地民族视为传统法而继续适用的规范性法律文件。

第四，对清代西藏地区司法终审权是否收归中央给出了较有说服力的见解。法制史学界有些学者认为清代西藏地区的司法终审权没有收归中央，也有学者认为已经收归中央，作者则认为对于清代西藏地区的司法终审权问题不能"一刀切"地下结论。一般而言，清代西藏地区发生的政治性案件和重大宗教案件是毫无疑问收归中央政府管辖的，而西藏地区发生的所有民事案件及一般的藏民之间的刑事案件的终审权是没有收归中央政府的。值得注意的是，太平天国起义后的"就地正法"这种特别程序在全国推广，而"就地正法"本身就是清中央政府把终审权下放的具体表现。但是也必须清醒地看到，随着清王朝对西藏地区治理的不断深入，在过去看来是普通刑事案件的终审权也有上收的趋势。作者在专著中列举道光二十七年"驻西藏粮员武雨来抓获吸食鸦片烟民周文炳等六人"一案说明，此类案件的司法终审权已上收到中央政府。因此作者认为，应把西藏地区的司法终审权问题放在清中央政府治理西藏地区的历史变迁中来考察，随着政治势力的不断深入，司法终审权也在不断地扩大范围，再结合具体不同性质的案件来分析也许可以得出令人较为信服的结论。

当然，本书中仍有一些地方需要继续加强研究：

第一，本书主要关注理藩院对一般意义上藏区的立法与司法问题的研究，针对青海地区和川藏地区的相关法治研究较为薄弱。

第二，理藩院分别对蒙古、西藏和回疆地区的立法与司法研究得比较到位，但是三个地区的横向比较研究还不够。

总之，马青连这部专著是在他的博士论文基础上并经过多年思考的结晶，虽有一些不足，但瑕不掩瑜，仍不失为一部有分量的作品。希望他在今后的学习研究中继续跟踪这个问题，为我们奉献出更多更好的作品。

方　慧

2016 年 11 月 16 日于昆明

目　　录

上篇　理藩院的立法功能

下篇　理藩院的司法功能

绪　　论

一　选题的缘由及意义

（一）选题的缘由

1. 选题的背景

中国自古就是一个统一的多民族国家，在漫长的历史发展进程中，各民族通过各种形式的交往结成了种种政治、经济、文化关系，形成了中华民族多元一体的政治文化格局。在我国历史上，民族关系的一个重要方面通常表现为中央王朝对周边民族地区的治理。为了国家的"长治久安"，历代中央王朝总是想方设法加强中央集权和处理好地方自治，以维护国家的稳定和有序，这是任何中央王朝都必须追求的政治价值。当然，不同时期中央政权的治理方式是多种多样的，但这些多种多样的治理方式总是承载着历代统治者的这种政治价值判断与取舍。法律，作为统治阶级意志的体现，维持的是一个符合统治阶级利益的社会秩序，这个法律可以没有平等、没有效率、没有自由，但一定不会没有秩序，正是从这个意义上讲，与法律相伴随的基本价值是社会秩序。在中国历史上，自秦朝成为第一个君主专制中央集权的统一多民族帝国以来，建立了一元的法律制度（包括司法审判制度），这套法律制度是中央集权的，它与中国传统政治制度的本质是一致的。每代封建帝国为维持社会稳定和有序总要把中央集权和地方自治作为大事来考虑，总会通过一定的制度设计把统治者的这种价值取舍体现出来。历史的经验反复证明，只有妥善处理中央集权与地方自治，才能实现社会的稳定有序。稳定和秩序是社会得以正常运行的必要条件，要实现这种政治价值目标就必须要有一套制度体系作为载体。1644年清军入关，清帝国作为中国最后一个封建帝国，中央集权高度发展，君主专制极端膨胀，就是这样的政权格局仍能使中国的专制制度又延续了260多年，这绝不是偶然的。清中央政权集团的制度设计在当时必然有其合理的地方，能较为有效地维护这种政权格局的运作，理藩院①这一机构的设置便是顺应时代的产物之一。但是，理藩院的产生经历了一个漫长的历史发展演变过程。

明朝末年政治日益腐败，崛起于东北的努尔哈赤，在万历十一年（1583年）以"遗甲十三副"起兵，慢慢扩充了实力并于明万历四十四年（1616年）建立了地方性的后金政权。努尔哈赤认为满洲和蒙古语言虽然不同而风俗习惯相同，是兄弟之国，这反映了他想把漠南蒙古作为征服明朝的依靠力量。在努尔哈赤去世前，漠南蒙古的科尔沁、札赉特、杜尔伯特、郭尔罗斯四部已和后金站在一起。但是，由于当时还存在强大的察哈尔部林丹汗的力量，漠南蒙古的多数部落未归顺后金，因此，努尔哈赤时期设立管理漠南蒙古行政机构的条件还不成熟。皇太极继位后，后金对漠南蒙古的关系进入了新阶段。皇太极时期，他的军队多次深入明朝腹地。这种对明朝军事的迅速进展，更使皇太极感到漠南蒙古地位的重要。为此，后金天聪五年（1631年）皇太极设立六部时，便决定在每一部中都设有蒙古承政，以加强对漠南蒙古的管理。天聪六年（1632年）三月，皇太极打败了林丹汗。在这种情况下，为了便于治理漠南蒙古各部事务，使其成为"攻打明朝、进取中原"的可靠后方和借助力量，便于崇德元年在原来六

---

① 清代的理藩院有点类似于现代中国的国家民族事务委员会，但是，两者的机构组成及其功能不同，两者的性质也有着根本性的差别，前者是清帝国专制下的产物，而后者是民主制下的产物。理藩院是清王朝设置的管理清代西部及北部各少数民族事务的中央最高机构，尚书等决策人物一定是满洲贵族中皇帝的亲信担任，是皇帝的代言人，他们极力维护清帝国的中央集权。清帝国为了有效治理这些地区的少数民族，通过理藩院给予这些民族地区一定的地方自治权力，其存在于整个清代，在客观上对维护清帝国西、北边疆民族地区的稳定和发展做出了重大贡献。

部所设蒙古承政的基础上，皇太极又特设了专管漠南蒙古地区事务的中央机构——"蒙古衙门"。崇德三年（1638 年）六月正式更名理藩院，同年十一月铸造了理藩院印信，理藩院前后存在了 200 多年。宣统三年（1911 年），理藩院改名为理藩部。辛亥革命爆发后，随着清王朝覆灭，理藩部机构变成了蒙藏委员会。

"有清一代的边疆治理，基本上可以说是'北重南轻'，究其原因主要是因为北方的民族关系中所包含的文化成分更复杂，民族关系更不稳定。"① 清朝是满族统治者建立起来的一个多民族帝国，其主要通过理藩院来掌管西、北方的民族事务。早在清太祖努尔哈赤统一女真各部时，就深深知道蒙古是骁勇善战的民族，极其重视蒙古的军事力量，为了争取蒙古，扩大军事力量，以联姻、结盟来联合蒙古贵族。理藩院是在统一蒙古各部的过程中，为加强对蒙古的管理而设置的一个中央机构，以后逐步演变成掌管蒙、回、藏等民族事务的机构。理藩院不仅制定各种管理边疆少数民族的重大方针政策、法律法规，而且采取各种措施使之付诸实施，成为清帝国的一个立法与司法相结合的管理民族事务的中央机构。

特别要说明的是，笔者在参与导师的国家社科基金课题——《元明清时期国家与边疆民族地区基层社会关系的互动研究——以法制变迁为中心的考察》的时候，就对理藩院及北方少数民族关系予以特别的关注，在导师的鼓励下笔者选择了该课题的北方少数民族地区作为研究的视域，这一基础性的工作为本书的研究奠定了较为坚实的基础。

2. 研究现状

理藩院的研究始于 20 世纪 30 年代，至今已有 70 余年历史。国内外都有研究，国内集中在大陆和台湾，两地的研究成果非常丰硕；在国外，日本、苏联、蒙古国、法国、意大利、美国等都有这方面的

---

① 杜文忠：《边疆的法律——对清代治边法制的历史考察》，人民出版社 2004 年版，第 134 页。

成果，但无论从数量和质量以及科学性上来说都比不上国内的成果。笔者在这里主要梳理一下国内的研究情况，大体可分三个阶段：①

（1）20 世纪 30—40 年代的起步阶段。笔者认为这时期的理藩院研究，是伴随着中国民族史、地方史、政治制度史等问题的研究而进行的。涌现出何建民、桑波、郭冠杰、王文萱、楚明善、郑鹤声等一批学者，他们对理藩院的研究都做出了自己的贡献。以王文萱先生为代表，1935 年 4 月，王文萱发表了《清代蒙古政制研究》的长篇论文，文中论述了理藩院的设置、沿革、组织系统以及和各地将军、督统、大臣的关系。该文可算是 30 年代关于理藩院研究的一篇力作，代表了当时的研究水平，对后来的研究者有较大影响。总的来说这段时期对理藩院的研究处于刚刚起步的阶段，对理藩院的研究取得一定成绩，为后来的研究工作奠定了基础，但也存在明显的缺点，如观点的陈旧、某些推论难以成立、资料使用不够充分等。

（2）20 世纪 50—70 年代的深化阶段。这一时期大陆和台湾都有很多学者研究理藩院。台湾学者如杨正孝、吕士朋、陶希圣、杨树落、周昆田等人及大陆学者陶克涛、余元庵、金峰等人，其中最有代表性的还是台湾学者。1975 年，台湾出版杨正孝《清代理藩院之研究》专著，这是一部比较完备论述理藩院的著作，其中对理藩院与内阁、军机处、驻边机构、刑部、都察院等关系的探述，尤为别人所未关注，只是该书没有使用档案材料，所论及的问题也还需要进一步深入。1977 年，台湾学者吕士朋发表了《清代的理藩院——兼论清代对蒙藏回诸族的统治》专论。该文虽然在资料使用方面还存在一些缺憾，未能利用档案资料，但是它尽量利用了当时的研究成果，在理藩院研究进程中有着重要意义。这一时期的这些成果集中反映了理藩院研究的不断深入。

总之，以上两个阶段对理藩院的研究出现了专论，研究范围有所

---

①　学术界对于理藩院的设置有争议，笔者采纳并参考了赵云田先生的研究成果。具体可参见赵云田《清代治理边陲的枢纽——理藩院》，新疆人民出版社 1995 年版。

扩大，但也存在资料使用不很充分、某些观点有些偏激等问题。甚至一些国外的某些著述，忽视满族、蒙古族是中华民族大家庭中的一员，把清政府在边疆少数民族居住地区建立的各级封建统治机构看作"异族统治机构"，把蒙古族同中国割裂开来，这些观点显然是不正确的。

（3）20世纪80年代至今，理藩院的研究有了长足发展。首先是王钟翰、赵云田、成崇德等人的理藩院专题研究论文大量发表，使专题研究进入一个新阶段。其次是吴丰培标点的《理藩院则例》、赵云田辑录标点的《清代理藩院资料辑录》的出版，尤其是乾隆朝内府抄本《理藩院则例》首次被赵云田先生挖掘出来，并与道光朝、光绪朝印本《则例》进行比较，发现抄本《则例》的珍贵价值。最后是从民族史、民族政策、政治制度、法制史、交通史等研究角度，使理藩院研究得到新开拓与新进展。这一时期的研究，与前两期相比，专题论文数量大大增加，研究者们拓宽了领域，深化了选题，挖掘了更丰富、更宝贵的资料，开阔了视野，研究中所得出的结论更加接近历史的真实。这一时期存在的问题是，档案资料的使用仅是初步，研究领域还需拓宽，课题有待于深化，研究方法需改进，等等。

这一阶段以大陆学者的研究成果最丰硕，论文如赵云田：《清代理藩院的设置和沿革》［载《内蒙古师范大学学报》（哲学社会科学版）1984年第1期］、《略谈清代理藩院对西藏的治理》（载《西藏研究》1984年第3期）、《清朝治理蒙藏地区的几个问题》（载《中国社会科学》1994年第3期）、《清代前期统治西北地区的政策和措施》［载《首都师范大学学报》（社会科学版）1982年第1期］、《清代理藩院初探》（载《中央民族大学学报》1982年第1期），杨选第：《试论清代蒙古地区的司法制度》（载《内蒙古社会科学》2001年第4期）、《从〈理藩院则例〉析清朝对蒙古地区立法的特点》（载《内蒙古社会科学》2000年第2期）、《从〈理藩院则例〉与〈卫拉特法典〉的比较看其民族法规的继承性》［载《内蒙古社会科学》（汉文版）1998年第6期］，廖杨：《论清代蒙古地区的民族立法》

（载《社会科学辑刊》2003 年第 4 期），李文祺：《清代理藩院职能的发展与完善》（载《哲学史研究》2007 年第 5 期），苏发祥：《简述清朝民族管理机构的形成及其演变》［载《西北民族学院学报》（哲学社会科学版）2002 年第 2 期］，苏钦：《理藩院则例的性质初探》（载《民族研究》1992 年第 2 期），达力扎布：《〈蒙古律例〉及其与〈理藩院则例〉的关系》（载《清史研究》2003 年第 4 期），徐晓光、陈国光：《清朝对“蒙古律例”、〈理藩院则例〉的制定与修改》（载《内蒙古社会科学》1994 年第 3 期），徐晓光：《清朝对蒙古的司法审判制度》［载《内蒙古大学学报》（哲学社会科学版）1989 年第 1 期］，等等。

相关专著如赵云田：《清代理藩院、理藩院资料和理藩院研究》（全国图书馆文献缩微复印中心出版社 1988 年版）、《清代治理边陲的枢纽——理藩院》（新疆人民出版社 1995 年版）等。也有一些专著中专门谈到理藩院的司法功能问题，但谈得都很少。如张晋藩：《中国司法制度史》（人民法院出版社 2004 年版），张晋藩主编：《清朝法制史》（中华书局 1998 年版），那思陆：《清代中央司法审判制度》（北京大学出版社 2004 年版），郑秦：《清代司法审判制度研究》（湖南教育出版社 1988 年版），等等。但是，这些研究的成果中没有一部是专门从理藩院立法和司法功能的角度进行系统的考察。

3. 拟解决的主要问题

自 20 世纪二三十年代以来，学界对理藩院的研究成果丰硕，一大批相关专题研究成果问世，研究的视域不断拓宽，研究方法不断更新，对史料的使用也不断加强。但是，在笔者关注的视野中大都主要是从史学的角度把理藩院作为清王朝治理边疆的中央最高机构来看待，易言之，主要从“治边”的宏大政治策略视角考察的。古代行政司法合一，法律制度更与政治本质是一致的，法律的价值目标与政治价值目标也是一致的，法律体现出强烈的政治性。可以说，如何加强中央集权和适当的地方自治，控制边疆地区并进而使之稳定有序是清中央王朝孜孜以求的政治价值目标。这种政治价值目标要通过一定的法律制度设计体现出来，理藩院的产生便是清中央王朝实现这种政治价值的产物。理藩院不仅有立法功能还有司法功能，学界对理藩院立法和司法功能的研究不足，专门从立法和司法功能视角入手的研究成果很少，注重实证的研究更少。有鉴于此，本书拟主要解决的问题是：

（1）清中央王朝是如何通过理藩院的立法和司法功能加强对边疆民族地区的控制，进而实现中央集权的。

（2）如何通过理藩院的立法和司法功能解决地方自治问题的。

（3）理藩院在非直省民族地区的蒙古、回疆及西藏立法和司法中的具体作用是怎样的。

（4）理藩院作为代表皇权的立法机关是如何实现其自身的立法功能的，是直接还是间接的立法，是主动的立法还是被动的立法。（例如：理藩院主动请示立法；被动接受皇帝谕旨立法；参与审议地方封疆大吏请示立法；通过司法判例的立法等。）

（5）理藩院作为非直省民族地区的上诉机构如何处理同刑部的关系。

（6）在处理立法与司法问题时，理藩院与驻藏大臣的关系又是怎样的。

（7）理藩院对西藏的案件到底有没有司法管辖权。

（8）西藏的司法终审权到底有没有收归中央政府。

（二）选题的意义

1. 理论意义

（1）拓宽清史的研究领域。本书有助于深入研究清代民族法制史。清朝是中国封建社会最后一个王朝，在历史上，中国从未中断过的封建社会史和封建法制史为清朝统治者全面总结历代法制建设经验提供了有利的条件。作为满族贵族入主中原而建立起来的中央政权，为了适应统治全国的需要，尤为重视处理与少数民族的关系。历代清帝均十分重视对少数民族立法的建设，陆续颁布了一系列针对边疆少数民族的政策和法律法规，以加强对边疆少数民族事务的管理。在立法方面，具有形式多样化、立法原则因俗化的特点，除制定全国统一适用的基本律典外，还制定了一系列适用于各少数民族的专门法规。这些法规总的原则、精神既符合国家基本律典，同时又适应各少数民族地区的经济文化发展水平和风俗习惯，因而能在少数民族地区得以较好的贯彻实施。但是，前人研究的视域往往把理藩院作为清王朝"治边"的中央最高机构放在整个清朝治理边疆少数民族的整体中来考察，单独以立法与司法为中心的考察很不系统。

（2）创新理藩院制度研究的方法。以前的研究大多是从政治学、史学、民族学的视角，而本书则是运用历史学、民族学、法律社会学和法学的知识，从静态规则描述和动态实证分析①的角度考察清王朝是如何通过具体法律制度的设置，加强中央集权并妥适地处理地方自治，进而更深层次上体现清中央王朝维护社会稳定有序的价值判断，丰富了清代理藩院制度的研究方法。

2. 实践意义

（1）为现代民族关系的处理提供借鉴。清王朝是少数民族政权，又是中国最后一个君主专制的中央集权的封建帝国，在其延续的260多年间，继承了中国历史上治理边疆少数民族的丰富经验，这期间的经验和教训值得后人借鉴。目前，民族史及法律史界对清代理藩院法制问题的研究很薄弱，尽管也有一些有质量的论文发表，但是直接涉

---

① 这一说法最早应该是日本学者浅井虎夫提出的，他说："凡研究支那法制有二方法：一纵的研究，一横的研究。纵与横之二方面，均有不可相离之关系。法制上横的研究即所谓法典之研究也，盖法典常属于静止的，一经编纂而即以不改正其成篇为限，是最富于静止状态。纵的研究则法制运用之研究也。总之，纵与横之研究，所谓不离乎体用之研究者近是。"［杨鸿烈：《中国法律发达史》（上），商务印书馆1988年版，第12页。］有学者亦谓："我们认为法典固然重要，但至多只是一个法制的设计大纲，就此所作的研究只能见到这个法制静态的架构；审判记录则是一个法制的运作痕迹，就此所作的研究可以见到这个法制的动静两态的种种细节。"（张伟仁辑：《清代法制史研究》，台北"中研院"历史语言研究所专刊之七十六，1983年，第63页。瞿同祖先生的《中国法律与中国社会》大体上也是这种方法的结晶。）关于中国法律史研究方法的梳理，可参见刘广安《二十世纪中国法律史学论纲》，载刘广安《中华法系的再认识》，法律出版社2002年版。

及理藩院法制问题的不多见，专著更没有，有必要对此进行深入的研究。这对我国制定民族政策，建设完善民族事务委员会的各项职能，更好地实行民族区域自治以及完善少数民族地区的地方立法与宗教立法都有着重要意义。

（2）该研究将对我国现在的法制建设，特别是司法改革、判例法的引入等提供一定的历史知识和借鉴。为理藩院的立法功能和司法功能的研究提供更深层次的分析，同时也是清代法律史研究中的新开拓和新深入，将对我们了解清代法律制度运作情况有重要意义，对了解清代司法制度的具体运作也能提供新的视角。

二　基础性史料、研究方法及进路

（一）基础性史料

笔者在本书中所使用的基础性史料，主要包括（清）赵尔巽等：《清史稿》，中华书局 1977 年点校本；（清）《清实录》，中华书局 1985 年版；（唐）魏征等：《隋书》，中华书局 1973 年版；（后晋）刘昫等：《旧唐书》，中华书局 1975 年版；（宋）欧阳修、宋祁：《新唐书》，中华书局 1975 年版；（元）脱脱等：《宋史》，中华书局 1985 年版；（汉）班固：《汉书》，中华书局 1962 年版；中国第一历史档案馆藏：《军机处录副奏折·民族事务类》；中国第一历史档案馆藏：《朱批奏折·民族事务类》；扎西旺都编：《西藏历史档案公文选·水晶明鉴》，王玉平译，中国藏学出版社 2006 年版；张济民：《青海藏区部落习惯法资料集》，青海人民出版社 1993 年版；中国社会科学院民族研究所、西藏自治区档案馆合编：《西藏社会历史藏文档案资料译文集》，中国藏学出版社 1997 年版；中国人民大学清史研究所、中国第一历史档案馆译：《盛京刑部原档》（清太宗崇德三年至崇德四年），群众出版社 1985 年版；《竹书纪年》，中华书局《四部备要》本；佚名：《乌里雅苏台志略》，嘉庆年间抄本；（清）昆冈等修：《钦定大清会典事例》，上海古籍出版社 1995 年影印本；（清）伊桑阿等：《乾隆朝大清会典》，文海出版社 1992 年版；（清）沈之奇：

《大清律辑注》，李俊、怀晓锋点校，法律出版社1998年版；（清）托津等：《钦定回疆则例》，全国图书馆文献缩微中心影印本，1988年；中国社会科学院中国边疆史地研究中心主编：《蒙古律例回疆则例》，全国图书馆文献缩微中心，1988年；沈师徐、席裕福辑：《皇朝政典类纂》，文海出版社1982年版；《钦定理藩部则例》，天津古籍出版社1999年版；（清）祁韵士：《皇朝藩部要略》，文海出版社1965年影印本；（清）和珅等修：《钦定大清一统志》，台湾商务印书馆1983年版；《满文老档》，中华书局1990年版；（清）傅恒等：《西域图志》，钟兴麟等校注，新疆人民出版社2002年版；（清）和宁：《卫藏通志》，文海出版社1965年版；（清）和宁：《回疆通志》，文海出版社1966年版；（清）曹振镛等：《钦定平定回疆剿擒逆裔方略》，道光年间；《古兰经》，马坚译，中国社会科学出版社1996年版；钟兴麒等校注：《西域图志校注》，新疆人民出版社2002年版；（清）孟保：《西藏奏疏》附《西藏碑文》，黄维忠、季垣垣点校，中国藏学出版社2006年版；（清）昭梿：《啸亭杂录》，何英芳点校，中华书局1980年版；（清）魏源：《戡定回疆记》，《小方壶斋舆地丛钞》第二帙；（清）椿园七十一：《西域总志》，文海出版社1966年版；《喀什噶尔事宜》，南京图书馆古籍部抄本；（清）松筠：《钦定新疆识略》，文海出版社1965年版；（清）永贵、苏尔德：《新疆回部志》，北京出版社1998年版；（清）会典馆编：《钦定大清会典事例理藩院》，赵云田点校，中国藏学出版社2006年版；乾隆朝内务府抄本《理藩院则例》，赵云田点校，中国藏学出版社2006年版；包银海编辑：《理藩院则例》，民族出版社2006年版；青海科学研究院藏学研究所编：《中国藏族部落》，中国藏学出版社1991年版；方慧编辑：《中国历代民族法律典籍——"二十五史"有关少数民族法制史料辑要》，民族出版社2004年版；高健、李芳主编：《清三通与续通考——新疆资料辑录》，新疆大学出版社2007年版；张其勤：《清代藏事辑要》，西藏人民出版社1983年版；吴丰培编辑，赵慎应校对：《清代藏事奏牍》，中国藏学出版社1994年版；周润年、喜饶尼玛译

注：《西藏古代法典选编》，中央民族大学出版社 1994 年版；杨一凡、田涛主编：《中国珍稀法律典籍续编》，黑龙江人民出版社 2002年版；刘海年等主编：《中国珍稀法律典籍集成》，中国社会科学出版社 1994 年版；（清）祝庆祺等：《刑案汇览》，北京古籍出版社2004 年版；（清）沈家本：《历代刑法考》，邓经元、骈宇骞点校，中华书局 1985 年版；杨一凡、徐立志主编：《历代判例判牍》（12 册），中国社会科学出版社 2005 年版等。

可以说，史料是中国法律史研究的灵魂，在使用史料时要忠实于史料的原貌，正如台湾学者那思陆先生所说："法史工作需要的是史料，不需要任何史观。摆脱一切史观的束缚，史料会说话，历史真相才有可能自然浮现。这就像法院在审理案件时，应该摆脱一切意识形态，案件的事实真相才有可能被发现。"① 尽管那先生的说法为一家之言，但是作为一种思考问题的进路是正确的。因此，在分析清帝国治理边疆各少数民族的策略时不可受"史观学派"的强烈影响。因为以强烈的"史观学派"的思维定式来审视清帝国在这些边疆民族地区法律制度的设置，并通过法律制度的设置考察中央集权和地方自治的问题，进而更深层次上把握具体制度背后的价值取舍时，就很难得出较为客观的结论。

（二）研究方法

中国法律制度史学的研究，需要选题的创新、方法的创新和理论的创新。本书既立足于用中国法制史传统的事实描述型和功能价值评说型方法对本选题进行研究，同时也尝试运用法律社会学、语境论②等方法和理论，希望在前人研究的基础上有所突破。在知识上主要采用法学、历史学和法律社会学、民族学等跨学科的知识，在具体方法

① 那思陆：《清代中央司法审判制度》，北京大学出版社 2004 年版，第 2 页。
② 语境论的提法，就中文著述而言，典型者如苏力，"这一进路坚持以法律制度和规则为中心关注，力求语境化地（设身处地地，历史地）理解任何一种相对长期存在的法律制度、规则的历史正当性和合理性"。参见苏力《语境论——一种法律制度研究的进路和方法》，载李贵连编《〈中外法学〉文萃》（上），北京大学出版社 2004 年版，第 182 页。

上采用静态规则分析与动态实证相结合。具体表现在：

1. 传统的事实描述和功能价值评说，具体表现为静态规则分析的方法。该方法主要侧重于对既有的法律文本力求做到忠实于立法者原意的解释。例如，在本书的上篇有关理藩院的立法，主要是针对《蒙古律例》《回疆则例》及西藏地区的相关法律文献的文本进行法学意义上的规范性分析，在此基础上进一步分析理藩院的立法功能。

2. 动态的司法实证方法。主要是通过理藩院在司法审判过程中如何适用这些国家立法，其制度文本的规定在司法实践中是否能达到立法者的有效预期。具体的方法是从《刑案汇览》《历代判牍》《清实录》《清代藏事奏牍》等文献中发掘理藩院直接审理或参与审理的案件来印证制度文本的实际效果。

3. 法律社会学的方法。在本书中主要体现在引入国家法与固有法这一二元法制模式作为分析问题的视角。在本书的下篇中有关法律冲突规范的选择最能清楚表现这一方法的运用，这一方法的运用不仅能使人们比较清楚地认识到清中央王朝对边疆民族地区实施"因俗而治"的政治策略，同时，通过理藩院在审理民族案件中灵活地交叉使用国家法与固有法，这两种法律在司法实践领域的博弈又从更深层次上体现出清中央政府在处理中央集权与地方自治之关系上的灵活性。另外是语境分析的方法。主要关注的是实事求是地对待古代的法律制度，对古代的制度要有"同情的理解"，这种方法实际上也属于法律社会学的方法。具体在本书中，可以使人们认识到理藩院在清代维护民族团结、巩固边防中所发挥的应有的作用，对理藩院的作用有一个客观的认识。

4. 比较分析的方法。这一方法的使用主要体现在结论部分，分别对理藩院在清代蒙古、回疆及西藏地区的立法和司法方面的异同进行了详细的比较分析。通过比较分析，人们可以清楚地看出，代表清中央政府的理藩院在不同地区的治理力度及方法是不同的，也同样体现出"因俗而治"的政治策略。

（三）研究进路

本书的大体思路是：法律文本是如何产生的；法律文本的具体规定是什么；在司法实践中法律文本的实际效果怎么样；辅之以案例的分析实证并运用比较分析、语境分析等。具体表现在：

1. 研究理藩院的立法功能时不仅仅局限于对法律文本的描述，而是从两大方面分析理藩院是如何具有立法功能的，即主动立法与被动立法：

（1）主动立法。如编纂新法；汇编历代成规；通过审判案件时创造判例法的形式立法，当然最后要报皇帝审批才具有普遍效力。这里要说明的是，判例法在中国古代法律制度中一直存在，这是学术界所共识的。其存在方式上表现为，判例法来源于律，起着补充、变通律，乃至发展、完善律的作用。在司法实践中，判例法解释了成文法的基本内涵，使之有效地适用于具体案例；判例法创制了新的法律规则，弥补了成文法的不足；判例法确立了很多法律原则，为成文法的适用创造了条件。当然，判例法也可能冲击成文法，造成司法的混乱。可以说，因案生例、定期修例及引例入律，构成了中国古代判例法的主要内容。

（2）被动立法。主要受皇帝的指令立法；受皇帝的委托审议驻各地将军及大臣的条奏。要说明的是西藏问题的特殊性，西藏是由驻藏大臣和达赖班禅共治的，对于西藏的立法往往是皇帝亲自谕旨和驻藏大臣条奏的方式。但是，驻藏大臣条奏皇帝后，往往会转到理藩院进行审议，理藩院从而参与间接的立法。

2. 在研究理藩院的司法功能时，主要从四个方面论证：

（1）司法管辖权。理藩院的司法管辖权又可从两大方面探讨，即中央层面的司法管辖权和地方层面的司法管辖权。前者从理藩院与刑部及三法司的关系入手，通过个案分析，后者主要考察理藩院是如何通过其派出机构参与地方一般案件的管辖，进而实现对地方司法权的控制。

（2）审判程序。理藩院是蒙古、回疆地区的上诉机构，涉及一般案件的初审和终审权；重大案件与刑部的会审程序；死刑案件与三法司的会审程序；参与斩、绞监候案件的秋审程序。

（3）法律冲突规范的适用。主要涉及的是理藩院在实际司法审判实践中如何处理国家法与地方固有法之间的关系。例如，固有法优先原则，适用先例原则，属人主义原则，属地主义原则及二者相结合原则，等等。

（4）西藏问题的特殊性。很难说理藩院是其上诉审级，但并不影响中央对该地区享有司法终审权，因为理藩院对西藏地区发生的重大政治性案件特别是宗教案件是可以直接审理的。另外，理藩院通过派出司员参与地方案件的审判，同时对西藏重大案件配合驻藏大臣处理的方式间接行使管辖权。

三　难点、创新及不足

（一）难点

1. 本书以"理藩院对清代非直省民族地区的立法与司法问题研究"为题，法制是相对于社会、经济、政治、文化各领域的制度而言的，是横向的制度性的社会上层建筑结构的要素之一。尽管"法制"一词很早就在中国的典籍中出现，如《礼记·月令》中就有："命有司，修法制，缮囹圄，具桎梏"的记载。但是现代意义上的"法制"是伴随着清末修律传入中国的，与之相类似的问题还有"中央集权""地方自治""价值取向"等概念。因此在文章的论述过程中，必然要涉及使用现代意义上的法学和政治学概念对历史上的各种法律现象进行叙述和分析的问题。尽管用现代意义上的法学理论、概念术语作为分析性的工具研究中国古代的法律制度已得到学界的认同，但在使用时如何避免不必要的误解仍将是一个考验。

2. 作为民族法律史的论文，史料是本书的基础和灵魂。历史研究必须以充分占有史料为前提，有些第一手材料的收集可能要到北京去查，中国第一历史档案馆收藏有数万件有关理藩院的档案材料，梳理的难度可想而知。

（二）创新

1. 视角的创新。从理藩院的立法和司法功能的视角考察清中央政府是如何通过理藩院这一机构较为合理地处理中央集权和地方自治的，进而更深层次地分析清中央政府是如何把维护社会稳定有序的价值取向体现在具体法律制度的设置之中的。这在研究视角上具有创新性。

2. 方法的创新。在研究的方法论上，由于本书属于少数民族法制史的范围，兼跨史学、法学、民族学等诸多学科，需要采用多种学科的方法来研究。如历史学方法要求尽可能地挖掘文献史料，包括各类档案、少数民族文献、外文资料中的相关内容，追本溯源。法学的研究方法则要利用法学理论对纷繁的社会现象、典型案例进行规范、实证地分析，并且透过法律规范本身去探求其背后蕴藏的社会意义。在研究中将采用静态的规则分析与动态的实证相结合，同时采用多学科综合的方法对个案后面的其他社会因素进行讨论。

3. 观点的创新。在中国法制史学界长期存在着清代西藏地区的司法终审权是否收归中央政府的不同观点，为什么会出现这种现象呢？笔者以为，这主要与学术界在考察清代地方司法终审权是否收归中央政府的路径有关。一般而言，在清代，象征着司法终审权收归中央政府的标志是案件最终由刑部审核报皇帝裁决，但是这种路径用于清代的直省地区是可以的，因为直省地区的最高领导督抚或巡抚在职能上是归属于六部而不是直接向皇帝负责的，因此，直省地区的重大命盗死刑案件是由督抚或巡抚上报刑部复核，再由刑部报皇帝裁决。但是，对于非直省地区而言，其地方最高领导是直属于皇帝的，直接向皇帝负责，特别是清中央政府设置理藩院作为管理蒙古、回疆及西藏地区民族事务的最高机关，其本身享有司法管辖的大权并且也是直接向皇帝负责的机关。因此，在考察这三个非直省地区的司法终审权的时候，不能仅仅从刑部的视角来考察，如果从理藩院的视角来考察，我们会发现清代西藏地区的司法终审权是收归中央政府的，只是不能机械地对待此问题。

4. 材料的创新。笔者在文章中继续坚持使用传统法律史学的静态描述性的研究方法所使用的历史文献资料和历史档案材料。但是，也大量使用《刑案汇览》和《历代判例判牍》中的司法案例作为实证材料，在笔者的阅读视野中，发现目前学术界对理藩院的研究所使用的材料中还没有人使用过。当然，这样的材料取舍最终取决于本书所采用的论证方法，在坚持传统静态描述性的论证方法的同时也运用了动态的司法实证方法。

（三）不足

1. 档案材料的使用上仍然有缺憾。笔者虽然前后四次进京到第一历史档案馆，但是有关理藩院的原始档案材料太多，梳理难度大，更重要的是一些原始材料不对外开放，有很多材料还没有翻译成汉文。

2. 有关西藏部分的论证略显单薄。其主要原因不仅是关于理藩院在西藏地区管理事务的前期研究成果非常少，更重要的是，没有相关史料明确记载理藩院是西藏地区的上诉审级，这也是导致学术界对于西藏地区的司法终审权是否收归中央政府产生歧义的一大原因。在此情况下，涉及西藏地区的有关理藩院的材料相对较少。另外一个重要原因是，驻藏大臣的设置削弱了理藩院在西藏地区的管理事务的权力和范围，也是导致对于西藏地区理藩院问题的研究没有蒙古及回疆地区厚重的又一重要原因。

四 相关概念的界定

（一）"国家法"与"固有法"概念的界定

我国法学界一般认为："法是由一定的物质生活条件决定的掌握国家政权的阶级共同利益和意志的体现，它是国家制定或认可并由国家强制力保障实施的行为规范体系及其实施所形成的法律关系和法律秩序的总称。"① 这种定义把法律仅仅限定在国家法的范畴内。然而对于法的认识，法律人类学家的认识则要宽泛得多，如霍贝尔认为：

---

① 卢云主编：《法理学基础理论》，中国政法大学出版社 1994 年版，第 43 页。

"这样的社会规范就是法律规范，即如果对它置之不理或违犯时，照例就会受到拥有社会承认的，可以这样行为的特权人物或集团，以运用物质力量相威胁或事实上加以运用。"① 这是一种比较宽泛的理解，即认为除了国家法之外还有地方法、习惯法及固有法的实际存在并发挥着实际的功能。

为了全面考察清代蒙古、回疆及西藏地区法律适用的全貌，也为了克服研究视野与研究方法上的狭窄，笔者借助了"国家法/固有法"② 这一二元法制模式作为研究的视角和分析框架。法律多元是指两种或多种的法律制度在同一社会中并存的状况。法律多元主义强调法律不仅出自国家，国家法只是法律规则体系中的一部分，而且不必然是最重要的部分。法律多元主义认为，法律多元根源于文化的多元。由于不同国家、不同地区之间有不同的宗教、习惯、生活方式以及不同的地理环境，使文化具有多元性，在法律上则表现为不同国家、不同地区有不同的法律，而在一个国家内部，由于历史发展阶段的不同，法律也是不同的，甚至在历史发展的同一时期，也存在不同层次的法律。同时，法律多元主义还认为，在社会中占统治地位的国家法律制度和其他"类法律秩序"之间的关系，它们的互动关系实际上是法律运行关系，不能将国家法律看作是与社会中的其他"类法律规范"完全对立的，也不能只注意国家法律的运行，因为多元规范

---

① ［美］霍贝尔：《原始人的法》，严存生等译，法律出版社 2006 年版，第 27 页。

② 关于固有法的概念在学界有争论。笔者以为，固有法实际上是指一个地区或者国家根据本地区或国家的民族精神自己创制的法律，它与法律的移植是个相对应的概念，就是没有受到外来因素特别是国家权力的干预下的产物。也有学者把它称为习惯法、民族法、非官方法以及民间法等。在国内，民间法这个概念很有影响，但其相比固有法可能会很模糊。梁治平先生在《清代习惯法：社会与国家》中，把凡是出自"民间""民人"创造的法都划归"民间法"，并认为在中国传统语境中，与"官府"相对的正是"民间"，而"官"与"民"这一对语言范畴，恰好表明了中国传统社会结构的特殊性。他把民间法分为民族法、宗族法、宗教法、行会法、帮会法和习惯法。在他看来民间法是包括习惯法的。笔者在这里之所以没有采纳梁先生的观点，是因为这种观点不能很好地解释历史上曾经存在的地方政权机关制定的法律，特别是中国历史上曾经存在过的地方政权立法的相对独立性。

程序是同一社会环境中的制度组成部分，它们总是混杂于同一社会的微观运行过程中的。对于法律多元，按照日本学者千叶正士的划分，主要划分为三个层面：官方法与非官方法、实证规则与原理性评价、固有法与移植法。在"国家法/固有法"这种二元模式中，国家法的概念相对固定，分为广义的和狭义的国家法。广义的国家法是指由国家制定或认可的，并且由国家强制力保障实施的法律规范的总和。狭义的国家法是指特定国家机关制定、颁布并由国家强制力自上而下保障实施的法律规范的总和。在这里，笔者采纳了狭义的国家法定义，把国家认可的法律规范排除在国家法之外。

笔者把固有法定义为：独立于国家法之外的、权威来自地方的、具有强制性的行为规范的总和。具体到本书所涉及的清代蒙古、回疆及西藏地区，"国家法"是指清政府制定的全国性规范性文件以及专门针对蒙古、回疆及西藏地区制定的规范性文件（包括皇帝的谕旨及临时制定的条例等）。"固有法"则主要指"地方化"了的，被当地民族视为传统法而继续适用的规范性法律文件。本书之所以没有再使用"民族习惯法"这个概念，是因为在民族社会生活中，民族习惯法已与宗教法融合在一起，很难将二者完全区分开。当我们考察某个地区或社会中的固有法时，我们会发现这些"法律"可能存在很大的差别，其形态、功能、发生途径可能大相径庭，但是它们都是在国家法所不及或不足的地方生长和存在，有着自身相对独立的价值。

（二）清代的非直省与直省地区概念的界定

非直省地区与直省地区是相对而言的一个概念。有清一代，就行政区划而言，清朝的地方行政区划可以分为一般行政区划和特殊行政区划。一般行政区划又大体上可以称为直省地区，而特殊行政区划大体上可以称为非直省地区。所谓直省地区是指清中央政府以省为建制对地方实施管辖的地区，中央直接派官建制由巡抚及总督进行统治，中央对于直省地区的控制力度比较强大，往往以流官作为直省地区的封疆大吏，隶属于六部。非直省地区是指由于特殊历史原因还没有条件实施直接设省管理，主要考虑到该地区的历史文化，民族风俗以及该地区与清中央政府的关系，以将军、大臣、都统等来统治，直属于皇帝，同时清中央政府又用种种手段掣肘，当历史条件成熟的时候会直接设省，从而把它变成直省地区。

　　直省与非直省地区的司法机构与司法审判程序的设置是不一样的。直省地区的司法机构由基层到中央的设置是州县、府、道、督抚再到中央刑部，最后是皇帝。如《清史稿》中记载："凡审级，直省以州县正印官为初审。不服，控府、控道、控院，越诉者笞。"① 非直省地区的司法机构从地方到中央的设置上表现出多元化的态势。在基层，蒙古地区的札萨克，回疆地区的伯克及西藏地区的番官，再上一级是蒙古地区的盟长，回疆地区的驻地将军及西藏地区的驻藏大臣，中央司法机构则是理藩院和刑部，最后是皇帝。至于司法审判程序要分一般性案件和重大命盗案件及政治性案件，② 一般性案件大体上是由札萨克、驻地将军及驻藏大臣结案。清代的重大命盗案件及政治性案件的司法审判程序总体看有两套模式，一种是直省地区的模式，表现为基层州县初审报府道再报督抚，由督抚初拟再报中央刑部，由刑部定拟报皇帝裁决；另一种是非直省地区的重大命盗案件及政治性案件的审判程序，则是基层蒙古地区的札萨克初审报盟长再到理藩院和刑部联合会审，最后交皇帝裁决。在回疆地区表现为由伯克或者驻地办事大臣初审，然后上报伊犁将军，再报中央理藩院和刑部，最后皇帝裁决。在西藏地区则又表现为番官或者粮员初审，报驻藏大臣，再到中央交皇帝，一般情况下皇帝会交给理藩院议覆，有时交给理藩院和刑部及其他中央机构联合议覆。这里的司法审判程序也同样表现出多元的态势，但是有一点与直省地区相同的是，最后

---

　　① （清）赵尔巽等：《清史稿》卷144，中华书局1977年版，第4211页。

　　② 要说明的是，无论是直省地区还是非直省地区，在清代都把户婚田土看作"细事"，国家无意于投入过多的司法成本管理这类案件，往往是交给地方自己处理，因此，笔者这里讲的案件全部指的是刑事案件而非民事案件。事实上，《大清律例》中有关民事方面的法律规范基本没有扩张到这三个非直省地区。

都由皇帝决定，体现出皇权的至高无上性，也表现出集权的极端性。非直省地区的蒙古、回疆及西藏各自也表现出不同的特点，蒙古和回疆地区的上诉机构是理藩院应当是没有问题的。在西藏地区，没有相关材料说明理藩院是该地区的上诉机构，原因是驻藏大臣直接向皇帝负责，所以重大案件往往是驻藏大臣直接报给皇帝，但是，皇帝的能力和智识决定其不可能真正有能力解决这些专业性很强的案件纠纷，经常是转给理藩院议覆，或者由理藩院与其他中央机构联合议覆，供皇帝裁决时参考。

从历史的变迁来看，这种行政区划的设置体现出一大特点：作为特殊区划的非直省地区逐步减少而一般行政区划的直省地区则相应地增加。清朝初年全国设有 18 个省作为一般行政区划，外加东北和西北地区的特殊行政区划。具体为普通行政区 18 省；特殊行政区有顺天府、盛京、吉林、黑龙江、新疆、蒙古、西藏、青海，这些特殊行政区在当时就属于"非直省"地区。至清光绪年间地方行政区划发生剧变，光绪十年新疆建省，光绪十一年台湾建省，光绪三十三年东北地区建省，至此，清代在全国地方行政区划共有 23 个省和蒙古及西藏两个特殊行政区。[①] 清代的非直省地区是清代的地方行政区划的一种形式，与直省地区相比较具有较大的自治权力。值得注意的是，清朝末年为加强对地方的治理力度，逐步扩大直省的范围，相应的非直省地区逐步减少，实际上反映出清中央集权逐步加强的动态过程。理藩院是管理清代蒙古、回疆及西藏地区民族事务的清中央最高机构，因此，本书的研究以蒙古、回疆及西藏地区为中心，旨在考察理藩院在清代非直省地区的民族法制问题。

最后要特别说明的是，清代的青海地区也是非直省民族地区，但是在本书中没有独立成篇章，原因是有关青海地区理藩院的立法与司法问题的材料不系统，同时《番夷成例》近乎是《蒙古律例》的翻版。所以，书中涉及青海地区的相关内容主要是放在相关内容之中做简要介绍。

---

① 参见苏发祥《清代治藏政策研究》，民族出版社 2001 年版，第 183—184 页。

　　"立法"一词在古今中外都存在，其最基本的意思是指法的创立。
但是随着人类社会的不断发展与演进，不同时期有不同时期的立法主
体、内容、种类及性质。在奴隶制社会，国家权力集中在君主手里，
也不存在固定的立法机关和严格的立法程序。到了封建帝制时期，尽
管封建帝王很注重发挥管理机构的作用，但是君主专制的社会性质决
定了立法的权力最终还是掌握在封建帝王手中，尽管具体的立法活动
是由官僚机构实施的，那也不过是实现帝王意志的表现形式，封建帝
王言出法随的实质仍然是一种国家立法活动。恩格斯曾经说过："领
主身兼立法者、裁判官和判决执行人，他成了自己领地上的完全不受
任何限制的统治者。"① 但是也必须承认，由于封建帝制时期官僚机
构已相当健全，立法活动又是一种专业性很强的活动，封建帝王不可
能从事实上完全左右各种立法活动及其内容。因为皇帝的精力和智识
是有限的，更何况封建帝制时期是有其较为完善的立法程序的。中国
封建社会中，终极意义上的立法权虽属于皇帝一人，但大臣在立法活
动中的作用非常重要，表面上是参与立法的工作人员，但这种参与已
经影响到皇帝的最终决策。以立法的发起为例，封建立法的发起有两
种典型形式，一是由皇帝亲自发起。如隋文帝杨坚在取得帝位后，于
开皇元年召集尚书左仆射、渤海公高颎等，"更定新律，奏上之"②。
另一种发起方式是由大臣奏请而发起。如清朝统治者入关后，顺治元
年八月，给事中孙襄上疏陈刑法四事，"一曰定刑书：'刑之有律，
犹物之有规矩准绳也。今法司所遵故明律令，科条繁简，情法轻重，
当稽往宪，合时宜，斟酌损益，刊定成书，布告中外，俾知画一遵
守，庶奸慝不形，风俗移易。'疏上，摄政王谕令法司会同廷臣详译
明律，参酌时宜，集议允当，以便裁定成书，颁行天下"③。这种大
臣提出立法动议及立法草案的做法，与现代立法程序中的提出法案有

---

　　①　《马克思恩格斯全集》第 21 卷，人民出版社 1965 年版，第 281 页。

　　②　（唐）魏征等：《隋书·刑法志》，中华书局 1973 年版，第 710 页。

　　③　（清）赵尔巽等：《清史稿》卷 144，中华书局 1977 年版，第 4182 页。

类似之处。在拟定法律草案中，大臣的作用更显重要，帝王一人亲自拟定法律草案的从未闻之；相反，法律草案都是由大臣拟定，呈皇帝审阅。在拟定的草案中，必然反映拟定者的认识、偏好。虽然最终由皇帝审阅裁定，但皇帝的这种审阅裁定，其形式意义大于实质意义，更主要的是表征皇权的至高无上。皇帝在裁定时，也不是随心所欲的。正如唐高宗所说："律令格式，天下通规，非朕虚所能创制。并是武德之际，贞观已来，或取定宸衷，参详众议，条章备举，轨躅昭然，临事遵行，自不能尽。"① 因此，皇帝在裁定时也是在"参详众议"后做出的。在我国封建社会中，虽然立法权由皇帝一人专享，大臣参与立法，但是，由于大臣在立法活动中发挥的作用非常大，已经行使了实质的立法权，从而成为实质主义意义上的立法主体。② 因

---

① （后晋）刘昫等：《旧唐书·刑法志》，中华书局 1975 年版，第 2142 页。

② 立法主体究竟何所指，在当前我国法学界尚有争议。当前，立法主体在我国还不是一个法律概念，而是一个学理概念，是学者们为了研究方便而引入的一个概念。作为学理概念，意味着不同的学者会对其作出不同的界定，造成众说纷纭、莫衷一是的局面。有学者认为，立法主体就是指立法权的承担者。（参见刘莘主编《立法法》，北京大学出版社 2008 年版，第 122 页。）换言之，"立法主体是指有权制定、认可、修改、废除法律的国家机关"（张根大、方德明、祁九如：《立法学总论》，法律出版社 1991 年版，第 143 页）。此外，有学者认为，"立法主体，简要地说，就是各种立法活动的参与者"（周旺生：《立法学教程》，北京大学出版社 2006 年版，第 177 页）。详言之，"立法主体是在立法活动中具有一定职权、职责的立法活动参与者，以及虽不具有这样的职权、职责，却能对立法起实质性作用或能对立法产生重要影响的实体"；"现代意义的立法主体就是各种有权参与或实际上参与立法活动的机关、组织和人员的总称"（周旺生：《立法论》，北京大学出版社 1994 年版，第 288 页）。上述第一种观点，站在法治的立场，强调立法主体必须具有立法权。这种意义上的立法主体具有以下特征：第一，立法主体是国家机关。其他组织和个人不是也不能作为立法主体。第二，立法主体是有权进行或参与立法的国家机关。第三，立法主体是具有立法职能的国家机关。第四，立法主体是依法行使立法权的国家机关。这是立法主体最主要的特征。虽然依据该观点，容易区分哪些是立法主体，具有范围的确定性的优点；同时，强调有法的依据，这对正在走向法治的中国立法无疑具有直接意义。但是，它却忽略了关于形式上的立法职权，"而形式上的立法职权是立法程序制度中必不可少的，即形式对内容的制约作用是不可忽略的，因而享有形式意义上立法职权的国家机关或个人也具有立法主体的资格"（曹海晶：《中外立法制度比较》，商务印书馆 2004 年版，第 70 页）。因此，这种关于立法主体的界定不符合立法的实际。第二种观点则是兼顾（转下页）

此，大臣不仅是简单的立法工作人员，也是立法主体。清代的理藩院在清代非直省地区的民族立法中实际上处于立法主体的地位。

笔者认为，现代意义上的立法权实际上体现了国家主权，由国家所享有并且由具体的机关来代为行使的具有实体和程序性内容的国家权力。从本质意义上来说，立法权属于国家权力体系中的重要组成部分，它和国家主权休戚相关，是国家独立自主的主权特性的表现。因此，也可以说立法权的统一行使应由特定的国家机关代表国家来实现，以保证国家法律制度与法律体系的内在统一与协调。但是，统一代表国家行使立法权并不否定立法权在一定的立法体制下适当的分离，如现代国家中的地方立法权、行政立法权等。① 现代意义上的立法权从内容上看可以包括法的制定权、认可权、修改权、补充权、解释权、废止权、撤销权等方面。在这个问题上，中国封建帝制时期的立法权同样体现了国家的主权，只不过封建帝制时期的国家主权是为封建专制皇权服务的，具体行使立法权的机关是代表皇帝的意志来立法的。当然，正如笔者在前文所说的那样，从实质主义的立场来看，由于皇帝的能力、智识和精力使其都不可能绝对地控制立法，封建时期的立法权事实上存在着封建帝王无奈的外逸现象。②

（接上页）立法职权与实际上立法作用两个方面。即在立法活动中，即便不具有立法职权，但如果起实质性作用的，也属于立法主体的范围。其主要理由在于：在对立法主体进行界定时，如果仅强调立法职权标准，而忽视在立法活动中的实质作用，就会陷入无视事实，忽视深层次和实质性问题的境地，从而易导致对立法主体范围以至整个立法问题的研究表层化、形式化。（参见曹海晶《中外立法制度比较》，商务印书馆2004年版，第69页。）因此，与强调立法权的立法主体定义相比，这种重视对立法活动起实质性作用或能对立法产生重要影响的功能性定义，似乎更符合立法主体的实质，笔者非常赞成这种观点。因此，就本书来说，清帝国在蒙古、回疆及西藏这三个非直省地区的民族立法过程中，虽然皇帝具有最终的决定权，但是理藩院在其中具有实质性的作用。

①　曹海晶：《中外立法制度比较》，商务印书馆2004年版，第14页。

②　稳定和秩序是社会得以正常运行的必要条件，历代中央王朝为了"长治久安"都把稳定和秩序作为其执政的价值目标，要实现这种价值目标就必须要有一套制度体系作为载体。皇权专制是中央集权的极端化表现，也就是通常说的个人独裁。纵观历史，任何朝代在个人独裁极端化时都不可能使国家社会处于稳定和有序状态，更不可能"长（转下页）

中国封建帝制时期的立法主体诚如前文所述，虽然形式上表现为皇帝独揽，但是从实质意义上来看，立法主体呈现出多元化的特征。清帝国的民族立法主体既有形式意义上的皇帝，也有实质意义上的理藩院，还有非直省地区的封疆大吏以及其他中央机关。比如军机处和六部，西藏地区的很多民族立法都是由军机处联合理藩院及兵部或者其他中央机关的立法。

因此，要讨论理藩院的立法问题，必然要涉及使用现代意义上的法学和政治学概念及理论对历史上的法律现象进行叙述、分析的问题。尽管用现代意义上的法学理论、概念术语作为分析工具来研究中国古代的法律制度已得到学界的认同，但是，在使用时如何避免不必要的误解仍将是值得注意的。现代意义上的立法是建立在宪政制度和立法、行政和司法权力相对独立或者追求独立的基础之上，而清代的立法体现出强烈的政治性，为皇权政治的中央集权服务，为了更好地服务于皇权政治的中央集权，表现出政治上的高度集权与适当分权的统一，同时在法制上又表现为统一与多元的结合。因此，这种多元同构不存在现代意义上立法应有的正当性，但是，古代的政治法律制度和现代的政治法律制度还是有着明显的共通性，至少从形式意义上看是这样的。

（接上页）治久安"。笔者认为清朝的中央集权绝不等同于皇帝专权，而是包括皇帝在内的中央国家机关的集权。支持"家天下"帝国机器有效运转的主要应该是各级官僚机构而不仅是皇帝个人，由于皇帝本人的智识、精力和时间的有限性，如果他还想使自己的"家天下"稳定有序，就必须主要依靠官僚机构。在这种情况下，皇帝就不得不在实际上听从官僚机构的意见，尤其是立法这样的活动必须由专业知识的人来完成，因此，从实质主义意义上来看，皇帝的权力在立法中往往只具有形式主义的象征意义。

上篇
理藩院的立法功能

第一章

理藩院考察

第一节　理藩院设置的历史渊源及动因

一　理藩院设置的历史渊源

中国自古就是一个统一的多民族国家，在漫长的历史发展过程中，各民族通过各种形式交往结成了种种政治、经济、文化关系，形成了中华民族多元一体的政治文化格局。在我国历史上，民族关系的一个重要方面通常表现为中央王朝对周边少数民族地区的治理。在漫长的历史变迁中，随着各民族交往的扩大和深入，历代汉族和少数民族统治阶级建设的政权中，大都设有管理边疆民族事务的官员或机构，在中国多民族国家发展巩固过程中起到了积极作用。通过管理边疆民族事务的机构，基本维护了边疆地区稳定有序，而边疆地区的稳定有序是各个朝代的统治者必须做出的政治价值选择。

（一）　奴隶制时期——初创阶段

据史料记载，在中国的奴隶制时期的商朝和周朝就有中国边疆民族管理机构的雏形了。如史料中记载的"氐羌来宾"① 中的"宾"在学界被普遍认为是商代奴隶主贵族在中央政府中设置的负责边疆民族事务的官员。同样在《周礼》中也记载了我国周朝时期的治理边疆的机构设置的情况，周朝管理周边民族事务的官员有小行人、象胥、

---

① 《竹书纪年》卷上，中华书局《四部备要》本。

掌客、职方氏、怀方氏，分别负责接待前来京师的四方少数民族使者。①

这一时期治理边疆少数民族地区的特点是，中央政权对周边民族的治理非常松散，中央统治势力完全没有直接介入。因此，管理边疆少数民族事务的中央机构仅具有象征意义，机构设置得非常简单，功能也比较单一。但是，它们的设置不仅基本维护了边疆地区的稳定有序，同时也为后来封建帝制时期管理边疆民族地区开启了先河，从此历经数千年得以继承并且发扬光大。

（二）唐朝以前的封建帝制时期——发展建设时期

秦始皇建立了第一个统一的中央集权制的封建帝国，同样非常重视边疆少数民族事务的管理工作，不仅颁布了中国第一部民族法律《属邦律》，而且还设置了专门管理边疆少数民族事务的中央机构。具体指管理边疆民族事务的机构和官员有"典客"和"典属国"，"典客"负责接待和秦朝有友好往来关系的边疆民族首领，"典属国"具体管理已经归附秦朝的边疆民族地区事务。秦的急功近利迅速为汉帝国所取代，汉朝统治者虽然对秦朝的政治法律制度心有余悸，但是对待秦朝实施的民族政策比较认可。为了加强对边疆民族的统治，两汉在中央政府中设置了管理机构和官员。中央机构先是称"典客"，西汉景帝中元六年（前144年）更名"大行令"，武帝太初元年（前104年）改称"大鸿胪"，掌诸侯及四方归附蛮夷和四方夷狄分封的事务。两汉时期，中央政府中管理边疆民族的官员还有客曹尚书。西汉成帝建始四年（前29年），初置尚书四员，丞四员。东汉光武年间，分客曹为南、北主客曹。

三国两晋南北朝时期中国再一次陷入大分裂大动荡时期，历时近400年，政权更替频繁，政治多变不定。但是有意思的是，这一时期的历代统治者都没有忘记积极对边疆民族地区实施治理。例如，魏、蜀、吴在中央政府中各设有大鸿胪卿负责边疆民族首领进京朝觐时的

---

① 参见赵云田《中国治边机构史》，中国藏学出版社2002年版，第2页。

接待事宜。①

盛唐阶段，中国又一次出现了封建大一统局面。唐朝存世两百多年，疆域辽阔，国力强盛，是中国多民族统一国家发展历程中的重要时期，也是封建职官制度比较完备的朝代。唐朝的边疆地区有突厥、回纥、吐蕃、南诏、高丽、渤海等地方政权，以及蛮、越、奚、契丹、室韦诸族。唐朝为加强对边疆民族的管理，在尚书省中设礼部尚书，辖礼部、主客等司，各设郎中员外郎、主事等官，管理边疆民族事务。礼部司主要负责"宾礼"及"出蕃册授"，主客司掌"诸蕃朝见之事"②。

这一时期各中央王朝对边疆少数民族地区管理上较之奴隶制时期有较大的发展与进步，具体表现为，这一时期的历代中央王朝一方面加大对边疆的治理力度，另一方面又没有完全把周边真正意义上纳入中央的版图：既不在这些地区驻军、派官、建制，也不在这些地区征收赋税。只是利用当地的少数民族的头领实行自我管理，中央王朝仅追求一种名义上的臣服即可，这种治理方式被学术界称为"羁縻统治"。因此，这个时候中央政府设置的管理边疆少数民族事务的机构同样具有简单化的特点，功能配置虽有进步但仍是单一的。

（三）宋元至明清时期——兴盛繁荣时期

宋朝设置的管理边疆民族事务的机构是中央政府中的礼部，礼部辖的主客司，"掌以宾礼待四夷之朝贡"③。凡郊劳、授馆、宴设、赐予，均分辨使者等级，按一定程序进行。还设有鸿胪寺，置卿、少卿、丞、主簿等官。卿掌边疆民族朝贡、宴劳、给赐、送迎诸事，少卿辅佐，丞参与。此外，还设有客省、引进司，分掌边疆民族朝觐贡献仪式，边疆民族进奉礼物诸事。元朝结束了中国长时期分裂割据局

---

① 参见赵云田《清代治理边陲的枢纽——理藩院》，新疆人民出版社1995年版，第3页。

② （宋）欧阳修、宋祁撰：《新唐书》卷46，《百官志一》，中华书局1975年版，第1195页。

③ （元）脱脱等撰：《宋史》卷163，《职官志三》，中华书局1985年版，第3854页。

面，重建了多民族国家统一政权。元朝疆域辽阔，为加强对边疆民族地区的统治，在中央政府中设置了宣政院。宣政院初名总制院，至元初年置，至元二十五年（1288年）更名宣政院。宣政院设院使、同知副使等官，加强对整个吐蕃地区的统治。这是对汉、唐王朝边疆民族管理机构的继承和发展。①

明初在中央政府中废中书省和丞相制，权力归属六部，各部尚书直接对皇帝负责。六部中的礼部设主客司，掌边疆民族的朝贡、封授、铨查等事。明朝还设有提督四夷馆，置少卿等官，负责与边疆少数民族有关的翻译事宜。明朝中央政府中的鸿胪寺和行人司，负责边疆民族首领在京活动中的各种礼仪。中国边疆民族管理机构在清代更加完备。理藩院是清代管理少数民族事务的中央最高机构，是清王朝总结历代王朝治理边疆少数民族经验的基础上结合清王朝自身国情而设置的。清代理藩院既是对中国历史上边疆民族管理机构的继承和发展，也和明末清初中国政局变化以及满、蒙两民族关系日益密切有关。

这一时期的各中央王朝逐步吸取前代治理边疆的经验，加大对边疆地区的治理力度。尤其是元朝和清朝两代是由边疆少数民族入主中原，更加注重对边疆地区的管理，不仅在中央政府内设置了如宣政院和理藩院这样庞大的治理边疆少数民族事务的机构，而且元朝还首次把西藏正式纳入中国的版图，实施驻军、派官、建制及征收赋税，并且在中国历史上第一次真正意义地对云南地区进行开发建设。而清朝则是中国历史上最巩固的统一多民族国家，其设置的管理北、西北边疆地区少数民族事务的中央最高机关理藩院更是机构庞大，功能复杂，有效地维护了边疆地区的稳定和有序。

---

① 参见赵云田《清代治理边陲的枢纽——理藩院》，新疆人民出版社1995年版，第5页。

二　理藩院设置的动因

明朝末年，中原地区爆发了大规模农民起义，明中央政府无力顾及边疆地区，于是，中国北部边疆的形势发生了重大变化。明朝初年被赶往大漠以北的蒙古各部，因明政权腐败和力量衰弱，15世纪中叶大部分"荐食漠南"，即为漠南蒙古。当时漠南蒙古各自为政，没有形成统一政权，其中察哈尔部林丹汗士马强盛又骄傲肆虐，引起各部不满。林丹汗和明朝保持友好关系，明朝政府也企图利用林丹汗，维持北部边防。崛起于东北的满族首领努尔哈赤，以"遗甲十三副"起兵后，实力渐增，明万历四十三年（1616年）建立后金政权。后金天命四年（1619年）萨尔浒之战，努尔哈赤大败明军。努尔哈赤扬言："不要幻想汉人政权是永久的，我是暂时的"，以及"南京、北京、汴京本非一人所居之地，乃女真、汉人轮流居住之地"[①]，反映了他入主中原的愿望。皇太极即位后，统一天下的心情更为迫切，满族首领把进攻明朝、夺取中央政权定为基本政策，对明政府构成了巨大威胁。

当时，除中原地区农民军以外，明政府、后金和漠南蒙古这三股力量处于反复博弈之中。在明政府和后金之间，漠南蒙古地理位置很重要，是缓冲地带。漠南蒙古的向背直接影响明朝政府和后金力量的消长。后金为消除进取中原的后顾之忧，决心争取和控制漠南蒙古。皇太极曾说："取燕京如伐大树，须先从两旁斫削，则大树自仆。"[②]清代理藩院的设置，正是后金为砍倒明朝这棵大树，以便进取中原而采取的战略措施。不仅如此，清代理藩院的设置，也是后金努尔哈赤、皇太极为进取中原而与漠南蒙古关系发展的必然产物。

明万历二十一年（1593年），漠南蒙古科尔沁、锡伯等部，曾进攻努尔哈赤，但是未能取胜。此后，科尔沁部贝勒明安始向努尔哈赤

---

①　《重译满文老档》，太祖朝第41卷，天命七年四月。

②　《清实录》（2），《清太宗实录》卷62，中华书局1985年版，第853页。

进献驼马。后金天命四年秋，努尔哈赤率军攻打明朝铁岭城，漠南蒙古喀尔喀部贝勒齐赛，引兵一万夜袭努尔哈赤，结果齐赛战败被擒，但以后双方使节又庄严盟誓，进一步确定明朝是仇国。努尔哈赤表示："我蒙古，诸申二国，语言各异，而衣饰风俗同也！"[1] 但是，林丹汗始终反对努尔哈赤，为了明朝利益，他多次对努尔哈赤进行牵制。努尔哈赤则充分利用漠南蒙古各部对林丹汗的不满情绪，采取一切措施争取同盟者。结果，漠南蒙古喀尔喀部有四千余户归顺，努尔哈赤的力量从而得到了壮大。努尔哈赤还和漠南蒙古科尔沁台吉达成了共同进击林丹汗的协议。后金天命十年（1625年）十一月，林丹汗围攻科尔沁格勒珠尔根城，努尔哈赤闻讯后立即发精兵前去解围。林丹汗围城数日未下，又见努尔哈赤援军到来，遂丢弃大批军马仓皇逃走。努尔哈赤信守和漠南蒙古各部的誓约，而对漠南蒙古各部的背约行为则使用武力解决。天命十一年（1626年）四月，他曾分兵八路，攻打漠南蒙古巴林部，以责其背盟助明之罪。

皇太极继位后，林丹汗对漠南蒙古各部采取的错误政策客观上帮助皇太极逐步壮大自己的力量。《皇朝藩部要略》中记载："天聪元年正月，有喀尔喀部人逃至者，言察哈尔林丹汗兴兵攻掠其部，从者收之，拒者被杀。"[2] 他的残暴行为引起漠南蒙古各部强烈的反抗。与此同时，满族首领皇太极的力量日渐壮大，因而漠南蒙古各部对皇太极的向心力逐渐加强。后金天聪元年（1627年）七月和十一月，敖汉部、奈曼部等先后归附皇太极。几乎同时，喀喇沁部、土默特部、阿巴噶部、喀尔喀部、鄂尔多斯部等，更联合起十几万军队在土默特部的赵城和张家口先后击杀林丹汗兵四万三千。漠南蒙古形势的这一变化对皇太极十分有利。天聪二年（1628年）七月，喀喇沁部塔布囊苏布地派遣使者拜会皇太极，八月双方达成攻打林丹汗的协议，九月皇太极便统率大军亲征。在敖汉、奈曼、喀尔喀、札噜特、

---

[1] 《满文老档》（上），中华书局1990年版，第99页。

[2] 祁韵士撰：《皇朝藩部要略》卷1，文海出版社1965年版，第22页。

喀喇沁等漠南蒙古各部簇拥中，皇太极乘夜驰进，在锡尔哈等地击败了林丹汗部众，随后又精选骑兵追剿到兴安岭。这是皇太极第一次以盟主身份统率漠南蒙古各部，确立了漠南蒙古对后金的依附关系。天聪三年（1629 年）三月，皇太极向漠南蒙古各部颁发军令，要求他们凡遇出师期约，应当踊跃争赴，同心协力。天聪六年（1632 年）三月，皇太极传令归顺的漠南蒙古各部会师出征林丹汗，收到命令的各部纷纷赶到，皇太极的权威以及军令的威严得到了充分的体现。

皇太极对漠南蒙古各部实行"慑之以兵，怀之以德"①，而偏于"怀之以德"的政策。天聪五年（1631 年），皇太极设立六部，决定在每一部中都要设有蒙古承政，以便加强对漠南蒙古的工作。次年新定朝仪，又提高漠南蒙古贝勒的地位，使他们仅次于八旗诸贝勒。皇太极还表示："我满洲与尔蒙古，原系一国"，"来降者，无不恩养之"。②"以力服人，不如令人衷心悦服之为贵也。"③ 科尔沁部贝勒奥巴背约后服罪，每次来朝时，皇太极仍然给予丰厚赏赐和隆重礼遇。林丹汗死后，皇太极把次女嫁给林丹汗的儿子额哲，还派人招抚林丹汗余部。结果，大大加速了漠南蒙古归附皇太极的进程，后金在与明朝力量对比中，实力明显增强。

后金天聪七年（1633 年），皇太极派人往漠南蒙古宣布法律，从而改变了漠南蒙古"法制未备，陋习不除"④ 的现象，并使漠南蒙古正式统一在后金建立的政权之内。同年十一月，皇太极进一步划定了漠南蒙古各部牧地疆界，编订户口二万五千二百余户。后金天聪八年（1634 年）十月，皇太极祭告了努尔哈赤灵位，宣布漠南蒙古各部已完全归附，为敌者只有明朝政府。后金天聪十年（1636 年）四月，科尔沁部土谢图济农巴达礼代表漠南蒙古十六部四十九贝勒和满、汉文武众官一起恭请皇太极称尊号。于是皇太极改元称帝，建立清政

---

① 《清实录》(2)，《清太宗实录》卷 20，中华书局 1985 年版，第 269 页。
② 《清实录》(2)，《清太宗实录》卷 9，中华书局 1985 年版，第 128 页。
③ 《清实录》(2)，《清太宗实录》卷 30，中华书局 1985 年版，第 384 页。
④ 《清实录》(2)，《清太宗实录》卷 17，中华书局 1985 年版，第 221 页。

权，封巴达礼等漠南蒙古各部首领以亲王、郡王、贝勒、贝子、公等
爵位。为此，清政权建立了管理漠南蒙古事务的中央机构——理藩院，
这种机构的设置不仅是战争发展的需要，也是其盟友蒙古事务的不断增
多以及日益复杂化的需要。为了更好地巩固满蒙联盟增强战斗力，并且
使蒙古成为其进取中原的先锋和坚强的后方依托，为其提供源源不断的
兵源和军事物资，清政权十分明智地加强对理藩院机构的建设。理藩院
的设置对清政权产生了深远影响，清军入关后，它是清朝管辖西、北边
疆民族地区从而使多民族统一国家巩固发展的基石之一。[①]

第二节   理藩院的机构组成及其功能设置

一 理藩院内部机构设置的历史变迁

正如前文所说，清崇德元年（1636 年），皇太极在原来六部所设
蒙古承政的基础上设置了蒙古衙门，后于崇德三年改名为理藩院。蒙
古衙门初设时，有承政三四员，其余皆为参政，官止二等。崇德三年
（1638 年）七月改为承政一员，左右参政各一员，副理事官八员，启
心郎一员。崇德四年（1639 年）正月，增设理藩院每旗章京一员。

顺治元年（1644 年），清统治者对部院官制进行调整，承政一律
改为尚书，参政改为侍郎，理藩院机构也相应进行了变动。顺治五年
（1648 年）二月，理藩院增设汉院判一员，汉知事一员，汉副使一
员。顺治十六年（1659 年）闰三月，清统治者更定在京各衙门满汉
官衔品级，理藩院归礼部所属，尚书一员称礼部尚书，左右侍郎各一
员称礼部左右侍郎，同时保留副理事官八员，堂主事二员，汉院判、
汉知事、汉副使各一员。顺治十八年（1661 年）正月，清统治者认
为，理藩院专管外藩事务，责任重大，作礼部所属，与旧制未合，决

---

① 参见赵云田《清代治理边陲的枢纽——理藩院》，新疆人民出版社 1995 年版，第
9—11 页。

定以后不必兼礼部衔，仍称理藩院尚书、侍郎，并改铸了印文。同年八月，建立理藩院四司，即录勋司、宾客司、柔远司、理刑司。新即位的康熙帝还晓谕吏部："理藩院职司外藩王、贝勒公主等事及礼仪刑名各项，责任重大，非明朝可比，凡官制体统应与六部相同，理藩院尚书照六部尚书，入议政之列。该衙门向无郎中，今著照六部，设郎中官。"① 吏部议定，理藩院应增设各司郎中十一员，员外郎二十一员，理藩院尚书名列于工部之后。这样，理藩院组织机构变为：尚书一员，左右侍郎各一员。满洲、蒙古司务各一员。汉院判、汉知事、汉副使各一员。郎中十一员，员外郎二十一员，堂主事二员。录勋司、宾客司、柔远司、理刑司主事各一员。满洲笔帖式十一员，蒙古笔帖式四十一员，汉军笔帖式二员。②

康熙九年（1670 年）三月，清中央政府又一次调整理藩院官员职能的设置。康熙帝认为理藩院大臣官员职能基本相同，但是级别上不同应该统一划齐，因此决定理藩院郎中一体升转。康熙二十八年（1689 年）十一月，都察院左都御史马齐言吏部，指出：数年以来，厄鲁特、喀尔喀不睦，互相征战，而理藩院所题之事，只用满洲蒙古文字，并未兼有汉文，请于事竣之后，兼用汉文注册，如此才能使朝廷对于蒙古之功德，昭垂永久。经吏部奏请理藩院添满洲、汉军汉字堂主事一员，翻译汉字，满洲笔帖式，每旗各一员，汉军笔帖式，每翼各二员。康熙三十年（1691 年）"多伦会盟"以后，为处理西北纷繁的军务，理藩院增设员外郎八员。康熙三十八年（1699 年）七月，在清政府各机构一次普遍性人员裁撤中，康熙帝将理藩院满洲、蒙古司务各一员，汉院判、汉知事、汉副使各一员，各司汉主事共四员尽行裁撤。康熙四十年（1701 年），理藩院柔远司划分为柔远前司和后司。这时期，理藩院组织机构的基本情况是：满洲尚书一员，左右侍郎各一员。郎中十一员，员外郎二十九员，堂主事六员，满洲笔帖式

---

① 《清实录》（4），《清圣祖实录》卷 4，中华书局 1985 年版，第 83 页。

② 参见（清）赵尔巽等《清史稿》卷 115，中华书局 1977 年版，第 3297—3298 页。

十九员，汉军笔帖式六员，蒙古笔帖式四十一员。① 雍正初年，以廉
亲王允为理藩院尚书，命裕亲王保泰办理理藩院事务。雍正七年
（1730 年）十一月，雍正帝发布谕旨，因为八旗游牧的地方非常紧
要，于是在理藩院内部又设置了巡按牧御史专管游牧事宜。雍正十年
（1733 年），又在理藩院机构内设置满洲笔帖式十七员，蒙古笔帖式
十四员，分别隶属于各司。

乾隆二十二年（1757 年），清中央政府再一次调整了理藩院司属
机构，把原来的录勋司仍改为典属司，宾客司为王会司，柔远后司为
旗籍司，柔远前司仍为柔远司。乾隆二十六年（1761 年），乾隆帝谕
示军机大臣：“理藩院专理蒙古事务，尚可兼办回部。著将理藩院五
司内派出一司，专办回部事务。”② 于是，理藩院司属机构又一次地
进行调整，并旗籍、柔远为一司，增设徕远司专管回部事务。乾隆二
十七年（1762 年）闰五月，鉴于原来柔远、旗籍二司所办事件各有
不同，若责成不专，恐办理日久，不免扯皮，旗籍、柔远仍分为二
司。至此，理藩院所属六司机构最后完备。乾隆二十九年（1764
年），因旗籍司、典属司职掌与名称未相符合，便再改典属司为旗籍
司，其旧旗籍司仍为典属司。嘉庆四年（1799 年），理藩院裁掉满洲
郎中、员外郎各一员。道光十四年（1834 年），添设喇嘛印务处笔帖
式二员，学习笔帖式四员。光绪三十二年（1906 年），清政府宣布
“预备立宪”，开始“厘定官制”的改革，理藩院改名理藩部。清朝
统治者认为，怀柔远人，仍是朝廷不变的宗旨，所以理藩院原设六司
仍旧存在，司务厅、当月处、银库、饭银处、喇嘛印务处等机构也一
仍旧制。只是把汉档房、俸档房、督催所等并入满档房，改名领办
处。将原来蒙古学扩充为藩言馆。辛亥革命爆发后，清王朝覆灭，理
藩部改名为蒙藏委员会。③

---

① 参见（清）赵尔巽等《清史稿》卷 115，中华书局 1977 年版，第 3297—3298 页。

② 《清实录》（17），《清高宗实录》卷 649，中华书局 1986 年版，第 272 页。

③ 参见赵云田《清代治理边陲的枢纽——理藩院》，新疆人民出版社 1995 年版，第
12—14 页。

二　理藩院内部机构及功能设置

在清代的不同时期，理藩院内部机构及其功能设置也有所不同。乾隆二十七年设置六司始成定制后，理藩院内部机构才趋于完备，具体设置和主要功能表现在以下几个方面。

（一）中央层面上的机构及功能设置

1. 决策机构

由尚书一人，左右侍郎各一人①，额外侍郎一人构成。其功能是掌蒙古各部及回部之政令，"控驭抚绥，以固邦翰"②。

对理藩院决策机构的设置及功能的考察，我们可以从两个方面把握：

第一，从中可以看出理藩院的决策人物的身份不是满洲贵族就是蒙古贵族。为什么会这样呢？这应当是中国历代封建帝制的一贯做法，那就是任人唯亲，而任人唯亲的好处是可以把国家大权集中在皇帝手中。因此，从理藩院决策机构的人选上可以看出，清中央政府意在加强对边疆少数民族地区的控制进而实现其加强中央集权的最终目的。

第二，从功能的设置上可知，其是掌管蒙古地区各个部落以及回疆各部的事务，可以说是这些少数民族地区事务的最高决策机构。当然，从理论上说最终要由皇帝决定，但是皇帝的时间、精力和智识决定了其不可能真正意义上事无巨细地过问所有的问题，因此，大量的具体事务实际上由理藩院决策。这样做也符合皇帝的初衷，因为从这些决策人物的人选上可以看出都是皇帝的亲信。

2. 理藩院的主体结构——六司

旗籍司　设郎中满洲二员，蒙古一员；员外郎满洲三员，蒙古四

---

①　理藩院的决策人员尚书及侍郎全部都是蒙古贵族和满洲贵族担任，而且这些人员又必须是皇帝的亲信，以此来保证理藩院的大权掌握在大清皇帝的手中。

②　（清）赵尔巽等：《清史稿》卷115，中华书局1977年版，第3299页。

员；主事蒙古一人；笔帖式满洲五人，蒙古十人。其功能是承办漠南蒙古诸部落封爵、会盟，及归化索伦除授官校等事。

王会司　设郎中满洲、蒙古各一人；员外郎满洲三人，蒙古二人；主事满洲、蒙古各一人；笔帖式满洲三人，蒙古八人。其功能是承办漠南蒙古各部王公朝觐、赐禄等事。

典属司　设郎中满洲及蒙古各一人；员外郎满洲五人，蒙古四人。其功能是承办喀尔喀及西蒙古厄鲁特诸部落封爵、会盟，准疆屯田游牧，察哈尔喇嘛番僧承袭诸事。

柔远司　设郎中满洲一人；员外郎满洲二人。蒙古三人；主事蒙古一人；笔帖式满洲二人，蒙古九人。其功能是承办喀尔喀等部落及喇嘛番僧朝贡赐禄等事。

徕远司　设郎中满洲、蒙古各一人；员外郎满洲、蒙古各二人；主事满洲、蒙古各一人；笔帖式满洲三人，蒙古五人。其功能是承办哈密、吐鲁番及回部诸城爵禄、贡赋，并移驻回民耕收等事。

理刑司　设郎中满洲、蒙古各一人，员外郎满洲、蒙古各三人；主事满洲一人；笔帖式满洲二人，蒙古五人。其功能是承办蒙古各部及番、回刑罚等事。①

理藩院六司的郎中、员外郎、主事及笔帖式的人选都毫无例外地由满族贵族和蒙古族贵族担任，其原因当与决策机构人选目的是一样的，只是给人们的感觉是皇权的恶性膨胀和中央集权的进一步加强。另外，从六司的各自功能来看，比较齐全，但是大体上可以分为两类，即立法和司法的功能。特别是理刑司承办蒙古各部以及番部和回疆的刑罚事宜，既然是承办，立法和司法当属其应有的内容，而本书的主体部分也正是循着这种思路展开的。

3. 其他办事机构

则例馆　设纂修官四人，校对官八人，翻译官十人，誊写官十人。其功能是负责编纂《理藩院则例》。

---

① 参见（清）赵尔巽等《清史稿》卷115，中华书局1977年版，第3300—3301页。

司务厅　设司务满洲一人，蒙古一人；笔帖式满洲二人，蒙古一人。其功能是承办蒙古各部来文，更换俄罗斯馆馆夫等。

蒙古翻译房　设员外郎、主事各一人。其功能是掌管蒙古文译汉。

满档房　设堂主事满洲一人，蒙古三人；笔帖式满洲四人，蒙古十人。其功能是承办全院奏折及人事。

汉档房　设主事满洲一人，汉军一人；笔帖式满洲九人，汉军六人。其功能是负责缮写题本，以及将各处汉字来文译成满文，保管档案。

藩银处　设司员满洲、蒙古各一人。其功能是掌管本院额定出入饭银及其他经费开支。

督催所　设满洲、蒙古司员各一人，笔帖式十六人。其功能是稽查全院文移、注销等事。

当月处　由六司司员挨司轮派人值宿。其功能是监守堂守堂司印信，收受各衙门来文等。

唐古特学　设司业、助教各一人，笔帖式蒙古四人。其功能是教习唐古特文字（藏文），翻译藏文奏章文稿。

稽查内馆、外馆　设监督二人，由科道各部司官内奏委。其功能是负责内、外馆稽查诸事。

木兰围场　设总管一人，左、右翼长各一人，章京、骁骑校各八人。其功能是专门保护木兰围场。

俄罗斯馆　设满、汉助教各一人，监督一人。其功能是管理俄国来华在京商人、传教士、学生事宜。

托忒学　由唐古特学司业、助教兼管。其功能是负责翻译托忒文字。

蒙古官学　设助教一人，学务司员、教习各二人。其功能是教习蒙文，培养蒙文翻译。

喇嘛印务处　设掌印大喇嘛人，看守印务德木齐四人。其功能是办理京师地区喇嘛事务。

　　银库　设司官二人，司库满洲一人，笔帖式满洲二人，库使满洲二人。其功能是掌管帑金出纳。①

　　在这16个其他办事机构中有限地允许汉人担任一些无关紧要的职位，既表现出清统治者对汉人防范怀疑的不信任心理，同时也更加清楚地表明清统治者中央集权几乎到了无以复加的地步。16个其他办事机构的功能充分地反映出理藩院所管理事务的复杂和多样化，也进一步告诉我们理藩院在清代管理西、北地区少数民族事务中的巨大作用。特别是则例馆承担着理藩院对于蒙古、回疆及西藏这三个非直省地区民族立法的实际工作，编纂《理藩院则例》是其首要的功能。另外，蒙古翻译房承担着各种往来文书的翻译工作，实际上发挥着对各地文件监督的重大功能。

　　（二）理藩院在地方层面的机构及功能设置

　　理藩院是管理蒙古、回疆、西藏地区少数民族事务的最高中央机关，对这些民族地区不可能做到事必躬亲，但是，为了加强中央集权又不得不把中央权力渗透到这些少数民族聚居的基层地区。于是，理藩院通过其派出机构参与地方的司法管辖，具体是派出相当数量的司员驻扎在基层，达到对日常案件控制之目的。《理藩院则例》记载有理藩院派往蒙古、回疆、青海、西藏各地的司员及理事官，管理喜峰口、古北口、张家口、独石口、杀虎口等处烽站各1人；八沟、塔子沟、乌兰哈达、神木、宁夏的理事官；库伦、恰克图、西藏、西宁、科布多、乌里雅苏台等处司员、笔帖式。如果是少数民族之间的案件就由司官与札萨克会听之，如果是和汉民纠纷的案件则由理藩院派出的司官与地方官会听之。这种司法制度的设置能很好地体现了清王朝统治者的价值取舍，从而维护了边疆民族地区的稳定有序。

　　历史文献中有很多这方面的记载可以佐证。康熙三十三年理藩院奏准"山海关外科尔沁土默特等旗，凡偷盗争夺之事，旧例皆由盛京刑部行文到院会审，往返定议，方得完结。嗣后遴选应升蒙古旗员一

---

① 参见（清）赵尔巽等《清史稿》卷115，中华书局1977年版，第3300—3301页。

人、笔帖式二人，令往盛京居住，除人命大案确审取供咨部具题外，一应细事，即会盛京刑部审结。其有与口外札萨克会审，与该将军会审之事，并令一并审结，毋得迟延"①。

清代的东北是"龙兴之地"，清政府对该地区一向是封禁保护，不许其他民族任意出入。但是，东北也是蒙古族的发祥地，在东北还生活着很多蒙古人，他们之间产生纠纷后是由谁管辖审理呢？从这段材料可以看出，清朝初期，这里的蒙古案件的审理是由盛京刑部管辖的，如果是轻微的蒙古案件则直接由盛京刑部终审，重案则由盛京刑部同理藩院会审。但是，康熙三十三年以后理藩院奏准，今后再发生蒙古案件就由理藩院派驻的机构来审理，而且机构人员的组成是由蒙古人充当的旗员与笔帖式。理藩院的派驻机构有权力终审一般的案件，重大案件与札萨克或将军会审，理藩院派出机构的设置至少说明以下问题：首先，清中央政府通过理藩院派驻机构的设置加强理藩院对东北地区蒙古案件的管辖权力，由于理藩院直属于皇帝，更加有利于中央政府对东北蒙古地区的控制，加强中央集权；其次，与过去相比简化案件审理的程序，方便审理，提高了审判蒙古案件的效率；最后，也充分说明，康熙年间开始对理藩院本身作用的重视，赋予其管理蒙古事务的真正的权力，同时理藩院也具备这方面的能力，比如，派出的笔帖式都是精通蒙文的人员。

再如，乾隆二十六年复准理藩院请旨："伯都讷地方办理蒙古命盗案件，毋庸专派司员，由院于笔帖式内遴选办事好通蒙古语者一员引见，以委署主事前往，三年一次更换。三年内办事果好，准吉林将军保题坐补主事，倘有劣迹，即参奏治罪。派出之员，令其驰驿往来。遇有大事，会同该将军审理。"②

这段材料更加直接地表明，东北地区伯都讷的蒙古案件主要交给理藩院派驻的机构审理管辖，只有发生重大案件才由派出人员会同将

---

① （清）昆冈等修：《钦定大清会典事例》卷997，上海古籍出版社1995年影印本。
② 同上。

军审理。这样做的好处是什么呢？笔者以为，这样做既可以通过理藩院的派出机构加强对地方案件管辖来达到对东北蒙古地区的控制，同时重大案件与将军会审的办法也能对东北驻地的将军构成一种监督，从而达到加强中央集权的目的。

又比如，乾隆二十九年理藩院又奏准"陕西、甘肃两省交涉蒙古案件，在延榆绥道所属境内者，会同神木部员办理，在宁夏道所属境内者，会同宁夏部员，在山西保德州、河曲县等处，仍由神木部员会同雁平道办理。其鄂尔多斯蒙古、民人案件，仍照例会同两处部员办理"①。

对于山西、陕西及甘肃地区的蒙古案件管辖相对要复杂得多。原因是这些地区处于汉族地区与内蒙古地区相邻的地方，清政府在这些地区，蒙古人聚居区的行政设置也不同于内蒙古及外蒙古地区的盟旗制，不是由札萨克管辖而是设置很多的都统管理这些地区的蒙古事务。从历史上看，这些地区的蒙古族大都是察哈尔部林丹汗的后裔，是清政府加强管辖的对象，对这些地区蒙古人的管理力度与汉族地区差不多，不如内蒙古的其他地区和外蒙古及西蒙古地区享有较大的自治权力。因此，发生在这些地区的蒙古案件是由理藩院派出机构联合道、府、州、县的官员一起审理的。这种情况是值得我们注意的，因为这种现象告诉我们，清中央政府不是对所有的蒙古人都是一样的政策，对于为清政府出生入死、极力追随者是赋予较大的自治权力，曾经与之为敌者则采用与汉民族地区基本一样的政策。

《钦定大清会典事例》中还有记载，乾隆四十年理藩院奏准"蒙古与民人有关人命事件，仍照向例办理。若止系蒙古有关人命，应行相验事件，各处驻扎部员会同该处附近地方官带领件作②详细检验，仍会同该札萨克办理后报院，照例会同刑部复核定拟"③。

---

① （清）昆冈等修：《钦定大清会典事例》卷997，上海古籍出版社1995年影印本。
② 件作：旧时官府中检验命案死尸的人。
③ （清）昆冈等修：《钦定大清会典事例》卷997，上海古籍出版社1995年影印本。

这条史料里出现了"照例会同刑部复核定拟",说明蒙古地区的重大命案不像以前那样由理藩院派出机构会同当地的将军、札萨克或者都统审理,然后报院完结,而是由理藩院与刑部会审定拟。由此可以看出,随着清政权的稳定中央政府对蒙古地区重大案件的控制力度逐步加强,因为刑部是中央政府最高审判机关,由刑部与理藩院共同会审蒙古重大命案本身意在加强对蒙古地区控制力度。

《钦定大清会典事例》中还有一处记载:"库仑等处商民,在库仑地方有人命案件,仍交库仑部员办理。其库仑、恰克图两处商民出张家口在察哈尔、苏尼特等处地方有人命案件,即交察哈尔部员办理,由张家口都统定拟具奏。若在喀尔喀所属地方有人命案件,亦就近交库仑部员办理,俱由驻扎库仑大臣定拟具奏。其往恰克图之商民,或在恰克图界内,或在边外,又人命案件,交恰克图部员办理,一面报院,一面申报驻扎库仑大臣将罪犯一并解送库仑定拟具奏。"①

西北地区的蒙古一般被称为漠西蒙古,地处新疆北部,由驻库仑办事大臣统治。但是,理藩院在该地区派驻机构表面上隶属库仑办事大臣,实际上这些派驻的理藩院部员的升迁任命完全取决于理藩院,因此,这些部员实际上享有很大的管辖蒙古案件的权力,既能有效监督驻库仑办事大臣,又能把这一地区的蒙古案件牢牢掌握在理藩院的手中,进而实现中央政府对这一地区的有效控制。

在清代,理藩院在西藏地区的派出机构和人员。《卫藏通志》所载:"一、理藩院司员一员,管理达木蒙古八旗官兵、三十九族番民事务,承办驻藏大臣衙门清文稿案,三年更换。一、理藩院笔帖式一员,专司驻藏大臣衙门文移翻清译汉,三年更换。"②

这段材料反映的是理藩院对于西藏地区派驻机构的状况,理藩院的派驻机构不仅管辖西藏地区的达木蒙古事务,而且还管理着三十九族的番民事务,可见权力之大,这中间当然包括案件的管辖权力,进

---

① (清)昆冈等修:《钦定大清会典事例》卷997,上海古籍出版社1995年影印本。
② (清)和宁:《卫藏通志》卷12,文海出版社1965年版,第536—537页。

而实现理藩院对西藏地区的控制。特别值得注意的是，"理藩院笔帖式一员，专司驻藏大臣衙门文移翻清译汉，三年更换"。这条史料表明，理藩院派驻西藏地区的司员从工作性质上隶属驻藏大臣，但是，他们的升迁的权力是掌握在理藩院手中的。也就是说，驻藏大臣有调遣理藩院派驻司员的权力，但是没有革除升迁的权力。更重要的是，这些驻扎司员都精通藏语，主要工作是从事翻译工作，能够有效地监督驻藏大臣的工作，从而完成理藩院不能够直接完成的任务，间接地加强中央集权，使清中央政府能够及时有效地控制清代的西藏地区。

总之，理藩院通过在这些非直省地区派驻机构，把握各地区的动态以实现大清帝国皇帝赋予的任务，其在中央机构中的重要性绝不逊色于其他六部。诚如乾隆皇帝曾说："吏、户、刑三部及理藩院均属紧要"①，反映了理藩院这一机构在清朝国家政治生活中的重要作用。理藩院通过其派出机构和人员的设置，有的直接参与当地案件的审理，有的虽然不参与地方的案件审理，但是却能有效地监督地方司法机构对案件的审理。这样一来，清中央政府通过理藩院的机构和功能设置，从中央到地方对西、北边疆少数民族地区实施全面的控制，加强中央集权以达到有效治理边疆的政治目的。

---

① 《清实录》（13），《清高宗实录》卷332，中华书局1986年版，第552页。

第二章

理藩院对蒙古地区的立法

　　封建帝制时期的国家权力没有现代民主宪政体制下的权力分立模式，立法权、行政权及司法权力往往合为一体。因此，学界经常说的中国古代实行的是行政与司法一体的机构功能设置，其实封建帝制时期的很多行政机构不仅拥有行政权和司法权，还享有相当的立法权。理藩院作为清帝国管理非直省民族地区事务的中央最高机关，实际上具备对边疆少数民族地区事务的立法、行政与司法于一身的综合功能。正如有的学者所言："在清代，理藩院会同刑部制定少数民族刑法，审理少数民族地区发生的刑事诉讼案件。"① 本章主要探讨理藩院是如何通过立法对清代蒙古地区实施管理的。需要指出的是，理藩院的立法最终要得到皇帝的授权和批准才能使立法具有普遍的效力。

第一节　理藩院对蒙古地区的立法背景

一　理藩院对蒙古盟旗的管理

　　清中央政府以盟旗制度作为地方上统治蒙古的基本社会组织形式，并设将军、大臣、都统加强对蒙古地区的控制。清中央政府在蒙古地区设置了许多"盟旗"，它们既是基层政权组织，又是军事组织

---

　　① 马汝珩、马大正主编：《清代的边疆政策》，中国社会科学出版社1994年版，第77页。

和社会组织。每旗设札萨克①（即旗长）等官员管理，一旗或数旗合为一盟，设盟长管理，清政府通过理藩院管辖各盟旗，人们一般称此为盟旗制度。盟旗制度是满族贵族创建的八旗制度结合蒙古族原有社会制度鄂托克和爱玛克的基础上形成的产物，自后金天命九年（1624年）至清乾隆三十六年（1771年）逐渐形成。清政府把漠南蒙古（内蒙古）分为六盟二十四部四十九旗，把漠北喀尔喀蒙古（外蒙古）分为四盟八十六旗，把青海蒙古分为四部二十九旗。②

最先编旗的是漠南蒙古，时间是天聪九年二月。当时，皇太极编审了内外喀喇沁蒙古壮丁，分为十一旗，其中有三旗是盟旗制度下旗的形式。整顿社会秩序，编审户丁牛录，任命旗佐官员，是编旗具体过程中的主要工作。漠南蒙古各旗分归六盟所属，科尔沁、扎赖特、杜尔伯特、郭尔罗斯四部十旗为哲里木盟，敖汉、奈曼、翁牛特、巴林、扎鲁特、喀尔喀左翼、阿鲁科尔沁、克什克腾八部十一旗为昭乌达盟，喀喇沁、土默特二部五旗为卓索图盟，乌朱穆沁、阿巴噶、浩齐特、苏尼特、阿巴哈纳尔五部十旗为锡林郭勒盟，四子部落、喀尔喀右翼、乌喇特、茂明安四部六旗为乌兰察布盟，鄂尔多斯七旗为伊克昭盟。

漠北蒙古编旗设佐，是在康熙三十年（1691年）多伦会盟前后。当时，土谢图汗部设十七旗，车臣汗部设十二旗，札萨克图汗部设八旗。康熙三十六年（1697年），清政府编三部为五十五旗。雍正年间，土谢图汗部增至三十八旗，车臣汗部增至二十一旗，札萨克图汗部增至十六旗。雍正二年（1724年），清政府在土谢图汗部内拨出二十旗划归策凌管辖，为三音诺颜部。乾隆年间，土谢图汗部增为二十

---

①　清代的"札萨克"系指外藩蒙古地区的"旗长"，是蒙古各旗的旗主，兼具领主与中央职官的双重性质，协理旗务台吉，是中央理藩院规章在旗内的具体贯彻与执行者。相当于直省的知县，与之不同的是，"札萨克"具有自治权，札萨克的属民对朝廷不承担赋税、徭役，当然也不能享受诸如科举等权利。

②　参见《中国北方民族关系史》编写组《中国北方民族关系史》，中国社会科学出版社1987年版，第422页。

旗，车臣汗部增为二十三旗，札萨克图汗部增为十八旗，三音诺颜部增为二十二旗。另有厄鲁特二旗附于三音诺颜部，辉特一旗附于札萨克图汗部。所以漠北蒙古四部总计八十六旗。

青海蒙古有和硕特部、绰罗斯部、土尔扈特部、喀尔喀部之别，不设盟长，隶属西宁办事大臣。盟旗制度下的盟，一般是指会盟制度。清政府规定，一旗或数旗合为一盟，在指定地点会盟。每盟设盟长一人，办理会盟事务。盟长由本盟内旗札萨克中选任，报理藩院请旨简放，由理藩院颁给印信。会盟礼节十分隆重，届时清政府要派大臣带随行官员前往。会盟有严格的纪律，不到或早退者，旗札萨克要受罚牲、罚俸处分。漠南蒙古各盟，三年一会。雍正六年（1728年），漠南蒙古每增设副盟长一人，协同盟长办事。漠北蒙古，从雍正三年（1725年）开始，清政府不派大臣参加，而由西宁办事大臣负责把会盟情况转报理藩院。雍正六年，漠北蒙古四盟分设正副盟长各一人。漠西蒙古，每盟亦设正副盟长各一人，每两年会盟一次。会盟的主要任务是"简稽军实，巡阅边防，清理刑名，编审丁册"[1]。盟旗制度下每旗设札萨克一人，作为旗的首脑，总理旗务。旗札萨克由理藩院颁给印信。札萨克的职责，一般包括旗内的行政、司法、课税、差派、属官任用和牧场更换。札萨克以下设协理旗务台吉二人到四人，会同札萨克办事。每旗设管旗章京、副章京一员到二员，承札萨克和协理旗务台吉之命办理旗务。旗内一百五十丁编一佐，一丁一户，即一百五十户。佐设佐领，管理佐内事务。

清政府在政治上把蒙古分为内属蒙古和外藩蒙古两个部分，内蒙古为内札萨克，外蒙古又分为内札萨克和外札萨克。内外札萨克之别在于内札萨克有兵权直接统属于理藩院，外札萨克没有兵权，由当地的将军级驻地大臣管辖，再统属于理藩院。[2] 清朝以理藩院管理蒙古

---

① （清）伊桑阿等：《乾隆朝大清会典》卷79，文海出版社1992年版。

② 参见《中国北方民族关系史》编写组《中国北方民族关系史》，中国社会科学出版社1987年版，第423页。

族各部的盟旗，目的是加强对蒙古族各部的统治。各旗札萨克既是蒙古族封建领主，又是清政府委任的地方官吏，其有明确的权限和管辖范围。清政府在蒙古族各部划旗定界，用札萨克管理，一定程度上消除了因争夺牧场而造成的混乱局面。即便发生纠葛，理藩院官员从中调解，通过会盟定期检查，缓和矛盾，这些有利于蒙古族社会秩序的稳定，而安定的社会秩序有利于社会生产的发展和边疆地区的稳定。

二　理藩院与蒙古军府之间的关系

清朝以理藩院直接管理蒙古族各部的盟旗，同时，又以理藩院通过和蒙古族地区军府的关系，进一步加强对蒙古族地区的统治。清中央政府特别设立将军、都统及驻地大臣加强对蒙古各地的控制，如设伊犁将军、定边左副将军、绥远城将军、察哈尔都统呼伦贝尔副都统，西宁、库仑办事大臣，科布多、塔尔巴哈台参赞大臣。[①] 从雍正朝开始，特别是从乾隆朝中叶起，清政府在漠南蒙古、漠北蒙古相继设立将军、都统、副都统、总管、大臣。有人称此为"驻防官"。[②] 实际上，它是清政府统治蒙古族各部进入比较稳定阶段形成的一种制度，即军府制度。清代军府制度的形成，反映了蒙古族各部在清政府统一管辖下和中央政权的关系日益密切。清代边疆的军府建置，对巩固边疆，维护清朝封建国家的统一和领土完整，特别是抵御外来侵略势力，起到了重要的作用。[③]

清代漠南蒙古的军府建置，有绥远城驻防将军、呼伦贝尔副都统、察哈尔都统（亦称张家口都统）、热河都统。绥远城驻防将军设于乾隆二年（1737年），置绥远将军一员，副都统二员，满洲协领八

---

① 参见《中国北方民族关系史》编写组《中国北方民族关系史》，中国社会科学出版社1987年版，第423页。

② ［日］田山茂：《清代蒙古社会制度》，潘世宪译，商务印书馆1987年版，第100页。

③ 马汝珩、马大正主编：《清代的边疆政策》，中国社会科学出版社1994年版，第80页。

员，佐领、防御骁骑校各十九员，蒙古协领、汉军协领各二员，蒙古、汉军佐领、防御骁骑校各八员，满洲、蒙古、汉军士兵三千九百名，另有箭匠、铁匠五十四名。绥远城将军管辖的区域是归化城与土默特二旗，以及乌兰察布和伊克昭两盟的军事管辖权。呼伦贝尔副都统设置总管五员，副总管八员，佐领五十员，骁骑校五十员，厄鲁特护军校二员。呼伦贝尔副都统管辖的区域是呼伦贝尔地区索伦、巴尔虎、新巴尔虎、厄鲁特等各旗的兵马。察哈尔都统设于乾隆二十六年（1761年），置副都统一员驻张家口，协同都统办事，总管、副总管不等。察哈尔都统管辖的范围是察哈尔八旗所属官兵，阿尔泰军台，锡林郭勒盟的军务，以及察哈尔地区的四牧群。热河都统设于乾隆三年（1738年），先是副都统，嘉庆十年（1810年）改为都统。置协领五员，佐领二十员，防御二十员，骁骑校二十员，笔帖式二员，士兵二千名。热河都统管辖的范围，主要是热河各处驻防官兵，卓索图和昭乌达两盟军务，热河所属各驿站，以及八沟、三座塔、乌兰达理事司员等。

清代漠北蒙古的军府建置，主要是定边左副将军（即乌里雅苏台将军）、科布多参赞大臣、库伦办事大臣。定边左副将军是清朝派驻漠北蒙古的最高军政首领，乾隆朝中后期成为军府建置。设定定边左副将军一员，参赞大臣二员，将军衙门设巡捕骁骑校三员，委署骁骑校无定额，佐领、骁骑校、绿营守备各一员，千总一员，把总三员，外委一员，马步兵二百四十名，士兵二千四百名。另有内阁衙门、户部衙门、理藩院衙门等，各设司官、笔帖式等员。定边左副将军的管辖范围，主要是漠北蒙古四部的兵马，以及唐努乌梁海一应事务。科布多参赞大臣正式成为军府是乾隆三十二年（1767年），设参赞大臣一员，办理兵部事务等章京一员，办理蒙古各部事务章京一员，管理粮饷事务章京一员，以及骁骑校、委署骁骑校、绿营将官等员，卡伦士兵、种地兵、牧厂兵一千四百名。科布多参赞大臣主要管辖赛三音济雅哈图各路兵马，以及札哈沁一旗又一佐领，明阿特一旗，阿尔泰及阿尔泰诺尔乌梁海九旗的兵马库伦办事大臣在嘉庆初年始成为定制，共设二员，由在京满洲、蒙古大臣内简放，也可由喀尔喀札萨克内特派，所属有司官、笔帖式多人。库伦办事大臣除办理有关中俄交涉的事情外，主要是管辖土谢图汗部、车臣汗部兵马，监督两部各旗审理案件等。

　　清代蒙古各部的军府建置，负有控制地方、边防、对外交涉以及监督盟和旗长，与理藩院有密切关系。这些将军、都统及大臣在重要的地方建城驻军从军事上控制蒙古地区并且协助理藩院推行清中央政府的各项法律制度，各个盟旗的一切重大事件要上报该地的将军、大臣及都统，再转报给理藩院，协助理藩院派出机构管理蒙古地区的贸易、征税、台站、卡伦、屯田及边防等事务。① 一般来说，各地军府首脑向清朝中央政府奏报情况时，同时要把蒙古各部的情况上报理藩院；有的则是直接把情况上报理藩院，再由理藩院转奏皇帝，虽然清代典章制度中并未规定理藩院是各地军府的上级机关。之所以出现这种情况，是因为理藩院是管理蒙古各部的中央机构，各地军府在通过军事力量统驭地方时，当然不能越过理藩院。不仅如此，在各地军府建置中，有的就设有理藩院派出机构。例如漠南蒙古热河都统衙门，就设随同办理理藩院司员、笔帖式等，办理所属事务。漠北蒙古乌里雅苏台将军衙署内，也设有理藩院地方机构，设司官一员，笔帖式一员，候补笔帖式无定额，专管蒙古事件，审理命盗、词讼、刑名，兼管驼马牛羊四项牲畜。② 在科布多参赞大臣衙署内，亦设有理藩院司员，专办各部落蒙古文移事件。③ 总之，清朝通过理藩院和各地军府组织上以及奏事方面的联系，加强了对蒙古各部的统治。

三　理藩院对蒙古朝觐的管理

　　清代曾对蒙古族和其他少数民族上层人士制定"朝觐"制度，亦

---

　　① 参见《中国北方民族关系史》编写组《中国北方民族关系史》，中国社会科学出版社1987年版，第423页。

　　② 佚名：《乌里雅苏台志略》，嘉庆年间抄本。

　　③ 中国第一历史档案馆：《朱批奏折·民族事务类》，221卷第1号。

称"年班"和"围班"。这是理藩院执掌的重要内容，被写进《理藩院则例》和历朝《大清会典》中。"年班"即清政府规定的蒙古族王公和西、北地区其他少数民族首领每逢年节来京，朝见皇帝，瞻仰圣颜。年班期间，蒙古族王公要参加清政府举办的各种活动，并在京师进行经济交流。

漠南蒙古地区蒙古族王公的年班制度实行于顺治年间。顺治五年（1648 年）清政府规定，蒙古王公准于年节来朝。顺治六年（1649 年），清政府具体提出：年班来朝的蒙古王公，每年定于十二月十五日以后、二十五日以前到齐。顺治八年（1651 年），清政府开始把漠南蒙古王公的年班分为两班，循环进行。雍正四年（1726 年），又改为三班，一年一班，轮流前来。

漠北蒙古各部实行年班，是在康熙三十年（1691 年）多伦会盟之后。康熙三十九年（1710 年），清政府把漠北蒙古王公的年班分为四班，均令按年于十二月封印前到京，未及岁之札萨克不必来朝，可令台吉一人代觐。雍正三年（1725 年），清政府平定罗卜藏丹津叛乱后，决定青海蒙古王公的年班照漠北蒙古例，分为四班，轮流进京。

乾隆四十一年（1776 年）以后，漠西蒙古杜尔伯特、土尔扈特王公或分五班，或分十班不等，前来京师。乾隆五十三年（1788 年），又将伊犁所属土尔扈特、科布多所属杜尔伯特已出痘的蒙古王公分为四班，一年一班，来京朝觐。

清政府对年班的要求相当严格。康熙二十六年（1687 年）规定："朝会不齐集者，罚俸六个月。"[1] 康熙五十九年（1720 年）进一步规定：年班朝觐，如有事故不能来京，以及患病等情，应将情由用印文报理藩院查核。如并无事故托词不朝，一经发现，将该管札萨克一并题参治罪。为了保证年班活动的顺利进行，清政府的准备工作也非常周密。年班来京的蒙古王公，分别住在内馆，理藩院等机构派官员和笔帖式前往照看。对年班来京的蒙古王公住地，清政府制定了严密

---

① （清）伊桑阿等：《雍正朝大清会典》卷 221，文海出版社 1992 年版。

的保护措施。理藩院要咨行步军统领衙门，派出捕盗章京二人，带领捕役若干，在内外馆附近访查，遇有欺骗蒙古人等，即行缉捕，送交刑部严加惩处。

年班来京的蒙古族王公，要给清朝皇帝带来贡品。除"九白之贡"①外，一般有鹰、狗、羊、雕翎、藏香，以及各种皮张。清政府对蒙古族王公的进贡，一般都给予必要的回赏。赏赐以蒙古王公爵位高低而有所区别。清政府还向年班来京的蒙古族王公提供路程和食宿费用，名为"廪饩"和"燕赉"。为了招待年班来京的蒙古王公，清朝皇帝在太和殿设宴，此外，还在除夕设宴于保和殿，元宵节设宴于正大光明殿。其间并在中正殿、紫光阁加宴数次，宴礼极为隆重。

"围班"即木兰行围。康熙二十年（1681年），康熙皇帝在第二次北巡期间，踏勘了木兰围场边界，从此奠定了清代帝王塞外出巡的基础，为围班的产生创造了前提条件。围班是年班的补充。在天气酷热、京城痘疹盛行时，已出痘的蒙古王公可以来京朝觐，未出痘的则禁止来京。在这种情况下，木兰围场设置后，蒙古王公年班不能前来京城的，可以去木兰随围，由此便产生了围班。围班的产生还和清朝统治者发扬肆武习劳的传统习俗关系极大。康熙皇帝非常强调通过行围狩猎训练军队。他曾说："围猎以讲武事，必不可废。"②嘉庆皇帝也说："秋狝大典为我朝家法相传，所以肆武习劳，怀柔藩部者，意志深远。"③

木兰围场④设置后，康熙四十五年（1706年），设围场总管一员，章京八员。乾隆十八年（1753年），设左右翼长各一员，骁骑校官员送理藩院请旨补授。围场设满洲、蒙古兵丁八百名。围场卡伦以内，

---

①　系漠北蒙古土谢图汗、车臣汗所贡，包括白驼一，白马八。参见祁韵士《皇朝藩部要略》，文海出版社1965年版，第69页。

②　《清实录》（25），《清圣祖实录》卷102，中华书局1985年版，第32页。

③　《承德府志》卷首3。

④　木兰围场在承德北四里，蒙古各部落之中，东西三百里，南北二百里，周一千三百余里。

蒙古人、汉人均不得入内，偷窃牲畜的分别治罪。围班班次和年班相对应。漠南蒙古分为三班。漠北蒙古初分四班，后改六班。伊犁所属土尔扈特，科布多所属杜尔伯特、阿尔泰乌梁海，乌里雅苏台所属唐努乌梁海，以及青海蒙古各部，亦分四班，按年赴木兰随围。清政府对围班有严格规定。凡遇随围患病不能前往的，要呈报该盟长，该盟长查验属实，出具印文报理藩院，否则受罚俸处分。围班的内容包括赐宴避暑山庄和木兰行围狩猎。木兰行围前，清朝皇帝多在避暑山庄筵宴蒙古王公。除御宴外，还有取材于《西游记》《封神演义》等小说中的戏曲以及跳驼、布库等游戏。山庄活动结束后，即去木兰行围。行围有哨鹿和围猎之分。围猎规模浩大，是时战马嘶鸣，军旗招展，声势如同"雷动至，星流霆击"①，宛如一场大规模的军事演习。行围结束后，清朝皇帝至张三营，和满洲大臣、蒙古王公聚集一堂。欢宴期间，由蒙古族歌手演奏蒙古音乐，艺人称相扑之戏，蒙古王公子弟表演骑生驹技艺。至此，围班内容结束。

清朝以理藩院管理蒙古王公年班和围班，从主观上讲，清政府是为了抚绥蒙古族王公，加强对蒙古各部的统治。但在客观效果上，由于实行年班和围班，清朝多民族国家得到进一步发展和巩固，民族之间的交往也有了新的开展。②

四　理藩院对满蒙联姻的管理

"满蒙联姻，是清廷长期实行之国策、战略性措施，因而它所维系的满蒙亲谊关系及其对蒙地统辖的意义，也是长期的、持久的。另外，由于满蒙联姻，双方关系的密近，蒙古姻亲还成为清中央建立、巩固中原与边疆统治的重要力量。"③清代，满族贵族和蒙古王公之间进行了长时间、多层次、大规模的通婚活动。清代的满蒙联姻有两

---

① 高士奇：《松亭行记》，《小方壶舆地丛钞》第一帙。

② 参见赵云田《清代治理边陲的枢纽——理藩院》，新疆人民出版社1995年版，第33页。

③ 杜家骥：《清朝满蒙联姻研究》，人民出版社2003年版，第390页。

方面的内容：一是清朝统治者从蒙古王公家族中选择后妃，这使很多蒙古族女子离开草原，走进清朝宫廷和王府；二是清朝统治者把公主"下嫁"给蒙古王公，使满族贵族包括皇室之女离开宫廷，步入草原。清朝统治者从蒙古王公中选择额驸①，这是清代理藩院的重要职掌。《理藩院则例》中对此有详细记载：查取各该旗王、贝勒、贝子、公嫡亲子弟、公主格格子孙内，十五岁以上、二十岁以下，聪明俊秀堪指额驸的台吉塔布囊，每年于十月内送理藩院。此内如有患病残疾事故，由该札萨克出具印结报理藩院开除。

　　清代的满蒙联姻始于努尔哈赤时期。"科尔沁蒙古是最早归附清政权并与努尔哈赤家族建立通婚关系的部落，此后至入关前的整个时期，与清政权的交往也最频繁，联姻人次最多，因而该部是当时与清政权关系最为密近的蒙古部落，在清入关前协助清政权统一东北，绥服漠南蒙古，征服朝鲜以及对抗明王朝的战争中也发挥了重要作用。"② 明万历四十年（1612 年），科尔沁贝勒明安把次女许配给努

---

　　① 额驸，是清代对满族贵族包括皇室女夫婿的专称。尚固伦公主（中宫所生女）的称固伦额驸，尚和硕公主（妃所生女及宫抚养女）的称和硕额驸，尚亲王之女的称郡主额驸，尚郡王之女的称县主（多罗）额驸，尚贝勒之女的称郡君额驸，尚贝子之女的称县君（固山）额驸，尚镇国公、辅国公之女的称乡君额驸。职名人等，令其父兄在年节请安时各带来京备指额驸。这里有必要指出清代的"备指额驸制度"。赵云田先生认为，此制度产生于道光初年，道光六年十一月修订完成的《理藩院则例》中对此制度有较为详细的记载。赵先生还认为这种制度产生的原因，是由于随着清政府在蒙古地区统治的稳定，蒙古王公作用日益降低，清统治者对他们的感情也在疏远，联姻范围缩小，来自蒙古的额驸均属于漠南蒙古，因而在道光初年正式规定满洲贵族选择蒙古额驸只限于漠南蒙古七部十三旗。这一制度使满洲贵族选择额驸不仅排除了喀尔喀、厄鲁特蒙古王公，而且也排除了漠南蒙古其他部的王公。（见赵云田《清代的"备指额驸"制度》，《故宫博物院院刊》1984 年第 4 期。）杜家骥先生认为，"备指额驸"制度的产生，缘于嘉庆前期以后联姻中出现的新问题——漠南蒙古与清廷联姻部落已显著减少，因而清帝为了维持与蒙古不断联姻的祖制，保持与漠南蒙古联姻部落的广泛性和持续性，而对漠南蒙古方面制定一种指令性措施。（见杜家骥《清朝满蒙联姻研究》，人民出版社 2003 年版，第 251 页。）笔者以为，尽管两位先生的观点不尽一致，但是，有一点是可以肯定的，那就是"备指额驸"制度是为了适应清政府统治蒙古地区政治需要的一种策略性调整。

　　② 杜家骥：《清朝满蒙联姻研究》，人民出版社 2003 年版，第 4 页。

尔哈赤为妻。皇太极即位后，重申努尔哈赤对蒙古"重以婚姻"的政策，实际上是中国封建帝制时期为了处理好与周边民族关系而经常实行的和亲政策的延续。皇太极结合所面临的新形势，在满蒙联姻中采取了重点和普遍相结合的办法。在重点上，他继续加强和漠南蒙古科尔沁部的联姻关系。皇太极的两位皇后（孝端皇后和孝庄皇后）和一位妃子就来自科尔沁部，他的兄弟中也娶了五位科尔沁部蒙古女子。与此同时，满族贵族女下嫁科尔沁部的也相对多一些。崇德四年（1639 年）正月，皇太极将三女下嫁科尔沁部奇塔特；崇德六年（1641 年）正月，又将四女下嫁科尔沁卓礼克图亲王吴克善子弼尔塔哈尔。在普遍和漠南蒙古各部联姻、选择额驸问题上，皇太极是与蒙古各部对他的归附结合起来进行的，用以增强其归附的牢固性。在敖汉部来归半年后，皇太极就将哈达公主下嫁该部王公琐诺木杜稜；天聪七年（1633 年），又将长女固伦公主下嫁给琐诺木杜稜之子班第。

清军入关后，为了进一步联络蒙古王公的感情，稳定蒙古各部的封建统治秩序，满族贵族不仅继续维持满蒙联姻，从漠南蒙古选择额驸，而且在地域、部族等方面，逐渐扩及漠北蒙古和青海蒙古。

顺治二年（1645 年）正月至顺治八年（1651 年）八月的这一时期，满蒙联姻日益显示出制度化的趋向。顺治五年（1648 年），清政府规定了蒙古额驸的随丁数额。顺治十年（1653 年）又规定了额驸朝觐骑从数额。顺治十八年（1661 年），清政府对此作了补充规定，来京时由理藩院宾客司给以食物草料。从康熙朝中叶到乾隆朝中后期，满蒙联姻呈现高潮。这期间，康熙皇帝有六个女儿下嫁到漠南蒙古、漠北蒙古和青海蒙古。例如，"康熙朝，清圣祖曾五次将皇家女出嫁漠北，主要是土谢图汗部及札萨克图汗部"[1]。雍正皇帝及其兄弟有三女下嫁到漠南蒙古和漠北蒙古。乾隆皇帝及其弟也有三女下嫁到漠南蒙古和漠北蒙古，这一时期，满蒙联姻以及蒙古额驸的有关规制更为详尽。清政府规定，不同爵级的额驸之子授予不同的品级，不

---

① 杜家骥：《清朝满蒙联姻研究》，人民出版社 2003 年版，第 134 页。

同爵级的公主之子仍照旧例给以职衔。康熙六十一年（1722年），对额驸的骑从以及给俸，又作了重新规定。这一切均载入《理藩院则例》中，成为理藩院执掌的一部分。雍正九年（1731年），理藩院行文漠南蒙古和漠北蒙古，令蒙古王公子弟十五岁以上、人品聪敏、已经出痘的来京教养，以便从中选择蒙古额驸，从而使清代内廷教养增加了新的内容。嘉庆朝以后，满蒙联姻日趋松弛。从嘉庆皇帝起始，后妃中没有一个来自外藩蒙古。满族贵族子女也没有一个再嫁往遥远的漠北蒙古。理藩院只承办从漠南蒙古七部十三旗中备指额驸，尽管如此，满蒙联姻并没有中断。[1]

　　理藩院设置后，一直承办满蒙联姻事务，特别是从蒙古王公中选择额驸。理藩院的这一活动，一定程度上直接促成了满蒙两个民族的融合，加强了清朝中央政府和边远地区蒙古王公之间的联系以及经济、文化各方面的广泛交流。

第二节　理藩院对蒙古地区的立法内容

　　清王朝针对蒙古地区的民族立法是在这三个非直省地区最早的立法。早在关外，努尔哈赤与皇太极逐步统一东北，特别是与明朝军队作战的时候，就深深感觉到仅仅依靠本民族的力量是十分单薄的，不仅人单势孤而且物资也极度匮乏，不足以统一中原。因而，特别重视建立以满族为核心和领导力量的少数民族的联盟，尤其是建立与蒙古族的友好关系，以壮大满族的实力。清军入关前的民族立法主要针对漠南蒙古。为了维护满蒙之间的政治同盟，调整蒙古诸部落之间的关系，稳定蒙古社会秩序，努尔哈赤及皇太极针对漠南蒙古制定和颁布了一系列制度和法律，由此形成《盛京定例》及《蒙古律书》。这些法律并不是把满族的法律不加变通地强加于漠南蒙古，而是充分考虑

---

[1]　参见赵云田《清代治理边陲的枢纽——理藩院》，新疆人民出版社1995年版，第35—39页。

到蒙古的传统和风俗，正如史料所说："遐陬之众，不可尽以文法绳之。国家之待外藩也，立制分条，期于宽简，其要归仁厚，将使臻于咸善而已。"① 这是清王朝民族立法的雏形，它确立了清王朝在蒙古地区民族立法的基本原则是"不可尽以文法绳之"。

特别重要的是，清中央最高统治者十分敏锐地注意到宗教对于统治蒙古人的重要性。佛教在东汉以后在中原汉族中得到广泛传播并被广泛认同，而17世纪中叶蒙古44个封建领主为了共同抵御外来势力而会盟，并制定了著名的法典——《蒙古—卫拉特法典》，在这部法典中确立了黄教在蒙古地区的神圣地位，清代的藏传佛教成为蒙古人独尊的宗教。藏传佛教与中原地区的佛教之间没有本质性的矛盾，二者之间具有很强的融合性，以至于无论是信仰藏传佛教的蒙古人和藏族人还是信仰佛教的中原汉人之间很容易产生心理上的认同。因此，针对蒙古的这种宗教文化特点，清政府在"不可尽以文法以绳之"的基本原则的指导下，成功地利用黄教达到"国家崇信黄教，并非满族信其教以祈福，只以蒙古诸部敬信黄教已久，故以神道设教，借使诚心归附，以障藩篱"② 之目的。正是因为清统治者较早地意识到北方边疆蒙古族的重要性才最先针对蒙古地区进行民族立法，使蒙古问题较早得到解决，在整个清代的北部边疆，蒙古成为清政权可靠的同盟而没有成为边患。

理藩院代表清政府对蒙古地区的成文立法主要集中在清军入关以后，尽管清军入关前也有相关的立法，如《盛京定例》。但是，基本上是最高统治者的亲自立法，理藩院很少发挥应有的功能，且立法内容不仅很少而且非常简单。在笔者的阅读视野中，理藩院的成文立法主要表现为《蒙古律书》《蒙古律例》和《理藩院则例》。但是，以往的相关研究中仅仅从国家立法的角度笼统地描述这两部法律的基本内容，从立法主体的角度来审视得不够深入，只强调是国家作为立法

---

① 康熙朝《大清会典理藩院四》卷145。

② （清）昭梿：《啸亭杂录》卷10，何英芳点校，中华书局1980年版。

主体，实际上这两部法律的基本内容大部分是理藩院的立法结果，当然还有其他主体，诸如各地封疆大吏的奏议获得皇帝批准成为定例，中央司法机关的奏议获得批准成为定例。但是，最终都是由理藩院编纂进成文法典中。

理藩院对清代蒙古地区的民族立法，主要表现在理藩院对《蒙古律书》《蒙古律例》及《理藩院则例》这三部法律具有立法性质的编纂活动以及理藩院在不同时期出于不同的政治需要主动向皇帝提出的有关蒙古事务的立法动议，后得到皇帝的批准而成为定例，也有理藩院被动地接受皇帝的谕旨制定法律或者议覆臣工条奏，再由理藩院编纂进三部规范性法律文件之中。但是，有关理藩院的立法，笔者不可能把这三部法律中的所有情况一一罗列，这样做既不现实更没有必要，因为笔者试图揭示的是，理藩院的立法过程和立法功能而不是法律条文的简单罗列。所以，笔者以《蒙古律例》为例展开对理藩院立法内容的梳理，同时兼顾到《蒙古律书》和《理藩院则例》中的相关条文，尽量涵盖理藩院对蒙古地区民族立法的动态过程。①

一　《盛京定例》

清代，由清政府制定的蒙古族刑法，在清太宗皇太极时期已经形成。天聪七年（1633 年）十月，皇太极派人往漠南蒙古"宣布钦定法令"，当时被称为《盛京定例》，主要内容是对夺有夫之妇、奸有夫之妇所给予的罚牲处罚。如《清史稿》记载："太宗继武，于天聪七年，遣国舅阿什达尔罕等往外藩蒙古诸国宣布钦定法令，时所谓《盛京定例》是也。嗣后陆续著有治罪条文，然皆因时立制，不尽垂诸久远。"② 崇德元年，蒙古衙门官员多次往漠南蒙古各部颁诏，审

---

①　对于这三部规范性的法律文件的性质和地位学术界存有争议，笔者不去考证其版本及其性质和地位，而仅仅把它们视为三部规范性的法律文本，列举相当数量的条文说明它们之间的前后继承与发展，从而说明理藩院在清代对蒙古地区实施民族立法的一般情况，进而说明理藩院的设置目的及其内部的结构所必然产生的这种立法功能。

②　（清）赵尔巽等：《清史稿》卷 144，中华书局 1977 年版，第 4182 页。

理刑狱，但这一时期理藩院的作用还不明显，还没有得到最高统治者的足够重视，同时也间接说明了清王朝对于理藩院的重视是有一个历史动态过程的，这一点可以《盛京刑部原档》中的案例予以佐证。

《盛京原档》一八二号

巴彦贝勒违法，擅留无妻喇嘛未送走。理藩院移送法司，审实。巴彦贝勒应加倍罚以规定之罪，罚银三百两，仍罚丁五名，给喇嘛本身。奏闻，上命："仍罚一份规定之罪罚银一百五十两，入官，把喇嘛交与察汉喇嘛。"巴纳哈鞠审。①

《盛京原档》一八三号

完丹属下绰布格之包衣王义柱原系昌平州所获之汉丁，完丹属下宫郎中同一包衣汉人来盛京时，王义柱写一书札送张道吏。宫郎中虽将书札带来，然未交张道吏，而留于大凌河王蛮子处，令其交张道吏。王蛮子即将书札送交都察院承政张存仁，张存仁遂将书札呈送内秘书院。奏闻，上命将王义柱、宫郎中、宫郎中之包衣阿哈执送刑部鞠审。经审，招认与张道吏通谋之事。王义柱、宫郎中、宫郎中之阿哈应论死。奏闻，上命："王义柱正法，宫郎中及其阿哈著理藩院尼堪、塞冷交完丹，由完丹执送众蒙古前诛之。"巴纳哈（刑部理事官）鞠审。②

《盛京原档》二〇四号

上遣梅勒章京冷僧机、哈世屯往问固山额真阿山："曾取其监管外藩蒙古进献银两否？"对曰："无。"蒙古告于理藩院，言阿山曾取银七百两。移送刑部审实。罚阿山银百两，夺所俘获入官。奏闻，上命："以其出征有劳，免夺俘获入官，罚银百两。"

---

① 中国人民大学清史研究所、中国第一历史档案馆译：《盛京刑部原档》（清太宗崇德三年至崇德四年），群众出版社1985年版，第47页。

② 同上书，第52页。

巴纳哈、龚衮鞫审。①

值得注意的是，《盛京刑部原档》一书共收入 72 件刑部档案 434 件刑案。其中涉及蒙古的案件有 41 件，有理藩院参与审理的案件仅有 3 件，占整个案件的 0.7%，而占涉及蒙古案件的比率也仅仅只有 8%，原因是什么？笔者以为至少与当时清统治者对于理藩院的重大作用还没有足够的重视，当然，也和蒙古事务不多也不复杂有关。所以，随着清政权对广大蒙古部落的收服，蒙古事务越来越多而且越来越复杂，理藩院的各种作用日益显现的时候，清统治者就会赋予其更多的权力，其中必不可少的是理藩院对于蒙古事务立法权的加强。

二　《蒙古律书》

《蒙古律书》及其后来的《蒙古律例》是清政府实施于其所辖蒙古地区的区域性法律文献。据载，第一部《蒙古律书》颁布于崇德八年（1643 年），其后历朝予以增修，最后一次则是嘉庆二十年（1815 年）。该书汉文题名虽有"律书"及"律例"之别，而蒙古文、满文题名却无，因之可将二者视为一部法律文献不同时期的版本。康熙六年（1667 年）《蒙古律书》（113 条）封面以蒙文题写《康熙六年增订旧律书》，为康熙六年九月初二日理藩院题准在崇德八年《蒙古律书》的基础上进行的增修本，刊发于八旗外蒙古、众苏鲁克沁（牧场）、外藩蒙古地区。② 在康熙六年《蒙古律书》的引言中记载"前奉宽温仁圣汗谕，颁布大札撒律于外藩蒙古国诸部。将历经修改增删之处，于康熙六年增订旧律，颁于外藩管旗王、诺颜、固山台吉、公、台吉等"③。

---

① 中国人民大学清史研究所、中国第一历史档案馆译：《盛京刑部原档》（清太宗崇德三年至崇德四年），群众出版社 1985 年版，第 97 页。

② 这段文字是中国第一历史档案馆的李保文先生编译康熙六年《蒙古律书》时的一段解释。详见中国第一历史档案馆《历史档案》2002 年第 2 期，第 3 页。

③ 中国第一历史档案馆：《历史档案》2002 年第 2 期，第 3 页。

要说明的是，不管《蒙古律书》与《蒙古律例》是怎么回事，但至少可以说明，在清军入关前的崇德八年（1643年）颁布过第一部《蒙古律书》，至今没有发现其版本，康熙六年的《蒙古律书》系入关后的立法。理藩院参与制定、编纂的第一部《蒙古律书》应当是没有问题的，只不过有多少属于理藩院主动的立法还是被动的立法不可详考。① 但是根据当时的情况，笔者认为这一时期理藩院的立法较为简单，立法活动也不频繁，主动立法的情况更不多见。这一现象主要取决于清朝最高当局对当时民族问题的认识有局限性，在他们的政治视野中仅仅注重蒙古族，而且只是把蒙古族作为攻打明朝和稳定北方边疆的重要力量，基于此，当局对理藩院的重要性缺乏足够的全局性认识。因此，理藩院的立法不仅简单而且主要是最高统治者亲自立法。此时，对于理藩院的机构设置和功能配置都比较简单就是理所当然的事了。

三 《蒙古律例》②

从顺治朝以后，清政权逐步统一中国，确立了辽阔的疆域，重建了多民族国家，随之而来的是民族立法的不断发展，制定出大量专门

---

① 李保文先生曾经对此有过考证，清崇德八年（1643年），理藩院奉宽温仁圣汗——皇太极谕，于其所辖蒙古地区颁布过"大札撒"律，雍正朝称其为《蒙古律书》（见汉文版《大清圣祖仁皇帝实录》乾隆五年本）。《康熙六年增订旧札撒书》为康熙六年（1667年）九月初二日理藩院题准在上述"律书"的基础上进行的增修本，刊发于八旗外蒙古、众苏鲁克沁（牧场）及外藩蒙古地区。该书黄纸封面，以蒙古文题写《康熙六年增订旧札撒书》，全文内容49页97面，113条，《历史档案》2002年第4期以"康熙六年《蒙古律书》为名刊布过该汉译文"。（见李保文《清朝〈蒙古律〉的题名及其历史作用》，《故宫学刊》2006年总第3辑，第494页。）

② 这里要说明两点：（1）《蒙古律例》这一名称实际上是指乾隆三十一年（1766年）左右，由乾隆皇帝御笔题名的汉文名称，它是从蒙文和满文翻译过来的，而满文与蒙古文仍然沿用旧时的《蒙古律》或《蒙古律书》的称呼。（2）西宁办事大臣达鼐于雍正十二年（1734年）纂成的《西宁青海番夷成例》，在学术界被认为完全脱胎于《蒙古律例》。（见郑秦《清代法律制度研究》，中国政法大学出版社2000年版，第289页。）因此，笔者在本书不打算独立成章节地涉及青海地区的相关问题，而是把它放在蒙古地区与西藏地区的相关地方一笔带过，或者干脆就不做解释。

法规并使之系统化、定型化。乾隆年间先后平定了回疆、苗疆及西藏地区，巩固了清朝辽阔的疆域，实现了全国各族人民空前的统一，为大规模的民族立法提供了坚实的环境。清康熙年间的《蒙古律书》及乾隆年间的《蒙古律例》影响巨大。乾隆朝由理藩院编纂的《蒙古律例》以乾隆朝统一蒙古各部落为重要的历史条件，它继承了从关外起直到入关以后百余年来对蒙古的立法成果，是清政府对蒙古立法的重要里程碑，是清政府对蒙古立法趋于系统化、制度化的标志，体现出清朝民族立法因族、因俗、因地立法的立法精神。①

通过乾隆朝的《蒙古律例》可以考察到理藩院立法的一般情况：《蒙古律例》虽然是由理藩院编纂而成，从现代立法学的角度看也称得上是一种立法形式，但是《蒙古律例》具体内容的形成并非全部是理藩院制定的，因此，笔者想就《蒙古律例》中的相关具体内容的形成做一番考察。这样不仅使我们能够清楚地看到《蒙古律例》的较为完整的内容，同时也可以考察到理藩院在《蒙古律例》的形成过程中起到什么样的作用以及其立法的详细过程。乾隆朝《蒙古律例》共12卷，分为官衔（24条），户口差徭（23条），朝贡（9条），会盟行军（13条），边境卡哨（17条），盗贼（36条），人命（10条），首告（5条），捕亡（20条），杂犯（18条），喇嘛例（6条），断狱（29条）共计210条。在这里就该法律文本中属于理藩院立法的情况做一个较为详细的梳理。

必须指出的是，笔者这里并不是要把《蒙古律例》中的所有条款一一罗列，而是列出属于理藩院立法的种种情况，包括直接的、间接的以及主动的和被动的立法②，最主要的目的是透过种种情况下的立法，发现理藩院在民族立法过程中的功能，同时也兼顾到理藩院立法

---

① 李鸣：《中国民族法制史论》，中央民族大学出版社2008年版，第402页。

② 笔者本书所说的主动立法是指理藩院作为直接向皇帝负责的管理边疆少数民族事务的中央最高机关，不可能事事都得皇帝督催才去立法，为了不负皇帝的天恩，理藩院会单独或者与其他部门联合根据实际情况主动向皇帝提出立法动议，一旦得到皇帝的认可而被批准便具有普遍效力。被动立法则与此相反，往往是由皇帝以谕旨的形式指示理藩院就某个问题立法或者让藩院审议其他的臣工条奏而立法。

的主要内容，同时本节的史料也会为下一节的分析提供依据。

（一）行政立法

1. 理藩院的主动立法

笔者查《蒙古律例》中的行政立法，发现理藩院有三次主动奏请立法的情形。

第一次具体是关于蒙古汗王、郡王、世子、贝勒、贝子及镇国公去世要上报皇帝派员参与致祭的礼节，而札萨克头等台吉塔布囊去世不用请旨径行停祭即可。又涉及额驸、和硕公主之和硕额驸、和硕格格之和硕额驸及亲王、郡王之福晋去世的祭祀仪式各有比照。皇帝不仅要行文，而且还要按照官职级别由国库拨给相应的丧葬费用。

乾隆三十六年正月，理藩院奏请修改以往定例："蒙古汗王亲王郡王世子等物故差散秋大臣一员御前侍卫一员部院章京一员致祭贝勒贝子长子等差御前侍卫一员部院章京一员致祭镇国公辅国公等差部院章京一员致祭札萨克头等台吉塔布囊殁后无庸请旨……固伦额驸照郡王例致祭和硕公主之和硕额驸照贝勒贝子例致祭……凡致祭应用物件仍照旧例和硕亲王则牛一只羊八只酒九瓶纸一万张……"①

这次主动奏请立法得到乾隆帝的批准通行而成为新的定例，后来被理藩院编入《蒙古律例》卷之一官衔卷中。

第二次主动奏请立法是关于额驸的加封晋爵以笼络蒙古贵族的立法。乾隆四十四年十一月，理藩院主动奏请立法，有关额驸等庶出之子的官衔加封问题。"凡额驸等庶出之子给予职衔俱按其父本身之王公台吉职衔给予……"②

第三次主动奏请立法的情形是关于蒙古人的养子继承问题。乾隆五十三年四月二十三日，理藩院主动奏请皇帝规范有关养子承袭的问

---

① 中国社会科学院中国边疆史地研究中心主编：《蒙古律例》，全国图书馆文献缩微中心1988年版，第11—13页。

② 同上书，第15页。

题，即有关蒙古王公诸子之台吉塔布囊职衔准其以养子分别承袭。①

此次立法有效地解决了蒙古贵族的职衔继承问题，保护蒙古贵族的利益，使其能够效忠清政府。有意思的是，理藩院很巧妙地将大清律中的养子继承法律制度推进到蒙古地区，来调整蒙古地区出现的新的社会关系，从而加强蒙古对清政府的向心力。

2. 理藩院的被动立法

笔者梳理《蒙古律例》时发现，明确属于理藩院被动的行政立法共有四次，主要涉及如何保护蒙古贵族的利益以加强中央与蒙古的联系，达到有效控制蒙古地区的政治目的。

第一次是关于官职世袭制度的确立，以保护蒙古贵族的利益。乾隆四十六年三月初三日，理藩院奉旨立法"凡内札萨克之王公台吉等皆因在太祖、太宗开基时，各率所属投诚归顺，各处打仗甚属效力，是以旌其劳绩分别封以王公札萨克，令其世袭罔替。……从前并无世袭罔替字样故台吉缺出令伊子嗣承袭，该院必照例奏请……著交理藩院嗣后遇有国初投顺，著有劳绩，原赏台吉缺出办理承袭时，其顺治年以前曾于开基时因打仗效力所得台吉之子孙，俱著以原品世袭罔替……"②

这条立法实际上讲的是有关为清朝效力的蒙古人封官及如何世袭的问题，着重体现太祖、太宗开创基业的时候就效忠清朝的蒙古贵族的利益，乾隆皇帝授意理藩院通过立法来保护这部分蒙古元勋的官位世袭权利。

第二次立法是关于台吉官衔的缺出问题的立法。清朝有一种独特的选官制度，叫做官缺制度，这种制度能够很好地体现中央的意志，通过这种制度能够把符合清政府要求的人安排进官员队伍之中。大清律的这种选官制度通过理藩院的行政立法推进到蒙古地区，有效地实

---

① 中国社会科学院中国边疆史地研究中心主编：《蒙古律例》，全国图书馆文献缩微中心1988年版，第17页。

② 同上书，第14—15页。

现中央政府对蒙古地区上层人士的控制。

乾隆四十九年理藩院奉旨立法，"乾隆四十九年十月十四日奉旨康熙年间初次归降军营出力得有头二三等台吉等缺，著加恩概予世袭罔替……并无军功仅因贡进马匹驼只施恩赏给之头二三等台吉缺出该部将各所赏等第原案查明于袭职内夹付清单请旨，永著为例钦此"①。

关于头二三等台吉官衔在遇有缺出的时候该如何承袭的问题，因军功获得和因贡献马匹驼只获得官衔的承袭方式是不一样的，对于前者控制要宽松得多。因军功的台吉官衔直接可以继承而且无须请示，但是没有军功仅仅是贡献马匹的台吉，遇有官缺是否能够继承要请示皇帝批准。

第三次也是关于继承权问题的立法，只是针对的是阵亡蒙古将士官衔的继承问题。清政权是靠武力统一天下的，而且骁勇善战的蒙古人是开路先锋，所以中央政府特别注意保护军人的利益。理藩院在乾隆四十九年十六日奉旨对于阵亡将士官衔的承袭问题进行立法定例。②

第四次立法是关于蒙古王公子女利益的立法，以达到对蒙古贵族利益的永久保护，解决蒙古王公大臣的后顾之忧，使其更加卖力地为清政府服务。于是，乾隆五十一年，理藩院根据乾隆帝的谕旨对蒙古王公之子赏带翎子进行立法规制。"奉旨嗣后蒙古王公子嗣内有年未及岁经朕围场赏带翎者，所有应得之职著该衙门办给，未赏翎者仍俟及岁时再行给予，著为例，钦此。"③

（二）民事立法

理藩院关于蒙古地区的民事立法包括离别年久之人不准归宗；乏嗣人抱养他人之子；承受绝嗣人畜产；蒙古结亲行聘给畜；休妻；王等娶王等议定之妇；娶他人议定之妇；札萨克贝勒等住宿处食羊；大辽河牧放牛马计其孳缺数目议叙议处；外藩蒙古等不准卖与内地旗人。

---

① 中国社会科学院中国边疆史地研究中心主编：《蒙古律例》，全国图书馆文献缩微中心 1988 年版，第 16 页。

② 同上书，第 17 页。

③ 同上。

关于民事方面的立法，笔者梳理《蒙古律例》发现，明确记载属于理藩院立法的只有一次被动的立法，是关于蒙古大辽河地区放牧问题的立法。乾隆三十三年四月理藩院遵旨定例，理藩院根据皇帝的旨意被动立法规制"大辽河牧放牛马计其孳缺数目议叙议处"之事，得到乾隆帝的批准成为定例。"科尔沁十旗牧放大辽河所牧之马匹三年年终将孳缺……俱著落该札萨克协理台吉等照数赔补喀喇沁土默特等四旗牧放之大辽河牛马亦照此例办理。"①

蒙古族是游牧民族，放牧是其基本的生产活动，不仅能给政府提供源源不断的军用物资，而且也是蒙古族生活赖以的源泉。所以中央政府十分重视，通过理藩院立法定制以规范放牧行为，解决纷争，使其有序放牧，稳定边疆社会。

（三）军事立法

正如笔者前文所述，清统治者是靠军事起家，武力统一天下，而蒙古族又是清统治者的开路先锋。因此，为了笼络蒙古族同时也为有效地规制蒙古族，加强纪律、提高军队的战斗力，清中央政府通过理藩院进行适当的军事立法。理藩院对于蒙古地区的军事立法主要体现为三年会盟一次；会盟已示而王等不到；凡会盟传集管旗章京不到；每年春间札萨克王等点验军装弓箭；梅针大披兔儿又骲头各色箭上未书号记；邻边部落忽有兵警即速会于被警之境；奉派出征王等不行前往；奉派出征官兵躲避不赴；王等骑瘦行军传禁之马；王贝勒贝子公台吉等败阵；围猎行军会盟回时不按次序先自归家；外藩蒙古各旗着遣人后信；禁止妄行跪拜驻扎大臣。乾隆五十二年，理藩院奉旨被动立法规制"禁止妄行跪拜驻扎大臣"条例，"乾隆五十二年四月二十九日奉旨，嗣后公以上于谒见钦差大臣时如系伊等私事尚可跪拜，其因公事跪拜大臣之处通行禁止，如此定后益可以示朕于外藩蒙古人等

———————————

① 中国社会科学院中国边疆史地研究中心主编：《蒙古律例》，全国图书馆文献缩微中心1988年版，第12—13页。

一视同仁至意并可分别秩序永著为例钦此"①。

以上是清中央政府通过理藩院的立法，其规制了蒙古地区的基层组织制度、差役徭役、婚姻继承、会盟行军、边境哨卡以及贸易往来，非常严格地限制了蒙古人的活动自由，将他们紧紧束缚在各自游牧之地。又规制清代蒙古地区的官衔、朝贡制度，使蒙古族贵族的臣属地位及蒙古王公的世袭特权制度化、法律化，并且还规定了联姻、朝觐等方面的法律规范，有效地笼络了蒙古的上层人士，最大化地满足其物质和名望的需求，使他们成为清中央政府忠实的维护者。

（四）刑事立法

刑事立法一直是中国古代立法的重点，特别是重大的命盗案件总是成为历代封建帝制国家关注的重点。清中央政府通过理藩院对蒙古地区的刑事立法是所有立法中最频繁也最详细的。

1. 盗贼门

包括官员平人抢劫杀伤人；官员平人抢劫而未杀人；官员平人偷窃牲畜等物拒捕伤人；抢夺斩犯；劫窃杀人；蒙古地方偷窃牲畜者视其牲畜之数分别首从治罪；厄鲁特土尔扈特杜尔伯特辉特乌梁海人等偷窃牲畜不分首从治罪；蒙古等偷窃四项牲畜合计次数拟罪；犯至死罪首贼逃逸未获将从贼监候待质；台吉等收留惊逸马匹不报照衣窃盗革去台吉职衔后开复；台吉行窃议罪；台吉行窃不准开复；未经受职台吉行窃治罪；台吉行窃审明定案后交该旗约束；蒙古民人原偷窃牲畜著落赔偿；偷窃；贼分首从治罪；王等窝贼；贼罪可疑者发誓；牲畜被窃将齿色呈报该札萨克等登记档案；事主认获被窃牲畜；围场军前认获被窃马匹；牲畜被窃他人要截获之；盗贼宰杀遗弃牲畜之肉混行拾取；失去牲畜移知邻封札萨克；走失牲畜途人勿得擒拿；踪迹人旧游牧处者发誓；踪迹制限以鲍头射到者发誓；搜赃宜带证佐；潜得被窃牲畜之信；潜得信息之牲畜别经发誓；潜得信息案内王等无庸发

① 中国社会科学院中国边疆史地研究中心主编：《蒙古律例》，全国图书馆文献缩微中心 1988 年版，第 9 页。

誓；偷窃财物；偷窃猪狗鸡鹅。

　　从《法经》开始，历代帝制国家的刑事立法无不把贼盗立法放在重点。笔者通过梳理《蒙古律例》发现理藩院的刑事立法形式多样，有单独立法也有联合立法，以下笔者采取分类的方法进行描述。

　　第一，理藩院单独立法的情形。理藩院单独立法的情形又有主动与被动之分，理藩院单独主动的立法表现为主动奏请皇帝进行立法。共有三次，主要是关于蒙古台吉的犯罪立法，用以规范台吉的行为。例如，乾隆四十三年六月，理藩院主动具奏定例"未经受职台吉行窃治罪"条；① 乾隆四十六年二月，理藩院主动请旨，具奏定例"台吉行窃审明定案后交该旗约束"条；② 乾隆四十八年十二月初六日，理藩院主动奏定条例"台吉等收留惊逸马匹不报照衣窃盗革去台吉职衔后开复"条。③ 这里可以看出，理藩院不仅通过立法保护蒙古贵族的利益，同时还要通过立法规制蒙古贵族的行为，严厉打击蒙古贵族的犯罪行为，以维护国家的整体利益。

　　理藩院单独被动的立法则表现为接受皇帝的谕旨就有关方面的立法，笔者发现共有两次：乾隆五十四年七月二十九日理藩院单独奉旨定例"蒙古等偷窃四项牲畜合计次数拟罪"条，④ 以及乾隆四十四年九月二十五日理藩院奉旨制定"台吉行窃不准开复"条。⑤

　　第二，理藩院的联合立法。联合立法的情形往往是一些较为重大的立法，涉及不同的部门，需要各部门的相互配合才具有可行性，单靠理藩院或者任何一个部门难以完成。这种刑事立法又有主动和被动之分，同时还出现不少议覆立法的情形。清代的议覆是指理藩院或者其他有立法权限的部门接受皇帝交给的封建大吏的奏本，对这些奏本

---

　　① 中国社会科学院中国边疆史地研究中心主编：《蒙古律例》卷 6，"盗贼"，全国图书馆文献缩微中心 1988 年版，第 10 页。

　　② 同上书，第 11 页。

　　③ 同上书，第 9 页。

　　④ 同上书，第 8 页。

　　⑤ 同上书，第 10 页。

的可行性提出建议以便皇帝决策时参考。

首先，理藩院单独议覆的情形。笔者在《蒙古律例》只发现一次这样的立法情形，是关于议覆封疆大吏恒瑞奏请的死刑犯未捕获时将从犯在押待质的奏本。乾隆五十四年十月初四日，理藩院奉旨议覆恒瑞的奏请，经过皇帝的批准遂成为定例的"犯至死罪首贼逃逸未获将从贼监候待质"①。

其次，联合奏定和议覆的情形。涉及不同部门的立法时，理藩院会联合奏定和议覆，经常联合的部门是刑部，也有军机处。一般涉及法律专业性较强的问题时就与刑部联合奏定或议覆，同时也体现出刑部在清中央司法机关中的重要性，以加强中央对蒙古地区重大命盗案件的控制。乾隆五十年十二月初九日刑部会同本院奏准定例规制"蒙古地方偷窃牲畜者视其牲畜之数分别首从治罪"；分别130匹以上者；20—30匹者；10—20匹者；6—9匹者；3—5匹者；1—2匹者情况施以不同的刑罚。② 再如，乾隆二十八年十一月理藩院会同军机大臣和刑部奏请皇帝立法规制"官员平人抢劫杀伤人"的违法犯罪行为。"乾隆二十八年十一月内军机大臣等遵旨会同刑部、理藩院议奏定例，官员平人或一二人伙众抢劫什物杀人者不分首从俱即处斩枭首示众……若伤人未得财者为首一人拟斩监候，籍没产畜给付事主，其妻子暂存该旗俟将来秋审减等放出……"③

同一时间段三机关议奏定例来规制"官员平人抢劫而未杀人"及"官员平人偷窃牲畜等物拒捕伤人"的违法犯罪行为，体现出中央政府对这类犯罪极为重视。原因何在呢？笔者以为，这样的立法不仅是中央政府要加强控制重大的命盗案件，更重要的是，此次立法涉及把大清律例中的死刑制度还有秋审制度扩张到蒙古地区这一重大策略，因此，由理藩院联合军机处和刑部奏定立法便在情理之中。

---

① 中国社会科学院中国边疆史地研究中心主编：《蒙古律例》卷6，"盗贼"，全国图书馆文献缩微中心1988年版，第8页。

② 同上书，第6页。

③ 同上书，第4页。

此外，有一种情形是理藩院联合其他机关的议覆立法。笔者查到一条相关材料是关于偷盗牲畜不分首从治罪的立法。乾隆五十一年四月二十二日军机大臣会同刑部、理藩院议覆定例"厄鲁特土尔扈特杜尔伯特辉特乌梁海人等偷窃牲畜不分首从治罪"条。①

牲畜既是蒙古人的生活必需品也是军事工具，因此要通过立法予以保护，严厉打击偷盗牲畜的犯罪行为。

最后，理藩院汇编的情形。这种情形往往是军机处、兵部或者刑部的议覆，得到皇帝的批准由理藩院汇编进《蒙古律例》之中，笔者发现一例。例如，乾隆二十六年军机大臣议覆吉林乌喇将军恒鲁奏准定例"蒙古民人原偷窃牲畜著落赔偿"条，后由理藩院汇编进《蒙古律例》之中。②

值得注意的是，在《蒙古律例》中还有其他条款，虽未注明何年何月以及哪个机关奏定条例，但毫无疑问的是，这些条款是对过去立法的继承，统统由理藩院汇编进《蒙古律例》之中应当是没有问题的。

2. 人命门

包括王等故杀别旗之人；王等以刃物戳杀属下家奴；斗殴杀人；因戏过失杀人；过失杀人；夫故杀妻；奴杀家主；迎杀来投逃人；王等将家奴射砍割去耳鼻；斗殴损伤耳目折伤肢体。

有关人命的立法，笔者在《蒙古律例》中并未发现理藩院主动或被动立法的情形，也没有发现联合议覆的情况。但值得注意的是，有关人命条例大都是对前代立法的继承和发展，后被理藩院整理归并到《蒙古律例》中来。仅举一例说明。康熙六年的《蒙古律书》对"王等故杀别旗之人"条的规定非常简单："王等故杀别旗之人，照人数赔补并罚马五十，若为札萨克诺颜等罚马三十，若为台吉等罚马二

① 中国社会科学院中国边疆史地研究中心主编：《蒙古律例》卷6，"盗贼"，全国图书馆文献缩微中心1988年版，第8页。

② 同上书，第11页。

十,若为平人,则还斩。"① 到了乾隆年间,随着立法技术的提高和现实的需要对这一条款扩充修改为:"凡以未管旗王贝勒等将别旗之人故杀仇杀谋杀同谋杀者,按其所杀之数赔人,王等罚马一百匹,贝勒、贝子、公等罚马七十匹;台吉塔布囊等罚马五十匹给被杀者妻子,若平人将起意者斩监候,从而加功者绞监候,抄没其产畜给被杀者之妻子,其未加功者以及妻子产畜一并送临封盟长处赏公事效力台吉等为奴。"②

这种立法形式在《蒙古律例》不在少数,这也恰恰说明理藩院立法的连续性以及动态的历史过程。当然,也能说明《蒙古律例》的形成本身有一个历史的发展完善过程。

3. 首告门

包括凡事本人具控;蒙古王等以下民人以上争讼;将王等所审事件付款复控;出首隐瞒人丁;蒙古等妄行越诉诬告。

乾隆三十九年,理藩院主动奏准定例"蒙古等妄行越诉诬告"条。如"乾隆三十九年本院奏准定例,蒙古等凡有争控事件务令先在该札萨克王贝勒处呈控,倘负屈许令在盟长处呈控,如盟长等又不秉公办理,许令原告之人将曾经在该札萨克处控告如何办理,复在该盟长处控告如何判断之处,按款开明赴院呈控,由院详核案情或应仍交盟长等办理或应差派大臣办理之处酌议具奏请旨。若并未在该札萨克王贝勒等处控告又不在盟长处具控而径行赴院呈控者不论是非系台吉官员罚取三九牲畜;系属下家奴鞭一百,若系寻常事件仍交该札萨克盟长等办理,如关人命重案由院详询……"③

这种主动立法对有关案件的控审程序规制得非常详细,不得越级

---

① 中国第一历史档案馆:《康熙六年〈蒙古律书〉第70条》,《历史档案》2002年第4期。

② 中国社会科学院中国边疆史地研究中心主编:《蒙古律例》卷7,"人命",全国图书馆文献缩微中心1988年版,第2页。

③ 中国社会科学院中国边疆史地研究中心主编:《蒙古律例》卷8,"首告",全国图书馆文献缩微中心1988年版,第2—4页。

诉讼。如"蒙古等凡有争控事件务令先在该札萨克王贝勒处呈控，倘负屈许令在盟长处呈控，如盟长等又不秉公办理，许令原告之人将曾经在该札萨克处控告如何办理，复在该盟长处控告如何判断之处，按款开明赴院呈控，由院详核案情或应仍交盟长等办理或应差派大臣办理之处酌议具奏请旨"。如果越级诉讼将会受到处罚，从罚畜到鞭刑不等。特别是关于蒙古案件的最终管辖权力直接规定属于理藩院，从而加强了中央对蒙古地区案件的控制力度。

4. 捕亡门

包括出卡哨投往外国之逃人治罪；拿获逃人于逃人之主罚两岁牛；拿获逃人将逃人所带物件分给一半；追逃之人若杀为首逃者给其俘虏产畜；见逃人而遣去；知逃往外国之逃人而遣去；追逃人之章京等赶不及而回；全旗逃走者不分何旗追赶；击撒代人二十名以上逃走者何人附近即令追赶；王等隐匿杀来投逃人者；隐匿内地逃人；王等商谋隐匿贼人不行举出；明出贼人不给拿来；拿获贼人解该旗收管就近令地方官监禁会审；禁徒罪以上人犯解送该地方官暂令监；自流所复逃者分别治罪；抄没贼物赏给获贼之人；家奴厄鲁特回子逃走；发遣为奴之犯逃窜蒙古地方无论知情不知情容留者分别治罪。

有关捕亡的立法，同样可以分为理藩院单独和联合的主动立法以及单独与联合的议覆几种情形的立法，现分类如下：

第一，理藩院的主动立法。这种情形又有单独和联合立法之分，理藩院单独主动立法的情况是关于徒罪与犯罪后的脱逃行为立法规制。乾隆三十一年四月，理藩院又主动奏定立法，"乾隆三十一年四月奏准增入：禁徒罪以上人犯解送该地方官暂令监禁"条。"诸札萨克等将凡拟徒罪以上人犯一面报院一面即派官兵解赴应禁地方官暂令监禁。"①

同一时间，理藩院再次奏定立法，"乾隆三十一年四月奏准增入：

---

① 中国社会科学院中国边疆史地研究中心主编：《蒙古律例》卷9，"捕亡"，全国图书馆文献缩微中心1988年版，第11页。

蒙古犯罪发遣山东河南者复行脱逃……"制定出"自流所复逃者分别治罪"条。①

再如，乾隆三十八年，理藩院奏定立法，规制"家奴厄鲁特回子逃走"现象。"乾隆三十八年十一月本院奏准定例：官兵等自军营带来之厄鲁特回子内另有关涉重情者仍令声明缘由具奏恭候钦定遵照办理，如非关紧要并无别情之逃犯，无论拿获及自行投回系初次则枷号一个月、鞭一百交原主严加管束；二次逃走即发福州、广州给予旗下官兵为奴，其在京居住之厄鲁特回子王公等自原籍带来之厄鲁特家奴，如有逃走者仍照八旗逃奴例计其逃走次数年月分别办理。"②

对于逃人罪的严厉打击是清政府立法的一大特色，原来立法的初衷是保护旗人利益的，后来扩张到蒙古地区用来保护蒙古贵族利益。

第二，联合立法。这种情形又有联合奏定与联合议覆之分，笔者在《蒙古律例》中发现联合主动奏定立法的情况有两次。乾隆四十九年刑部会同理藩院联合奏准立法"发遣为奴之犯逃窜蒙古地方无论知情不知情容留者分别治罪"条。再比如，"乾隆四十九年九月十一日，刑部会同本院奏准定例：嗣后凡发遣为奴之逃犯至蒙古地方，如有知情容留藏匿者杖一百徒三年，官员革职照例治罪；其不知情冒昧容留者杖八十……"③ 这种立法的初衷同样是为了有效打击脱逃犯罪现象。

另外一种联合立法的情形就是联合议覆。笔者在《蒙古律例》中发现两次联合议覆，一次是理藩院联合刑部议覆山西巡抚鄂弼的奏本。乾隆二十五年，刑部会同理藩院议覆山西巡抚鄂弼奏定"陕西省大同府属丰镇通判所辖，民人处所察哈尔正黄正红旗连界，朔平府属宁远通判所辖，民人处所与察哈尔镶红镶蓝旗连界。此四旗蒙古等又与苏尼特四子等诸札萨克旗分连界，四旗地方所出蒙古与蒙古交涉命

---

① 中国社会科学院中国边疆史地研究中心主编：《蒙古律例》卷9，"捕亡"，全国图书馆文献缩微中心1988年版，第12页。

② 同上书，第13页。

③ 同上书，第14页。

盗等案仍照旧例由该察哈尔旗分承办报院完结外，将四旗地方所出蒙古与民人交涉命盗等案并两通判所辖境内所出蒙古与民人交涉命盗等案内不论察哈尔下蒙古诸札萨克等之蒙古俱按失事地方，令该通判等会同察哈尔四旗官员审定，亦停其于该札萨克旗分行取会审官员，于结案后将审拟之处由该通判处行知该札萨克等。将察哈尔各旗蒙古等往归化城各同知通判所属地方与土默特蒙古并民人交涉命盗案件停其由察哈尔旗分派会审官员令就近会同归化城土默特官员审定"①。

这次立法的初衷是为了解决相邻蒙古部落之间的案件管辖权问题，明确了汉人地区的大同府与蒙古地区案件的管辖权以及四旗蒙古与苏尼特四子等地区的案件管辖权，为案件的审理提供了明确的法律依据。

另外一次联合议覆是关于理藩院联合刑部议覆直隶总督方观承的奏本。乾隆二十五年，刑部、理藩院等衙门将直隶总督方观承所奏议覆奏定"除将张家口独石口多伦诺尔三同知与察哈尔两旗分交涉案件仍照旧会同各察哈尔旗下游牧处部院章京定限审讯外，将八沟、塔子沟两厅与札萨克交涉案件计其为乌兰哈达三座塔驻扎部院章京所管之札萨克旗分交伊等就近会审……"②

以上具奏定例，制定出"拿获贼人解该旗收管就近令地方官监禁会审"条，由理藩院汇编列于《蒙古律例》卷九之"捕亡"中。

5. 杂犯门

包括违用禁物；不许先后贺年；诽谤王等；王等擅动有刃之物；不容行人住宿致被冻死；误留行人所骑之马；病人卧人家内；看守疯人；薰兽穴失火；仇害放火；发塚；蒙古等互相诱卖；奸平等人之妻；平等奸平等人之妻；平人奸福晋；匪类发遣河南山东；射杀牲畜。

---

① 中国社会科学院中国边疆史地研究中心主编：《蒙古律例》卷9，"捕亡"，全国图书馆文献缩微中心1988年版，第8页。

② 同上书，第9页。

　　立法的具体情况如，乾隆二十八年军机大臣奉旨会同刑部及理藩院联合制定条例上报皇帝批准，后被理藩院汇编入《蒙古律例》。"乾隆二十八年十一月内军机大臣等遵旨会同刑部理藩院议奏定例：官员平人为匪不可留于旗下者，俱连妻子产畜发往河南山东交驿站充当苦差。"① 这次立法后来形成"匪类发遣河南山东"条，形成具有普遍效力的法律规范。

　　6. 断狱门

　　《蒙古律例》中记载了断狱方面的立法内容，具体包括以下几个方面：

　　罚罪九数；凡罚罪牲畜两造札萨克差人取牛；凡罚罪贝勒各取其一；凡出首事件所罚之内给首者一半；怀仇取畜；罚罪无畜者令章京等发誓；罚三九以上案件择管旗章京等令其发誓；凡罚罪案件不令王等发誓；罚罪牲畜不足者责打；存公牲畜赏于公事效力之人；斩绞人犯解送原犯事地方正法；食俸王台吉等议处；凡事出两造私议完结；出首事件不令首者发誓；出首之人不令入札萨克等名下；死罪可以令其发誓；祖护贼犯发誓；未及十岁之子行窃不坐罪；蒙古人在内地犯事照内地律治罪民人在蒙古地方犯事照蒙古律治罪；凡死罪人犯札萨克等审讯报院；死罪人犯援赦免罪；凡死罪人犯欲求免死叩院；死罪人犯收赎；抄没贼人产畜不给喇嘛；抄没贼犯妻子不给内地人为奴；缓决减等之蒙古人犯应罚牲畜无获；内札萨克喀尔喀等处移覆土默特旗下咨文定限；相念验蒙古等命案；无庸解部就近由彼径行发遣。

　　笔者梳理《蒙古律例》后发现明确记载属于理藩院立法的情形有三种，分别是主动奏定立法与联合议覆立法及单独议覆，下面分别介绍：

　　第一，理藩院主动奏定立法的情形。主动奏定立法的情形又可以分为理藩院单独立法与联合立法。理藩院单独主动立法的情况有两

───────

　　① 中国社会科学院中国边疆史地研究中心主编：《蒙古律例》卷10，"杂犯"，全国图书馆文献缩微中心1988年版，第7—8页。

次，是关于蒙古人犯罚畜罪的缓决减等和蒙古人与民人案件的管辖审理问题的立法，前者的立法如，乾隆三十七年理藩院单独主动奏请定例"缓决减等之蒙古人犯应罚牲畜无获"条，具体情况是"乾隆三十七年九月本院奏准定例：凡伤人致死拟绞缓决之蒙古重犯遇恩诏减等后仍照蒙古律罚取三九牲畜给付死亲完结。如照数无获者即发山东河南等省交驿站充当苦差"①。

这次立法把大清律中的"发遣"扩张到蒙古地区。蒙古地区地广人稀，属于游牧区域，原本"发遣"之类的刑罚对蒙古人是没有多大意义的，蒙古的民族固有法中也没有这类刑罚，但是随着清帝国统治的稳固及加强中央集权的需要，逐步把"发遣"刑推进到蒙古地区。"犯罪免发遣"的特权只有旗人才能享有。

另外一次单独主动的立法发生在乾隆四十年。乾隆四十年理藩院再一次单独主动请旨定例"相验蒙古等命案"条。具体情况是："乾隆四十年润十月本院具奏定例：凡蒙古与民人有关人命事件仍照向例办理，若蒙古有关人命应行相验事件，各处驻扎部员即于各该处就近会同通知通判州县带领仵作验明尸骨，会同该札萨克审明报部，由部照例具奏完结。"②

这次立法主要解决的是关于蒙古与民人案件的管辖权问题，同时也解决内蒙古设置都统管辖地区的案件管辖权问题。这样的案件管辖是由理藩院驻扎部员会同州县官员一同审理的。

第二，理藩院的联合立法。这种形式的立法又分为联合主动奏定立法和联合议覆立法。联合主动奏定立法，发生在乾隆五十二年，是关于蒙古人犯发遣罪行后发遣方式的变化，例如，乾隆五十二年理藩院与刑部联合具奏定例"无庸解部就近由彼径行发遣"条。具体情况是："乾隆五十二年九月二十七日本院会同刑部奏准定例：嗣后发

---

① 中国社会科学院中国边疆史地研究中心主编：《蒙古律例》卷12，"断狱"，全国图书馆文献缩微中心1988年版，第9页。

② 同上书，第10页。

遣人犯内有由京经过发遣者仍行解部发遣，其路远绕途发遣者无庸解部，由本院议奏后发交该处，由彼就近遵照部定配所分别发遣。"①

这次立法改变了过去蒙古人犯发遣罪后的发遣方式由刑部转往地方发遣的方式，直接改由理藩院交犯罪地方发遣即可，减少了环节，也减少了司法的成本，体现出理藩院立法的技术性在加强。

另外一种方式的立法是理藩院联合议覆臣工条奏立法，共有一次，是关于法律冲突规范选择方面的立法。乾隆二十六年刑部与理藩院议覆臣工条奏制定"蒙古人在内地犯事照内地律治罪民人在蒙古地方犯事照蒙古律治罪"条。具体情况是："乾隆二十六年刑部会同理藩院议覆山西按察司索琳所奏定例：蒙古等在内地犯事照衣刑律定拟，民人在蒙古处犯事照衣蒙古律定拟。"②

乾隆二十六年的立法确立了法律冲突规范选择的基本原则是属地主义的基本原则，这种适用原则充分体现中央政府对蒙古人的保护，但是随着时间推移，中央政府加强集权的需要逐步改变为有属人主义在内的多种原则的结合。

第三，理藩院单独议覆立法。这种形式的立法有一次，是关于缉捕期限的立法，规制司法部门无故拖延办案期限，提高司法效率的重大立法行动。乾隆三十八年理藩院单独议覆臣工条奏制定"内札萨克喀尔喀等处移覆土默特旗下咨文定限"条。具体情况是："乾隆三十八年正月本院议覆绥远城将军容保等具奏定例：归化城土默特地方之命盗案内有关提札萨克等旗下之人犯及咨查事故并特令缉拿者，喀尔喀四爱曼定限六个月内，札萨克各旗定限四个月，该札萨克等如逾限推诿不将人犯解送，不即查覆案情迟延日月者，由承办官员申报该上司即行指明参奏报院严加查议。"③

需要注意的是，理藩院的汇编臣工条奏，就是说，某一条立法原

---

① 中国社会科学院中国边疆史地研究中心主编：《蒙古律例》卷12，"断狱"，全国图书馆文献缩微中心1988年版，第11页。

② 同上书，第8页。

③ 同上书，第10页。

本不是理藩院的直接立法，而是其他部门与蒙古相关的立法，得到皇帝批准，后来被理藩院汇编进《蒙古律例》，这种情况不在少数，鉴于本书旨在说明理藩院各种形式的立法，对于这种情形仅举一例：

乾隆二十五年刑部议覆奉天副都统增海所奏定例"斩绞人犯解送原犯事地方正法"，后被理藩院汇编进《蒙古律例》。具体情况是："乾隆二十五年刑部议覆奉天副都统增海所奏定例：蒙古内行劫伤人得财者将首从加功人等，法应立决并偷四项牲畜等犯内秋后勾到者俱解送原犯事地方正法，应枭首示众者令枭首示戒。"①

清中央政府通过理藩院对蒙古地区的刑事和司法方面的立法，规定了对于盗贼、人命等重大刑事犯罪的处罚规定以及案件审理的程序，加强了清中央政府对蒙古地区的控制力度。

（五）宗教立法

笔者在《蒙古律例》没有发现明确属于理藩院草拟的相关宗教立法的条文，原因不详。但可以肯定的是，都是由理藩院编纂进《蒙古律例》中的。有关喇嘛立法有：喇嘛格隆等准其穿用黄色金黄红色衣服；后黄寺每年聚四百喇嘛念经；禁止喇嘛班第等私行；喇嘛所住庙内禁止容留妇人；喇嘛等犯罪令先革退喇嘛；喇嘛等容留贼盗。

《蒙古律例》中专门对喇嘛作出立法规制，体现了清中央政府"宠佛以制其生"的宗教政策，有关喇嘛的服饰和喇嘛庙的管理以及喇嘛犯罪惩处的规定，有利于利用喇嘛教统治蒙古。②

（六）理藩院增订蒙古律例的立法情况

理藩院不同时期的增订蒙古律例也反映出不同形式的立法：

1. 理藩院被动立法。笔者共查找到两次立法，这两次奉旨立法都是关于具体的个案，后形成普遍效力的通例被编进《蒙古律例》。乾隆五十六年十一月初四日理藩院奉旨乌米乌逊处审办偷窃买卖民人

---

① 中国社会科学院中国边疆史地研究中心主编：《蒙古律例》12，"断狱"，全国图书馆文献缩微中心1988年版，第5页。

② 苏钦：《中国民族法制研究》，中国文史出版社2004年版，第162页。

骆驼二只，贼犯照例定拟发遣缘由具奏。将贼犯八百解部定地发遣，札萨克巴嘎都尔罚一九牲畜，所罚牲畜赏给出力人等，此语谅系空言，理应赏给拿贼之人，以示奖励，嗣后如遇此等事件，其所罚牲畜全行奖赏拿贼之人，钦此。①

另外一次是关于因公殉职的处理办法。嘉庆四年七月十八日奉旨泽巴格地方送公文蒙古兵贡布落河身死，赏给伊家下一九牲畜具奏所办甚是。即在该处所存存罚出牲畜马匹之内，取一九牲畜赏给贡布之妻子收领外将此作为定例，嗣后如有送公文身死者一体给赏，将朕怜恤蒙古之心通谕知之，钦此。②

此条关于因送达公文时因公殉职，采取从罚畜马匹中赏给死者妻子的解决办法，以财产弥补损失。以后形成定例，这也可以看成是一种形式的判例。

2. 理藩院的主动奏定立法。主动立法又可分为单独奏定立法和联合奏定立法，前一种情形的立法共有 11 次之多，大都不是重大命盗案件的立法。主要包括民人不能娶蒙古人为妻的立法。

例如，嘉庆六年七月二十日，理藩院奏准：嗣后民娶蒙古妇女仍照旧例严行禁止，再有任意娶蒙古妇女者一经呈告，将已娶妇人离异交娘家领回，其主婚之蒙古枷号三个月满日鞭一百，民人亦枷号三个月满日鞭一百递回原籍，该管蒙古妇女之台吉罚三九牲畜，失察之札萨克罚俸六个月，若札萨克台吉自行查出免其罚处。③

这种人为的蒙古和汉人的隔离政策非常不利于蒙古与汉人的交流，导致汉族的文化难以传播到蒙古地区，同时也人为地制造了民族矛盾与隔阂。当然，这种情况也出现在理藩院对回疆地区的立法之中，如《回疆则例》中，这点在后文有较详细的说明。

另外十次单独奏定立法的情形，笔者一一罗列如下：

---

① 中国社会科学院中国边疆史地研究中心主编：《蒙古律例》，"增订蒙古则例"，全国图书馆文献缩微中心 1988 年版，第 3 页。

② 同上。

③ 同上书，第 5 页。

　　嘉庆九年四月二十日理藩院奏准蒙古地方偷窃牛犊小牛半大牛小马驹等项，小牲口亦照偷羊不到四只分别鞭责之例办理。①

　　嘉庆十年五月十四日理藩院奏准蒙古，其亲老留养如年逾六十岁者准其孤子留养。②

　　嘉庆十年六月十六日理藩院奏准，凡口外官群马匹驼牛或偷卖或宰杀或作产其牲口一个至九个将群上官革职。黑龙江当差系兵丁不论首从连妻子发黑龙江给兵丁为奴，虽系同谋并无伙窃之后，不论有无分赃俱枷号两个月，鞭一百；偷窃十个以上……③

　　嘉庆十一年九月二十六日理藩院奏准嗣后札萨克王贝勒贝子公闲散王贝勒贝子公等若有私招民人开垦地者以私罪论。④

　　嘉庆十一年十一月二十三日理藩院奏准土尔扈特杜尔伯特厄鲁特和硕特辉特乌梁海人等，偷窃牲畜照乾隆五十年新定之例办理。⑤

　　嘉庆十四年九月初七日理藩院奏准凡故杀谋杀情重者，概不准收赎，寻常斗杀其情较轻者仍准收赎。⑥

　　嘉庆十四年十一月十七日理藩院奏定驼只在五岁以内者按小牲口办理。⑦

　　嘉庆十五年理藩院奏改蒙古强劫什物而未伤人例内有偷窃字样改用强劫字样。⑧

　　嘉庆十五年五月二十九日理藩院奏准蒙古地方偷窃银两什物者视

---

　　①　中国社会科学院中国边疆史地研究中心主编：《蒙古律例》，"增订蒙古则例"，全国图书馆文献缩微中心 1988 年版，第 5 页。

　　②　同上。

　　③　同上。

　　④　同上书，第 6 页。

　　⑤　同上书，第 8 页。

　　⑥　同上。

　　⑦　牛当年生者为牛犊，二年生者为二岁牛，三年生者为三岁牛，四年生者为四岁牛，五岁者为牛；马一年者名为马驹，二岁至五岁均为小马。

　　⑧　中国社会科学院中国边疆史地研究中心主编：《蒙古律例》，"增订蒙古则例"，全国图书馆文献缩微中心 1988 年版，第 9 页。

其赃数多寡分别首从更正，嘉庆八年定例。……①

嘉庆十五年七月十七日理藩院奏准台吉等本身之家奴及充当喇嘛奸家长之妻妾者，照依奴仆奸家长之妻妾刑例办理，如兼监管之家奴等奸家长之妻将奸夫奸妇皆监候处绞。奸家长之妾将奸夫奸妇各鞭一百入于蒙古例。②

这十次立法主要包括偷窃牲口、亲老留养、抢劫财物、偷窃银两等方面的规制，表现出理藩院立法的细致周密。

另外一种主动奏定立法是由理藩院联合其他部门的立法，笔者发现共有三次。第一次发生在嘉庆三年十一月二十八日，理藩院会同刑部奏准蒙古偷窃并无同谋亦无同行，仅于窃后分赃知情买赃对赃，其罪应鞭八十者枷号四十日；应鞭九十者枷号五十日；应鞭一百者枷号六十日。③

这是关于蒙古伙同偷窃，但是，没有同谋也没同行，仅仅参与分赃的处罚办法，应按照蒙古地区的固有法中的鞭刑处罚。

第二次发生在嘉庆五年五月二十五日，刑部、军机处会同理藩院奏准蒙古偷窃牲畜无庸并计，从一科断入于例内，将并计之条删除。④

这次立法是属于修改以往定例，删除蒙古偷盗牲畜累计计算处刑的旧方法，其目的是减轻蒙古人犯罪的量刑标准，表现出对蒙古人的轻刑化倾向。

第三次发生在嘉庆九年五月十九日，理藩院会同刑部奏准喇嘛犯罪如在俗家同居者准其留养，如虽系孤子业已弃亲从师另居者不准留养。⑤

本次立法是关于喇嘛犯罪的相关规定，喇嘛如果在俗家同居期间

---

① 中国社会科学院中国边疆史地研究中心主编：《蒙古律例》，"增订蒙古则例"，全国图书馆文献缩微中心 1988 年版，第 9 页。

② 同上。

③ 同上书，第 3 页。

④ 同上书，第 4 页。

⑤ 同上书，第 5 页。

犯罪可以适用留养条例，体现出对喇嘛的保护，这也与清帝国利用喇嘛教稳定蒙古的政治策略相吻合。

总而言之，清中央政府通过理藩院编纂的《蒙古律例》具体表现在以下几个方面来实现清中央政府对蒙古地区的有效控制。

第一，在政治制度方面。清朝皇帝以"朕世世为天子，尔等世世为王"为指导思想，积极推行有关袭爵晋职、朝觐、继承、领地、属众等封建特权制度，通过一系列怀柔、羁縻政策，使蒙古封建主逐渐模糊了其原先的血缘氏族关系的"民族"意识，特别是那些与清朝结为世代姻戚关系的蒙古王、额驸以及他们的子孙后裔，世代享有袭爵晋职、朝觐、继承、领地等特权，早已成为清朝统治集团中的重要成员。

第二，在刑罚处罚制度上。清朝中央政府掌握生杀大权的同时，仍保留了对大部分犯罪及民事纠纷采取传统"罚畜刑"处罚方式和传统的"人誓"习惯法。这不仅符合清朝中央政府对蒙古采取的"因俗而治"的基本国策，更重要的是笼络到大部分蒙古人的心，使其更加满足和效忠。

第三，在婚姻制度上。实行"满蒙联姻""备指额驸"等有效措施，拉拢蒙古封建主效忠服务。围绕实行"满蒙联姻"制度，制定出一整套旨在维护和巩固满蒙统治者之间的姻亲关系的规定，清朝皇帝娶科尔沁诸部蒙古封建主的女儿为后妃，又将清皇室的公主和宗亲的格格们下嫁给蒙古封建主为妻妾。后来在"南不封王，北不断亲"的策略下，建立起"备指额驸"制度，对早已与清皇室有通婚联姻关系的札萨克"额驸"所生男性后裔，在袭爵和晋级时都享有优待的权利，旨在为贯彻"满蒙联姻"这一特殊的政治姻戚关系，达到笼络和联合的目的。清朝实施的所有这些笼络政策，都是为了达到有效控制蒙古封建主的目的，以便削弱其原先以血缘为基础的部落首领的势力，同时为了笼络、利用蒙古封建主，采取保留其原有封建领主特权的方法，从而达到了既控制又利用的政治目的。

第四，在宗教法规方面。承认蒙古人笃信并一直信奉的喇嘛教为蒙古人的宗教，并大力提倡和弘扬喇嘛教，充分发挥它的精神麻痹作用。由于清朝政府大力提倡、鼓励发展喇嘛教，采取"以黄教柔顺蒙古"的策略，喇嘛教成为清朝和蒙古封建主统治蒙古族人民的重要精神工具，他们成为享有各种特权的僧侣阶层。

四　《理藩院则例》

乾隆年间，中国各族人民的大统一和民族立法的大发展为编纂适用范围更加广泛的民族立法提供了良好的环境。只因国家统一时间不长，特别是理藩院这一民族立法的专门机构尚未健全，因此编纂《理藩院则例》的时机尚未成熟。嘉庆十六年，理藩院的机构设置相当完备，足以承担较大规模民族立法功能的时候，理藩院不失时机地向嘉庆帝建议，内外蒙古地区事务繁多，仅有《蒙古律例》难以适应当前的发展情况。于是，理藩院管理院务大学士庆桂等奏请按照六部各衙门之例，勒限三年，开馆纂办则例。于是，理藩院在借鉴《蒙古律例》立法经验的基础上编纂了《理藩院则例》，它是理藩院作为清代管理西、北地区少数民族事务的最高中央机关的部门工作规则。①

嘉庆二十年理藩院再次动议立法，"将旧例二百九条逐一校阅。内有二十条系远年例案，近事不能援引，拟删。其余一百八十九条内，修改一百七十八条，修并二条外，并将阖院自顺治年以来应遵照之稿案译妥汉文逐件复核，增纂五百二十六条，通共七百十三条"②。要说明的是，此次理藩院主动立法所纂修的《理藩院则例》不仅仅规定了清代蒙古地区的各种制度，还规定了西藏、青海等地区的法律制度，其适用范围包括蒙古和藏族等少数民族事务。到了清代末年，内忧外患之际，理藩院仍然发挥着自己独特的立法功能，为清代的民

---

①　与理藩院的工作则例《理藩院则例》一样，清代中央六部吏、户、礼、兵、刑、工都有与自己相关的部门工作则例。

②　《理藩院则例》原修则例原奏之三。

族团结发挥了作用。如宣统二年（1910 年），当时理藩院已经改名为理藩部，其实理藩部还主动提出立法动议变通旧例"藩部预备宪政，首在振兴蒙务。……开浚利源，莫重于辟地利。启牖蒙智，莫急于化畛域，通文字。……臣部则例多沿自国初，或仅就习惯之所宜，或预防讼争之流弊，今则时势变迁，万难再袭封闭拘囿之习。……一、禁止出边开垦各条宜变通；一、禁止民人聘娶蒙古妇女宜变通也；一、禁止蒙古行用汉文各条宜变通也；……应将以上诸条一并删除"。宣统二十八年十六日奉旨"依议"①。

　　另外，能够说明属于理藩院立法的材料还有道光三年至七年，理藩院对嘉庆朝编纂的《理藩院则例》经过系统的修纂之后奏皇帝批准再次颁行。道光二十三年颁行的《理藩院则例》在体系上与嘉庆朝编纂本一致，只不过条文增加到 880 条而已。② 光绪十六年至十七年，理藩部又奏定修纂《理藩院则例》，至光绪三十二年更名为《理藩部则例》，此次重修纂本在体系上较前有所扩展，增加"捐输"门，共有旗分 64 门，条文增至 965 条。

　　特别应当注意的是，理藩院对于《理藩院则例》的修订不仅仅在体例及条文数量的增删上，还表现在对具体条文内容的修改上。例如，针对条文，理藩院修纂的时候可以对"其蒙古则例中如例文不备，例义两歧，例语含溷，例句虚冒等处，一体妥为修辑。其有案可稽者，钦遵原奏上谕及臣工条奏原案纂辑；其无案可遵行应增纂者，拟比照六部则例，仍体察蒙古情形，量为变通……"③ 另外，"其有应率由旧章无可修改者，仍循其旧。宜删减归并者，酌加删减归并，详加确定"④。更有甚者，可以"随时专折奏明改定，立即通行各省一体遵照"，不必拘泥于十年开馆重修一次的定限。⑤ 因此，《理藩院

---

① 《宣统新法令》23 册。
② 光绪朝《理藩部则例》卷 1，原奏。
③ 同上。
④ 同上。
⑤ 同上。

则例》的修纂是清朝的一种立法活动，不是简单的"法规汇编"活动。《理藩院则例》不是一部法规"汇编"，而是一部经过一定立法程序编纂出来的专门法规。①

笔者以为，清朝之所以能成为一个巩固的统一多民族国家，并在民族立法方面，特别是对蒙古立法方面取得较大成就，与其所处的历史背景有着密切的关系。清代是我国历史上民族大融合的重要时期，统治者顺应了这一趋势。入关前为取代明王朝，就与蒙古贵族结成了紧密的同盟，并开始用法律手段控制蒙古族。入关后，鉴于蒙古族在历史上的同盟地位和战争中的功勋，为有一个安定的后方和稳固的边疆，利用蒙古维护自己的统治，清统治者总结了历代封建政府进行民族统治和民族立法的经验，创造出新的法律形式《蒙古律》。在蒙古的行政体制上实行了盟旗制度，允许世袭王公、札萨克在其领地内享有一定自治权，本着尊重蒙古习俗的原则制定了一套有别于内地的法律制度。这些法律制度尊重民族的风俗习惯，照顾了蒙古族的利益，又坚持了国家法制的统一。从而团结了蒙古族，缓和了民族矛盾，促进了蒙古边疆地区经济文化的发展。这与清朝重视边疆民族立法，特别是重视对蒙古立法分不开的。清政府在进行民族统治过程中，始终以蒙古族为重点，注意用法律手段调整与蒙古族的关系，使国家法律深入蒙古族居住的边疆，保证了对蒙政策的贯彻实施，成功地控制了强悍的蒙古族，使历史上一直长期动荡不安的北部边疆、蒙古社会比较安定，没有构成对中央的威胁，确保了国家主权和领土完整。总的来说，清朝对蒙古的统治政策和立法是成功的，但清政府对蒙古立法的本质是为加强对蒙古族的统治，这一点，我们也必须有一个清醒的认识。

---

① 刘广安：《清代民族立法研究》，中国政法大学出版社 1992 年版，第 14 页。

第三节　理藩院对蒙古地区的立法程序

本节的分析是建立在上一节对理藩院立法史料梳理的基础之上的，通过对材料的梳理分析，试图弄清理藩院对蒙古地区民族立法中的功能作用。清中央政府通过赋予理藩院强大的立法功能意欲加强对蒙古地区的控制，以达到加强中央集权而逐步弱化清代蒙古地方自治的政治目的。

一　立法动议

现代意义上的立法动议是指向有立法权限的立法主体提出有关制定、修改或废止某项立法性文件的立法申请。立法动议权是立法权范围内的权力，是不特定主体的权力，是不一定产生对应后果的权力，是受法律保护的权力。立法动议权是立法模式转换、经济利益多元化、民主参与以及公众社会利益实现的必然。中国封建帝制时期虽然不存在现代意义上立法动议的基本内涵和正当性，但是，从立法的过程来看必然有其至少是形式上相同的地方。特别值得注意的是，笔者根据对《蒙古律例》法律文本的统计发现属于理藩院立法动议的情况很复杂，特别是有主动性和被动性之别，其中又有单独动议与联合动议之分。

笔者在上一节对乾隆年间的《蒙古律例》进行了较为仔细的梳理，理藩院在立法过程中总共进行了多达近 50 次的立法动议，其中主动单独提出立法动议的达 21 次，占整个立法动议的 42%；联合刑部或军机处发起立法动议的有 9 次，占整个立法动议的 18%；单独主动议覆臣工条奏的 1 次，占 2%；联合议覆的 3 次，占 6%。把理藩院单独和联合主动提出立法动议的频率统计后，我们会发现总共达到34 次，占整个 50 次立法动议的 68%。其余的 16 次立法动议都是在皇帝降旨给理藩院或军机处或刑部，要么是要求理藩院单独作出立法动议，要么是联合军机处或者刑部，也有和都察院一起联合动议的情况，仅占整个 50 次立法动议的 32%。通过笔者的统计梳理，这几组数字至少向我们揭示出以下几点。

（一）竭力完成皇帝交给的任务

理藩院作为清王朝治理西、北边疆少数民族地区的中央最高机构与六部并列，位高权重，同时理藩院的组成人员几乎都是满族贵族和蒙古贵族，是深受皇帝信任和器重的，可以说，正因为如此，大清皇帝才把中国历代封建帝制国家都没有解决好的中国西、北部稳定的历史重任交给了理藩院。因此，理藩院必须尽心竭力拿出切实可行的办法以报皇恩，同时为国家稳定边疆做出贡献。从法律制度的产生过程来看，由于出现新的社会关系，必须要有相应的法律规范来调整，以使社会关系处于有序状态之中。

（二）覆盖面广泛的立法动议

理藩院主动提出的立法动议的内容比较全面，既有行政的立法也有刑事的立法，还有宗教的立法动议和军事的立法动议。如上一节列举的行政的立法动议，乾隆四十四年十一月，理藩院主动奏请立法，有关额驸等庶出之子的官衔加封问题。如"凡额驸等庶出之子给予职衔俱按其父本身之王公台吉职衔给予……"① 刑事的立法动议如上一节列举的乾隆三十七年理藩院单独主动奏请定例"缓决减等之蒙古人犯应罚牲畜无获"条。

（三）立法动议的针对性较强

笔者发现理藩院的立法动议无论是单独做出还是联合做出的，只要是主动性的立法动议，主要是针对蒙古的刑事立法，而针对民事立法、军事立法及行政性的立法则被动性的立法动议相对多一些，这也可能是与中国封建帝制时代对刑事立法的特别癖好有关吧。

二　草拟法律

草拟法律文本是法律创制过程中的重要一环，在清代民族法律的

---

① 中国社会科学院中国边疆史地研究中心主编：《蒙古律例》，全国图书馆文献缩微中心 1988 年版，第 15 页。

创制过程中理藩院又是如何处理的呢？从上一节《蒙古律例》的实际内容中我们不难发现与理藩院的立法动议相对应的几种情况。

（一）单独草拟法律

1. 行政立法者如，"乾隆四十九年十月十四日（理藩院）奉旨，康熙年间初次归降军营出力得有头二三等台吉等缺，著加恩概予世袭罔替……并无军功仅因贡进马匹驼只施恩赏给之头二三等台吉缺出该部将各所赏等第原案查明于袭职内夹付清单请旨，永著为例钦此"①。这里要说明的是，理藩院单独接受乾隆皇帝的谕旨对康熙年间的成案进行草拟处理，得到皇帝批准后编纂进《蒙古律例》而成为定例。

2. 刑事立法者如，乾隆三十九年，理藩院主动奏准定例"蒙古等妄行越诉诬告"条。"乾隆三十九年本院奏准定例，蒙古等凡有争控事件务令先在该札萨克王贝勒处呈控，倘负屈许令在盟长处呈控，如盟长等又不秉公办理，许令原告之人将曾经在该札萨克处控告如何办理，复在该盟长处控告如何判断之处，按款开明赴院呈控，由院详核案情或应仍交盟长等办理或应差派大臣办理之处酌议具奏请旨。若并未在该札萨克王贝勒等处控告又不在盟长处具控而径行赴院呈控者，不论是非系台吉官员罚取三九牲畜，系属下家奴鞭一百；若系寻常事件仍交该札萨克盟长等办理，如关人命重案由院详询。应派大臣办理之处定议具奏请旨。若已于该札萨克盟长处控告而札萨克盟长等因未秉公办理赴院呈控者由院按事之轻重或派员办理或奏遣大臣办理，俟审明之后，该札萨克及盟长等所办与例相符者无庸置议，如札萨克等办理不公将札萨克议处，盟长等办理不公将盟长等议处，若所控不实按事之轻重将原告之人反坐其罪。"②

从以上理藩院草拟的两个法律规范，我们就可看出理藩院草拟的法律规范是非常详细的，同时我们也必须清楚地知道理藩院的内部结

---

① 中国社会科学院中国边疆史地研究中心主编：《蒙古律例》，全国图书馆文献缩微中心 1988 年版，第 16 页。

② 中国社会科学院中国边疆史地研究中心主编：《蒙古律例》卷 8，"首告"，全国图书馆文献缩微中心 1988 年版，第 2—4 页。

构，这一点在理藩院的内部机构设置一节已经非常清楚。理藩院起草法律的时候往往是由理藩院尚书组织人马，在理藩院内部挑选精通满、蒙、汉文的理藩院司员、笔帖式，再指派一名到数名理藩院员外郎具体负责，起草完以后的法律规范要由理藩院尚书把关，当理藩院内部认可并通过后再上交皇帝最后决定。

（二）与其他机构联合起草法律

有时遇到涉及不同领域的法律问题，单靠哪一个部门的立法是不现实的，这时就需要几个部门联合立法，经常表现为部门联合奏请皇帝立法。大致有以下几种情况：

1. 理藩院与刑部联合奏定立法。如前文《蒙古律例》中乾隆五十二年理藩院与刑部联合具奏定例"无庸解部就近由彼径行发遣"条。具体情况是"乾隆五十二年九月二十七日本院会同刑部奏准定例：嗣后发遣人犯内有由京经过发遣者仍行解部发遣，其路远绕途发遣者无庸解部，由本院议奏后发交该处，由彼就近遵照部定配所分别发遣"①。

2. 理藩院与军机处和刑部三家联合立法。例如前文提到的《蒙古律例》中立法的具体情况，如乾隆二十八年军机大臣奉旨会同刑部及理藩院联合制定条例上报皇帝批准，后被理藩院汇编入《蒙古律例》。"乾隆二十八年十一月内军机大臣等遵旨会同刑部理藩院议奏定例：官员平人为匪不可留于旗下者，俱连妻子产畜发往河南山东交驿站充当苦差。"② 后形成"匪类发遣河南山东"条。

由此可见，中央司法最高机关的刑部与理藩院在重大案件的审理上以及管辖权上一定会有冲突与协调的地方，这方面内容在下篇的"理藩院与刑部"一节中将会详细考察。而这样做是必需的，因为如果不搞清楚理藩院与刑部的司法管辖权限的划分，就不能弄清楚理藩

---

① 中国社会科学院中国边疆史地研究中心主编：《蒙古律例》卷 12，"断狱"，全国图书馆文献缩微中心 1988 年版，第 11 页。

② 同上书，第 7—8 页。

院作为蒙古、回疆地区的司法审判的上诉审机构的功能。

三　增修法律

理藩院在清代民族立法的过程中经常会主动或被动地以增修的方式进行立法活动，遵循所谓"五年一小修，十年一大修"的原则。关于理藩院增修法律的立法程序可以从《理藩院则例》修纂原奏①中看出其一般过程，为了能够较为全面地解释揭示整个立法的全过程，全文节录如下：

原修则例原奏

理藩院谨奏为请旨增订则例事。窃臣院总理内外蒙古部落事物，凡蒙古王公台吉等袭职、年班、朝觐、户口、仓粮、军政及人命、盗案等事，较先增繁。查臣院旧有满洲、蒙古、汉字则例二百九条，自乾隆五十四年校订后，迄今二十余载，所有钦奉谕旨及大臣等陆续条奏事件俱未经纂入颁行。臣等请将自乾隆五十四年以来应行纂入案件增修纂入，永远遵行。以仰负圣主抚绥内外蒙古臣仆之至意。礼合恭折奏明请旨。俟命下之日，臣等董率司员将则例修纂妥协，谨缮黄册进呈，恭候钦定。至承办则例官员，于臣院司员内拣派通晓满洲、蒙古、汉文，熟悉例案之员外郎岳祥富和主事尼克通阿，责成依等办理。该员等果能始终奋勉，俟者例告成时，臣院遇有题升、保荐之处，先行升用。于臣院司员、笔帖式内拣补纂修官四员，校对官八员，翻译官、誊录官各十员，由臣院书吏及贴写书吏内拣选供事二十名，皆令其自备资斧，效力行走。予限三年告竣。至缮写则例应需纸张、笔墨等项，即令该供事等捐资备办。书成时，纂修各官以及供事均分

---

① 《理藩院则例》原修则例原奏五道，续修则例原奏九道，现修则例原奏二道，共计三种原奏 15 道，记载了嘉庆朝至光绪朝《理藩院则例》纂修的全过程。笔者于三种原奏中各取一道论证之。转引自刘广安《清代民族立法研究》，中国政法大学出版社 1992 年版，附录，第 159—178 页。

别交部议叙，以示鼓励。是否有当，出自皇上天恩。臣等未敢擅便，谨奏请旨等因。于嘉庆十六年四月十八日具奏。奉旨：依议。钦此。

续修则例原奏

理藩院谨奏，为臣院处分条例旧存续纂统归画一恭折奏闻仰祈圣鉴事。窃臣院前以自嘉庆十六年纂办则例之后，已逾十年，循例奏请开馆，将节年钦奉谕旨及各大臣陆续条奏，并臣院酌改章程，分别应增、应改一概纂入等情具奏。奉旨允行。随经臣等董率司员，将有关蒙古回部王公台吉等升降、袭替、户婚、田土、年班、朝觐、仓粮、军政以及人命、盗案等事宜，缕析条分纂妥，缮写黄册进呈。并于折内声明，查旧例处分条例多未明晰，且有畸重畸轻之处，除例有明条者，无庸轻更旧章外，如所称从重治罪及照例议处，而又无例可照者，悉行酌改，无使语涉含混。其修改各条，即缮写清单进程，无庸另缮黄册，以归简易。按款修改妥协之后，恭呈钦定，再行付刊。均奉旨：依议。钦此。钦遵在案。兹臣等督率提调、总纂等官，悉心参考，详酌确定，于现行则例内前项不妥各处，共修改二十一条，仍照前次进呈式样，将原例先例于前，次列续加修改新例于后，认清眉目。并于原例下逐加按语，以识删改缘由。其续加修改条例之首，并删改字句之处所，均粘贴黄签以便圣览。再查前次进呈黄册之后，又经钦奉谕旨及查出臣院会同刑部奏改者共七条，自应一体载入，另缮一单，共分为汉字清单二件，一并进呈。恭候钦定。敬俟命下之日，臣等再将新旧各条例汇为一部，仍分满洲、蒙古、汉字三体，刊刻板片，刷印板样进呈。至回疆事宜，向来多由新疆各大臣等请旨遵行。其条款向系另汇一部，将案由并恭奉谕旨一并纂入，以备核考。此次应入者本属无多，前经缮写黄册恭呈圣览，臣等公同酌议暂缓刊刻。拟俟回疆大功告成后，归入臣院下届办理则例时，再行随时斟酌去留发刊，以昭核实。所有在馆效力之供事等，应俟板样进呈后，再行请旨，给予议叙。谨奏请旨。于道光六年十一月初四日具奏。奉旨：依议。钦此。

现修则例原奏

理藩院谨奏，为臣院则例续行修改，敬缮黄册恭呈御览，请旨钦定发下，以便遵循，仰祈圣鉴事。窃维臣院自道光二十一年续修则例刊刻通行后，迄今亦逾四十余年未经修辑。现当纂办会典之际，遵即遴派司员、笔帖式分充提调、纂修各官，并通饬各司检齐案卷，赴馆修办。当先就送到各案分别增纂、续纂两项，分门别类，纂辑成帙。共计七十三件，分列八十三条，定为八本，装成两函。敬缮黄册，恭呈御览，伏候钦定。并声明档案中如有续查漏入以及现行原例实应修改、归并、注解者，再行赶紧修办，陆续缮册呈览，请旨定夺。等因。于光绪十六年十一月初七日具奏。奉旨：依议。钦此。钦遵在案。至于未办各案，臣等随即督饬提调各官，立将各司送馆档案，逐细检齐，详加厘定。并将现行原例逐类逐条细心参考。其有应率由旧章无可修改者，仍循其旧。如有必须删减不相符者，酌加裁定。并令于本例之下逐加按语，陈明原委。有原例者，先续原例于前，次则修改新例于后，以清眉目。即如此次修改则例，维因年久未修，档案不齐，以致检查未周，编辑诚非易易。况京外各衙门并各路将军、大臣以及诸部蒙古应行奏查咨劄案件，迭经催复，迄未据报。即间有声复者，代远年湮，亦不能推源溯本。若再往返驳查，必致有需时日，恐误修辑。现仅就检出各案及咨查复回各件暨节次奉到谕旨与夫中外臣工条奏并臣院陆续议复奏定章程，先行纂辑成帙。共计三十一件，分列四十八条，定为四本，装成一函。敬缮黄册，恭呈御览，伏候圣裁。俟钦定发下，再行督饬提调等官，翻译满蒙，与前次呈进之增纂、续纂两项，一并缮册呈览，恭请定夺。再此次修改则例，实因年久未修，案卷不齐，业经声明在案。以后如有续行查出以及各处查复案卷有应编入者，一俟各项正本告竣时，再行随折声明，敬缮呈览，而免遗漏。所有臣院则例续行修改，恭进黄册各缘由，谨恭折具陈。伏乞皇上圣鉴，训示遵行。谨奏。于光绪十七年十二月二十二日具奏。本日奉旨：依议。钦此。书发下。

　　再查臣院现行则例，系于道光十九年续修告成，于道光二十一年刊刻颁发。比时所修则例，仅列专条，款目并未冠以年月。现当纂办会典之际，举凡有关入典与例者，馆臣修辑，均应注明年月，方可续入。惟查臣院稿库，年久失修，半皆渗漏，所存档案，间有霉烂不齐。又于道光三十年兼遭回禄，焚毁殆尽。现经臣等督饬司员，将所有稿件逐细检查，挨次编列，而代远年湮，残缺不备。其中间有业经入例年月分明者，亦有例意明晰，查无案据者。以上各节，虽与定例毫无关碍，惟会典事例，一经纂办，逐件之下某年某月，必须分明。臣等前已咨劄所属各该处，将应入典例各案，迅即造册详复。原意藉资群力，以补不足，乃事隔多年，申复殊为无几。臣等在四思惟，不得已于无可措施之中，勉筹随时变通办法，拟请将臣院应入会典事例案件，除有案可稽者，均依原有年份续入。其无案可考者，概请以道光十九年则例告成时，为现在纂入会典事例年限。似此量加变通，酌定章程，庶馆臣得以即时修纂，而臣院以免徒费驳查矣。所拟各节，如蒙允准，臣院移咨会典馆遵照。是否有当，谨附片具奏，请旨。

　　笔者选取的三个原奏的全文分别是：原修则例原奏；续修则例原奏；现修则例原奏。通过对三种原奏比较分析能够全面地向我们展示《理藩院则例》形成的全过程，并且从中能够看出理藩院的立法作用：

　　1. 理藩院决策层向皇帝提出纂修立法动议。每次立法动议的提出都是由理藩院尚书这样的决策人物提出。如原修则例原奏中"理藩院谨奏为请旨增订则例事"，以及现修则例原奏中"理藩院谨奏，为臣院则例续行修改，敬缮黄册恭呈御览，请旨钦定发下，以便遵循，仰祈圣鉴事"，还有续修则例原奏中的"理藩院谨奏，为臣院处分条例旧存续纂统归画一恭折奏闻仰祈圣鉴事"。在清朝，理藩院尚书及刑部尚书这些堂官享有非常大的权力，不仅因为他们具有专业方面渊博的知识，更重要的是他们往往都是皇帝亲自任命的亲信。

2. 理藩院决策层提出比较充分的立法理由。立法总得说明原因，才有可能得到皇帝的认可而启动立法程序。如原修则例原奏中"查臣院旧有满洲、蒙古、汉字则例二百九条，自乾隆五十四年校订后，迄今二十余载，所有钦奉谕旨及大臣等陆续条奏事件俱未经纂入颁行"；续修则例原奏中也有"窃臣院前以自嘉庆十六年纂办则例之后，已逾十年，循例奏请开馆，将节年钦奉谕旨及各大臣陆续条奏，并臣院酌改章程，分别应增、应改一概纂入等情具奏"。另外，在现修则例原奏中有"窃维臣院自道光二十一年续修则例刊刻通行后，迄今亦逾四十余年未经修辑"。

这三种原奏中的立法原因有着共同的地方，那就是《理藩院则例》长时间没有修纂，分别是 20 年、10 年及 40 年。法律规范的发展性特点告诉我们，任何法律制度形成后一定要随着时代的发展而发展，因为法律规范是调整建立在一定经济基础之上的社会关系的，当经济基础发生整个变化或者局部变化时，那么建立在其基础之上的社会关系必然发生变化，而法律规范的使命就是调整社会关系进而调整社会秩序，使之处于有序的状态。

当然，这种长达 10 年甚至 40 年不修律的情况在形式上也严重违反了清朝修律"五年一小修，十年一大修"的基本原则。因此，这样的理由比较充分，能很快地得到最高决策层的同意。这一点从三个原奏最后的关键词语：原修则例原奏中的"奉旨：依议。钦此。"和续修则例原奏中的"奉旨：依议。钦此。"以及现修则例原奏中的"本日奉旨：依议。钦此。"就可清楚地看出皇帝是非常认可的，因为皇帝并没有提出不同的看法和批示。

3. 组建立法班子。由理藩院决策人物尚书从理藩院的组成人员中选择一批精通满、汉、蒙语言的司员、笔帖式，在理藩院员外郎的具体负责和带领下精心修纂。如原修则例原奏中"俟命下之日，臣等董率司员将则例修纂妥协，谨缮黄册进呈，恭候钦定。至承办则例官员，于臣院司员内拣派通晓满洲、蒙古、汉文，熟悉例案之员外郎岳祥富和主事尼克通阿，责成依等办理"，以及现修则例原奏中"现当纂办会典之际，遵即遴派司员、笔帖式分充提调、纂修各官，并通饬各司检齐案卷，赴馆修办"，并且给予惩罚和奖励性的告诫在一定的时间内完成修纂任务，逾期将要遭到惩罚，能够保质保量地按时完成，将来由理藩院的尚书向皇帝索取奖赏。值得一提的是，这些参与修纂《理藩院则例》的成员是自备资斧的，具有奉献精神。不管是什么原因，这一点似乎也能给现代人一点启示。如原修则例原奏中"于臣院司员、笔帖式内拣补纂修官四员，校对官八员，翻译官、誊录官各十员，由臣院书吏及贴写书吏内拣选供事二十名，皆令其自备资斧，效力行走。予限三年告竣。至缮写则例应需纸张、笔墨等项，即令该供事等捐资备办"，就能够很好地说明问题。

4. 增修内容

（1）理藩院在过去审理过的案件经皇帝批准成为通行的成例，应该编入《理藩院则例》，由于某种原因未来得及编入，这种情况实际上属于理藩院的判例立法的情形。如前文原修则例原奏中"臣等请将自乾隆五十四年以来应行纂入案件增修纂入，永远遵行"一条。

（2）针对某件或某类事件的皇帝临时谕旨。虽然具有法律效力，但是没有来得及编入《理藩院则例》，导致在司法实践中，使用起来极不方便。如前文原修则例原奏中"查臣院旧有满洲、蒙古、汉字则例二百九条，自乾隆五十四年校订后，迄今二十余载，所有钦奉谕旨及大臣等陆续条奏事件俱未经纂入颁行"，就属于这种情况，

（3）理藩院单独或者联合议覆臣工条奏经皇帝批准已经生效，也未能及时地编纂进《理藩院则例》。如续修则例原奏中"窃臣院前以自嘉庆十六年纂办则例之后，已逾十年，循例奏请开馆，将节年钦奉谕旨及各大臣陆续条奏，并臣院酌改章程，分别应增、应改一概纂入

等情具奏"便是这种情形。

（4）从技术上对其进一步修改以使之更加合理化。具体表现为分门别类，查漏补缺。如前文现修则例原奏中"当先就送到各案分别增纂、续纂两项，分门别类，纂辑成帙。共计七十三件，分列八十三条，定为八本，装成两函。敬缮黄册，恭呈御览，伏候钦定。并声明档案中如有续查漏入以及现行原例实应修改、归并、注解者，再行赶紧修办，陆续缮册呈览，请旨定夺"。这实际上体现出理藩院立法技术的日益成熟。

（5）因天灾人祸导致《理藩院则例》腐烂遗失，以致残缺不全。如现修则例原奏中"惟查臣院稿库，年久失修，半皆渗漏，所存档案，间有霉烂不齐。又于道光三十年兼遭回禄，焚毁殆尽"。因天灾人祸、年久失修而导致早年修纂的内容丢失或者毁损，到了再一次修纂的时候理藩院再次提出纂修的要求。这种情况也体现出官方对《理藩院则例》的保护和使用未能合理化处置，造成立法资源的浪费，人为地加大了立法的成本。这也是封建帝制时期的制度缺陷造成的，从某种意义上看具有不可避免性。

5. 由皇帝决定。皇帝批准决定，如三种原奏中的结尾都有"依议。钦此。"理论上，封建帝制时期任何形式的立法都必须由皇帝最后决定才能具有普遍的效力，当然，如果从实质主义的立法理论来看，皇帝在更多的时候只具有形式主义的象征意义却也是不争的事实。

四　议覆臣工条奏

臣工条奏是指蒙古、回疆及西藏地区的封疆大吏就某件具体事件提出处理意见奏报皇帝审批，皇帝把奏本交给中央相关机构审议并由相关机构提出审议意见，奏报皇帝以便皇帝决策时参考。理藩院议覆臣工条奏既有主动的单独议覆也有被动的奉旨单独议覆，这一点在立法动议一节的内容中已经涉及。本节主要考察理藩院的单独议覆与联合议覆的情况。

（一）单独议覆臣工条奏

如前文《蒙古律例》中乾隆三十八年理藩院单独议覆臣工条奏制定"内札萨克喀尔喀等处移覆土默特旗下咨文定限"条。具体情况是："乾隆三十八年正月本院议覆绥远城将军容保等具奏定例：归化城土默特地方之命盗案内有关提札萨克等旗下之人犯及咨查事故并特令缉拿者，喀尔喀四爱曼定限六个月内，札萨克各旗定限四个月，该札萨克等如逾限推诿不将人犯解送，不即查覆案情迟延日月者，由承办官员申报该上司即行指明参奏报院严加查议。"①

理藩院单独议覆的情况往往有两种：一种情况是发生在外蒙古的臣工条奏，如前文所述，外蒙古的盟旗是由理藩院直接管理的，由理藩院单独议覆便在情理之中；另一种情况，无论发生在内外蒙古或者是漠西蒙古抑或是青海蒙古的臣工条奏，只要是事关轻微案件，清中央政府往往是交给理藩院单独议覆。如本次议覆绥远城将军关于土默特札萨克移送人犯期限的问题就属于这种情况。

（二）联合刑部议覆臣工条奏

这种情况主要是针对蒙古地区发生的重大命盗案件而出现的，刑部乃皇帝掌控之下的全国最高的司法审判机关，掌管全国的重大命盗案件。这样做的好处是不仅尊重并体现蒙古地区非直省地位，同时也表明中央政府对全国重大命盗案件的司法统一，进而有利于中央政府对蒙古地区社会秩序的有效控制。②

如前文《蒙古律例》中乾隆二十六年刑部与理藩院议覆臣工条奏制定"蒙古人在内地犯事照内地律治罪民人在蒙古地方犯事照蒙古律治罪"条。具体情况是："乾隆二十六年刑部会同理藩院议覆山西按察司索琳所奏定例：蒙古等在内地犯事照依刑律定拟，民人在蒙古处

---

① 中国社会科学院中国边疆史地研究中心主编：《蒙古律例》卷 12，"断狱"，全国图书馆文献缩微中心 1988 年版，第 10 页。

② 当然，在具体操作的时候，要考虑到理藩院与刑部权限的划分问题，有关这个问题笔者将在下篇的理藩院与刑部的司法管辖权一节进行较为详细的探讨。

犯事照依蒙古律定拟。"①

理藩院联合刑部的议覆往往是特别重大的命盗案件，就地区而言本次议覆的是山西按察司索琳的陈奏。清代内蒙古的不少部落紧邻汉人居住区域，大部分都是察哈尔林丹汗的后裔，本来就是清政府重点治理的对象，在这些蒙古地区的行政设置都不是札萨克管辖而是设置了很多的都统管理，所以这里重大命盗案件的议覆要由刑部出面以体现中央政府的重视，实际上是中央集权在这些地区不断加强的体现。

五　汇编与编纂法律

前点体现在《蒙古律例》中，后者体现在《理藩院则例》之中。

（一）汇编法律

按照现代立法学的解释，汇编不能算作严格意义上的立法。笔者这里把这种现象列出来，目的是使我们更清楚理藩院在清代民族立法中的重大作用，同时也能与编纂这种立法形式作一比较。如前文《蒙古律例》中臣工条奏如乾隆二十五年刑部议覆奉天副都统增海所奏定例："斩绞人犯解送原犯事地方正法"，后被理藩院汇编进《蒙古律例》。具体情况是"乾隆二十五年刑部议覆奉天副都统增海所奏定例：蒙古内行劫伤人得财者，将首从加功人等，法应立决并偷四项牲畜等犯内秋后勾到者，俱解送原犯事地方正法，应枭首示众者令枭首示戒"②。汇编的形式是不改变原立法条文的内容，对原文不能有汇编者的创造性，只是把条文原封不动地写进法典之中即可，而编纂则体现了编纂者的创造性。

---

① 中国社会科学院中国边疆史地研究中心主编：《蒙古律例》卷12，"断狱"，全国图书馆文献缩微中心1988年版，第8页。

② 同上书，第5页。

（二）　编纂法律①

编纂不仅仅是对已有并且已经生效的法律规范简单的、不加任何变更的汇集，而是要对相应的法律规范进行必要的增删工作，可以说编纂的过程体现出理藩院的再创造性。如前文提到的现修则例原奏中"当先就送到各案分别增纂、续纂两项，分门别类，纂辑成帙。共计七十三件，分列八十三条，定为八本，装成两函。敬缮黄册，恭呈御览，伏候钦定。并声明档案中如有续查漏入以及现行原例实应修改、归并、注解者，再行赶紧修办，陆续缮册呈览，请旨定夺"。这段材料中的"修改""归并""注解"等用词已经很能说明问题了。

六　奏皇帝批准

可以说包括清代在内的所有中国封建帝制时期的国家立法，在理论上，最终都得由皇帝同意，因此无论前文提到的哪种立法形式都要经皇帝批准才具有普遍性的效力。如三种原奏中的结尾都有"依议。钦此"。《蒙古律例》中也经常出现"请旨定夺"以及"奉旨"立法和"奏定"等词语，这些都很清楚地告诉人们，清代的国家立法大权是掌握在皇帝手中的。但也必须指出的是，从实质意义上来看，皇帝的批准程序只具有形式上的象征意义，因为皇帝的精力、时间及智识都决定了其不可能在实质意义上完全独揽立法大权，这种权力的外逸现象是不可避免的。

---

①　孙国华教授认为："规范性法律文件系统化的方式有三种，即法规汇编、法典编纂和法规清理。"（孙国华、朱景文主编：《法理学》，中国人民大学出版社 1999 年版，第 264 页）。此外，有些采用立法性法律体系的国家还编制法律全书。笔者认为，尽管学术界尚存在《理藩院则例》是否为行政法典的争论，但纂修《理藩院则例》即是对法规清理并加以体系化的重要举措，《理藩院则例》是具有行政法律效力的。当然，我们不能把《理藩院则例》作为金科玉律崇奉，它在当时主要是理藩院官员行政操作的规则，在今天亦只能作为历史研究的参考资料，因为《理藩院则例》本身在当时即从法规文件和法规整理方面存在漏洞或草率，所以许多典章制度记载令人匪夷所思。

第四节　理藩院的判例立法

判例法是相对于成文法而言的，是英美法系国家的主要法律渊源。其基本原理是"遵循先例"，即法院审理案件时，必须将本院以及上级法院已经发生法律效力的判例作为审理和裁决的法律依据；如果所审理的案件事实与先前这些判决所处理过的问题相同或相似，在没有新情况和提不出更充分的理由时，就不得作出与先前判决相反或不一致的判决。所有法院必须考虑本院以前的判例，法院的审级越高，其判例适用的范围就越广，上诉审法院一般也要受自己判例的约束，最高审级法院判例，对所有下级法院都有约束力。判例法不等于判例，判例法是指以判例作为法律的表现形式，而不是判例本身。判例法可以创制法律，判例自身则没有创制法律的功能，不管怎样运用判例解释法律，都不得同制定法相抵触。① 判例法的基本原理是"遵循先例"，通过对先例的遵守，达到法的适用的效果。这种先前存在的案例，不是仅仅对既存的法律规范的遵守、解释性适用，而是对现有法律的突破，是在判决中创造新的法律规则。因此，在适用判例法制度的国家，确立最先的判例的过程，其性质就是一个造法过程。

判例法具有以下优点：能够充分发挥法官在办案中的作用；由于判例法要求所有先例公开，且同样的案件在判例法制度中，其判决结果更具有明确性，因而也更有利于公众对司法活动的监督；法官能够站在当下的价值立场，将判决时的价值与立法时的价值衡量后作出公允的价值抉择，有利于克服成文法制度下司法者仅依据立法时的价值判决这一缺憾。

当然，判例法制度也存在问题。首先，判例法违反民主主义原则。在民主社会中，立法权应由立法机关行使，特别是创制新罪名的刑法立法活动更只能由法定的立法机关专权。之所以"在民主社会

---

① 参见汪建成《对判例法的几点思考》，《烟台大学学报》2000 年第 1 期。

里，创制新罪名应该是立法机关的事"①，是因为任何对犯罪的认定和刑罚的判决，都涉及每个人的名誉、财产、自由、身体甚至生命，对其决定权应由立法机关审慎地决定，民主制下大都是通过人民选举的代表组成代议机关行使这一权力，而不是草率地将这一权力让渡给少数法官。其次，判例法究其实质而言，是溯及既往的法律，因为行为时该判例法并不存在，如果要公民遵守行为时并不存在、只是事后才确立的判例法，这有违现代刑法的基本原则——罪刑法定中的禁止事后法原则。"事后法是惩罚无辜，因为行为人在实施行为时并无犯罪意图，也没有触犯刑法，惩罚他是不公正的，非正义的，也是侵犯人权的，事后法的最大危险就在于此。"② 这种做法有违公民的预测可能性，也不利于刑法的保障机能的实现。正因此，英国上议院在1972 年的"克努勒股份有限公司诉检察长"一案中，一致否决了法院创制新罪名的残留权力，也否决了法院扩大现有的罪名以致把那些迄今还不受处罚的行为规定为应受处罚的犯罪行为方面所残留的权力。③ 再次，判例法是在权衡立法时的价值与司法时的价值后制定出的规则，但这并不意味着就能很好地协调价值冲突。如果判例法制定时的价值过时了，而同样的案件事实再次发生，如果再沿用该判例法，则显然不公正；但如果对该先前的判例弃之不用，则与遵循先例原理相悖。最后，在实行判例法的国家，长期的历史积累使判例浩如烟海，带来诉讼成本的提高和司法资源的浪费。

　　但是，不能因此否定我国古代存在判例法，只不过中国古代的判例法不同于英美法系的判例法而已。判例法在中国古代法律制度中一直存在，这是学术界的共识，但春秋以后随着法律的公开，特别是战国初期李悝制定《法经》后，中国古代在法律渊源上形成了以成文

---

　　① ［英］鲁珀特·克罗斯、菲利普·A. 琼斯：《英国刑法导论》，赵秉志等译，中国人民大学出版社 1991 年版，第 11 页。

　　② 何秉松主编：《刑法教科书》，中国法制出版社 1997 年版，第 56 页。

　　③ See Richard Card, *Criminal Law*, Butterworthw 1998, 14th ed. p. 16. 转引自张明楷《法治、罪刑法定与刑事判例法》，《法学》2000 年第 6 期。

法为主要的法律渊源的发展趋势和价值取向，可以说中国古代成文法发展到唐朝达到了顶峰，其代表是《唐律》。《唐律》是中国古代成文法崇拜的产物和完美的结晶。但在司法运作中，唐朝中期以来却表现出相反的发展，特别是到了宋朝，这种发展更为明显，具体就是判例法在法律渊源中的地位在上升，整个社会对法律的追求上不再以成文法为中心，而是转向判例法等法律渊源。这种发展到元朝时达到了顶峰，因为元代在法律渊源上已经是判例法为主、成文法为辅，改变了中国古代自战国以来形成的成文法为主、判例法为辅的法律结构。但这种发展到了明朝时却又回到了唐朝前期的法律结构上，即成文法为主、判例法为辅。法学界对此发展现象虽然有关注，但系统的研究还没有。在存在方式上，判例法来源于律，起着补充、变通律，乃至发展、完善律的作用。在司法实践中，判例法解释了成文法的基本内涵，使之有效地适用于具体案例；判例法创制了新的法律规则，弥补了成文法的不足；判例法确立了很多法律原则，为成文法的适用创造了条件。当然，判例法也可能冲击成文法，造成司法的混乱。可以说因案生例，定期修例及引例入律，构成了中国古代判例法的主要内容。有学者认为，我国古代早有实行判例法的历史传统。①

值得注意的是，中国古代的判例法是皇权专制下的产物，英美法系的判例法是资产阶级民主制度下的产物。中国古代的判例法的形成虽然来源于司法机构的判案成例，但最终需要皇帝的批准成为"通行"才能具有普遍效力，如果遇到修律的时候就被编纂进法典之中进而成为成文法。除此之外中国古代的判例法也不如英美法系的判例法严格遵循先例。

理藩院作为清代管理西、北边疆地区少数民族事务的最高中央机构，本身不仅拥有一定的成文立法的权力，而且还可以将司法判决的时候形成的成案，奏皇帝批准进而形成"通行"，具有普遍的法律效力，当遇到法典编纂的时候就会被理藩院编进法典进而成为成文法。

---

① 参见武树臣《中国传统法律文化》，北京大学出版社 1994 年版，第 829 页。

因此，也可以说这种形式的立法是成文法形成的一个途径。

乾隆年间，理藩院的一个判例就可说明问题，"乾隆三十七年七月内，本院为郭尔罗斯台吉济鲁木扎布等私将家奴五库特等卖于伊屯口领催张凤偶一案，将济鲁木扎布等革退台吉职衔闲散蒙古等，重加惩责买人之领催张凤偶等，革退领催差使重加惩责俱交各该管地方折磨辱使失察之该札萨克、协理台吉、盟长等分别议处。领催张凤偶之该管上司官员交部分别议处等因拟议奏定。'凡已入档案之蒙古等毋许擅行售卖，即或未入档庄头亦只准本旗互相买卖，不许私卖于别旗及内地之人，违者将承卖承买之人从重治罪，失察之札萨克、协理台吉、盟长等分别罚俸罚九，将所卖之人不给原买，撤出交入本旗充当差使。'"①

这是一起理藩院自己管辖并由自己审理的案件，由于具有典型意义，审理后上奏皇帝批准后就成为具有普遍效力的法律规范。"领催张凤偶之该管上司官员交部分别议处等因拟议奏定。"便可说明问题。

笔者在阅览《清实录》《历代判牍》以及《刑案汇览》时都能够发现类似的现象，现从《刑案汇览》中摘取"偷窃蒙古牲畜应以一主为重"一案：

> 理藩院片商察哈尔都统咨：乌舍尔等偷窃赵文显、马德良二家牛只，应否各主分计科罪一案。查刑律载：……经本部声明，嗣后偷窃四项牲畜之犯，概行遵刺字等因，通行在案。是窃盗各主之赃，以一主为重，并从一科断。律文本属明晰。此案准理藩院片称……今该都统合计大牛四只科断，似未允协，应否分计定罪之处，并无办过成案等因到部。……乌舍尔亲老准其留养。并通行各该处，嗣后凡有同时偷窃各主牲畜，照蒙古例定拟之案，应以一主为重，并从一科断，以昭画一，仍由理藩院载入蒙古例

①　中国社会科学院中国边疆史地研究中心主编：《蒙古律例》，全国图书馆文献缩微中心 1988 年版，第 13—14 页。

内，以便遵守。①

　　此案是一起蒙古案件，按照大清的相关法律其管辖权属于理藩院，但是在实际司法审判实践中，各地的都统等封疆大吏在遇到疑难案件时往往首先想到的是咨请刑部，这当然与刑部在清代的司法审判中无与伦比的位置有关。但是，刑部一般会按照法律的相关规定把属于理藩院管辖的蒙古案件移送给理藩院，这时一旦出现重大疑难案件往往是由理藩院与刑部联合解决，只不过是由理藩院具体负责主稿。这篇判词的最后"并通行各该处，嗣后凡有同时偷窃各主牲畜，照蒙古例定拟之案，应以一主为重，并从一科断，以昭画一，仍由理藩院载入蒙古例内，以便遵守"，中间有"通行"一词，已经是个常识性的东西了，它实际就是清代一种立法形式，由司法审判机关形成具有普遍意义的成例，经皇帝批准通行全国，成为具有普遍效力的法律规范。

　　这里必须指出的是，中国古代的"判例法"不同于西方英美法系的判例法，因为中国古代的判例法不严格遵循先例，而且判例法的最终形成必须由皇帝决定，哪怕这种决定只具有形式上的象征意义，它是专制制度下的特殊产物。但是，我们也不能断然否定它的存在，这点在中国法制史学界已经得到相当的认可。

---

① （清）祝庆祺等：《刑案汇览》，北京古籍出版社 2004 年版，第 621—622 页。

第三章

理藩院对清代回疆地区的立法

第一节　理藩院对回疆地区的立法背景

一　政治背景

现代中华民族的分布格局到了清代已基本形成，清代也是中国统一多民族发展的重要时期。清政府以满族贵族为主体入主中原260多年，其既要处理好与人口众多的汉族的关系，又要协调好与其他少数民族的关系，因而其非常重视利用法律工具加强其统治，制定了适用于内地的各种法律和适用于边疆民族地区的各种法规。清王朝在统一新疆之后就明确指出："新疆回子归化有年，应谙悉内地法纪，今托虎塔殴死胞兄即应按内地案例办理。富尼善既将该犯问拟立决又援引回疆捐金赎罪条款，折内并称我内地之例，彼回子之例，尤不成话。回子等均属臣仆，何分彼此。富尼善甚不晓事，著严行申饬。嗣后，遇有此等紧要案件，均照内地成例办理，并饬新疆大臣等一体遵办。"[①] 有关清朝在回疆地区适用的所谓"内地成例"的具体情况，可以在嘉庆九年（1804年）前（即《回疆则例》首次编纂前）回疆地区的最高军政长官喀什噶尔参赞大臣属衙汉满印房存书目录中反映出来，主要包括《大清律》《蒙古则例》《三流道里表》《督捕则例》

---

① 《清实录》（26），《清高宗实录》卷1413，中华书局1986年版，第1010页。

等 60 本。① 上述这些律例大体可以分为行政法规、刑事法规、军事管理法规共三类，是在《回疆则例》颁行前清朝官员在回疆地区依法施政的主要依据。② 但是上述律例大部分并不是专门针对回疆地区或回疆事务的，更不涉及回疆的基层制度（如伯克制度等），显然无法满足清朝对当地"因俗而治"的统治原则，因而《回疆则例》的编纂便应运而生。

清朝政府在平定准噶尔部和大小和卓叛乱后，对回疆行政体制的立法工作被提到日程上来，伯克制原是新疆天山以南回疆地区旧有的社会制度，在这种制度下，大小封建主就是等级不同的伯克，且都是世袭。乾隆二十四年（1759 年）七月，乾隆帝在批示参赞大臣舒赫德的奏折时，正式认可了回疆地区传统的伯克制度，并进行了重大改革，使之纳入清朝地方官制的轨道，"谕军机大臣等：舒赫德等奏称阿克苏系回部大城，村庄甚多，旧系伯克密喇布等管理。今虽不必准以内地官制，而品级、职掌宜为厘定，庶足以辨等威而昭信守等语。所奏甚是，著照所请，以阿奇木伯克为三品，伊什罕伯克为四品，噶匝纳齐伯克为五品，将应升人员奏请补授。其小伯克密喇布等为六、七品，俟缺出拣选补授。其余各城，俱一体办理"③。这条史料告诉我们，清中央政府已经在制度上正式认可了回疆地区传统的伯克制度，贯彻了"因俗而治"的统治原则，并且使原来回疆地方化的本土制度加以国家制度化，这样一来伯克制度就正式成为回疆地区行政管理体制的重要组成部分。到了乾隆二十五年（1760 年），陆续制定了一系列法规，给各个地区配置了各级伯克，面对如何明确回疆与中央的关系，对伯克制度进一步改造，各级伯克的职掌、品秩、编制、待遇、升迁等问题，制定一部适用于回疆地区的专门法规的任务就提上了议事日程。乾隆二十七年（1762 年），清廷在新疆设总统伊犁等

---

① 参见（清）和宁《回疆通志》卷 7，文海出版社 1966 年版，第 210 页。

② 参见王东平《清代回疆地区法律典章的研究与注释》，《西北民族研究》1998 年第 2 期。

③ 《清实录》（16），《清高宗实录》卷 592，中华书局 1986 年版，第 587—588 页。

处将军（简称伊犁将军），统辖天山南北军政、民政事务，在新疆地区实行军政合一，以军统政为特点的军府制度。与此同时，乾隆帝鉴于军机处事务繁多，特将回部事务交由理藩院兼办，并下谕旨："著将理藩院五司内派出一司，专办回部事务，其酌拟司名及应设官员数目、承办事宜，该部详悉定议具奏。"① 乾隆二十七年（1762 年），清政府在理藩院内专设徕远清吏司，管理"回疆事务"。②

　　直接导致清中央政府决心命理藩院编纂《回疆则例》的动因是回疆历史上的一次暴乱。乾隆三十年（1765 年），乌什地方的维民不堪清朝地方官的压迫，掀起反清暴动，这次暴乱显然属于清律中所讲的"激变良民"。由于回疆地方官的残酷压迫导致百姓铤而走险，但是后来以暴乱的名义被镇压。暴乱是被镇压下去了，但是也给清中央政府以深刻的反思，因此平乱之后，伊犁将军明瑞等人遵照乾隆帝的指示，拟定八条治理回疆的章程："一，各城旧制，以阿奇木伯克总办事务，日久权重，任用私人，侵夺小伯克等承办事，诸弊丛生，请嗣后一切事件，俱先交承办之员，俟其呈禀，仍与伊什罕伯克会商，若有仍前揽权独办，许伯克等于该驻扎大臣前控告治罪，虚者反坐；一，回人赋税颇轻，惟厄鲁特时，有格纳坦名色，以备差务，每年各城派四五千腾格不等，俱系临时酌派，并无定额，易滋扰累侵蚀诸弊，今各部落差人，已官给口粮羊支，大臣等俱有养廉，应将前项陋规禁止，照从前吐鲁番定制，豫择富户，给与地亩，令每户一二年间轮办一次；一，从前厄鲁特，每年派哈喇罕一人、和卓一人，按各城回人户口赋役造……一，都官伯克缺出，该伯克补用不公……一，伯克所用亲随，谓之颜齐……一，每年回人应办赋役，俱由伯克指派……一，内地贸易商民渐多，所居与官兵相近……一，阿奇木以下伯克，与大臣官员等相间，向来未定仪注……"③ 这个章程在伯克制

————————

① 《清实录》（17），《清高宗实录》卷 649，中华书局 1986 年版，第 272 页。

② 王东平：《清代回疆地区法律典章的研究与注释》，《西北民族研究》1998 年第 2 期。

③ 《清实录》（18），《清高宗实录》卷 746，中华书局 1986 年版，第 212—213 页。

度方面充实了乾隆二十四年的相关立法，并且针对维民暴动的原因，在减轻赋役方面做了较多调整。乾隆五十九年（1794 年），清政府又根据喀什噶尔参赞大臣永保等人的奏请，制定了《回民出卡贸易章程》①，主要对维吾尔族商人的贸易地点、人数、进行方式作出规定。日本学者佐口透称它是"关于回部的维吾尔人出入国境和柯尔克孜游牧民从事贸易的规则"②。乾隆朝针对回疆的一系列立法，促进了回疆地区经济社会的发展，为后来编纂《回疆则例》奠定了坚实的基础。

　　清政府于乾隆二十七年（1762 年）调整理藩院内部机构的功能，在理藩院内成立徕远清吏司处理回疆事务，以便解决回疆地区法规不系统、不健全的弊端，以此规范回疆地区各项事务。但是自实际操作过程中，因为没有规范回疆事务的具体则例条款，徕远司只能参照以往的旧案来处理回疆事务。在此种情况下，理藩院主动上奏皇帝请求编纂《回疆则例》。例如，《原修回疆则例原奏》中记载，理藩院奏报皇帝说："……因事务繁多专设徕远一司承办第查，办理回疆一切事件，目前不过查照旧案比议而行，并无纂定则例永远遵循。臣等公同妥议，于嘉庆十六年七月奏请由本院派员立馆添纂则例……"③ 于是，在嘉庆十六年（1811 年），理藩院在为修订《蒙古则例》《理藩院则例》而整理历年档案时发现，由本部承办的有关回疆事务的谕旨及臣工条奏，已经是积案繁多，不适合纂入《蒙古律例》。同年七月，理藩院建议将与回疆事务相关的谕旨和条陈"另行编纂成帙，以便颁发遵行"，并提出"即于现在承办《蒙古则例》司员内，选派本院通晓翻译，熟悉例案之主事尼克通阿、岳禧二员，承办所有回疆应

　　① 《清实录》（27），《清高宗实录》卷 1464，中华书局 1986 年版，第 557 页。

　　② ［日］佐口透：《18—19 世纪新疆社会史研究》下册，凌颂纯译，新疆人民出版社 1983 年版，第 433 页。

　　③ 中国社会科学院中国边疆史地研究中心主编：《回疆则例》，"原修回疆则例原奏"，全国图书馆文献缩微中心 1988 年版，第 6 页。

行纂入则例事件，详查档案，编辑条款，现行缮写清单进呈"①。这样就很好地解决了回疆地区法制上既缺乏连续性，也没有稳定性，更缺少权威性的被动局面。可以说，清中央政府真正意义上制定回疆地区的统一法规是在嘉庆年间。理藩院主动请旨编纂，经嘉庆帝批准后理藩院随即开馆，由堂官托津等督同原派主事尼克通阿、岳禧并添派司员、笔帖式若干人开始编纂《回疆则例》。关于这点在《原修回疆则例原奏》中有明确的记载："理藩院谨奏为回疆则例板片告成，恭请呈御览事。臣等窃查回疆自乾隆二十四年平定后，事务纷繁，专设徕远一司承办一切事件，并未纂定则例。是以于嘉庆十六年七月由臣院立馆派员详细查办，具奏准行在案，嗣于十九年二月缮写满字、蒙古字、汉字三体黄册进呈……为此谨奏请旨，于嘉庆二十二年二月二十七日具奏，本日奉旨依议，钦此。"② 这条史料告诉人们《回疆则例》最后编纂成功的时间及过程。诚如王欣先生认为，嘉庆十九年（1814 年）编纂完成的《回疆则例》，经清廷批准颁发回疆等处，永远遵行，回疆事务的管理至此有例可循，被纳入法治化的轨道。③

二 经济背景

清政府以理藩院管理回部，适当采用了轻徭薄赋政策，这对清前期回疆地区经济的恢复和发展有一定的影响。准噶尔蒙古统治回部时，竭泽而渔，喀什噶尔城岁征粮至四万零八百九十八帕特玛，他税折钱十万腾格，且不时索子女掠牲畜。至大小和卓归旧部，虽减科则，徭役繁兴，共给稍迟，即家破人亡。清政府则蠲科省敛，二十取一，回户得以休息更始。④

理藩院作为清政府管理回疆地区的中央最高机关，通过各种措施

---

① 中国社会科学院中国边疆史地研究中心主编：《回疆则例》，"原修回疆则例原奏"，全国图书馆文献缩微中心 1988 年版，第 1 页。

② 同上书，第 10—12 页。

③ 王欣：《回疆则例研究》，《中国边疆史地研究》2005 年第 3 期。

④ 魏源：《勘定回疆记》，《小方壶斋舆地丛钞》第二帙。

加强了回疆和内地的经济联系，促进了回疆地区经济的发展。尤其是在平定了大小和卓叛乱后，内地商民经由驿路及回人村落，彼此相安。台站回人又疏引河渠，开垦田地，沿途水草丰饶，行旅丝毫不受阻滞。回疆地区的城市如叶尔羌、喀什噶尔、阿克苏等地逐渐成为贸易的中心城市。同时，清政府以理藩院管理回部王公、伯克诸项事务，特别是通过给俸、封爵、年班等项，密切了回疆维吾尔族上层和清政府的关系，增强了他们对中央政府的向心力。这在客观上有利于清朝统一多民族国家的巩固和发展。①

第二节　理藩院对回疆地区的立法内容

有关理藩院对回疆地区的立法内容，笔者主要是选取《理藩院则例》中的《回疆则例》作为分析对象，较为详细地剖析其内容。众所周知，清中央政权统一回疆后，为有效管理回疆地区而由理藩院编纂制定了一部法律规章——《回疆则例》。必须说明的是，前文在《理藩院对蒙古地区的立法》一节中，较为详细地梳理引用了《蒙古律例》的条文，但在本节为避免引用史料过多占据太大的篇幅，只是列举有代表性的条文来说明问题即可。理藩院编纂的《回疆则例》的内容主要包括以下几个方面。

一　多元化的行政建制

清政府统一新疆地区后，考虑到当地的历史文化风俗及地理环境，采取"因俗因地"的原则。清政府首先确立了"军政合一，以军统政"②的行政管理制度——军府制，即以伊犁将军、各领队大臣和都统辖领各城伯克的军府制。③伊犁将军位高权重，《清实录》记

---

① 在本节的写作过程中得到师兄杨军博士的帮助，在此表示感谢！

② 管守新：《清代新疆军府制度研究》，新疆大学出版社2002年版，第2页。

③ 有关军府制的设置和功能以及与理藩院的关系，笔者在理藩院对蒙古地区的立法背景一节中已经做了较为详细的介绍。

载："凡乌鲁木齐、巴里坤，所有满洲、索伦、察哈尔、绿旗官兵，应听将军总统调遣。至回部与伊犁相通，自叶尔羌、喀什噶尔至哈密等处驻扎官兵，亦归将军兼管。其地方事务仍令各处驻扎大臣照旧办理，如有应调伊犁官兵之处，亦准咨商将军就近调拨，开明职掌载入敕书，从之。"① 可以说，伊犁将军作为军政合一的全疆最高长官，其职能包括军务与民政两方面，从施政方式看，军务多由各军政大臣直接掌管，民政事务则在军政大臣主持或监督下，交各地民政官员具体办理。这种军府制的行政建制体系之中又表现出多元化的态势，清中央政府根据新疆各地不同的具体情况，分别采用不同的行政治理措施，其具体行政体制分为三类。

（一）郡县制

在天山北麓东部的乌鲁木齐、巴里坤等地区实行郡县制，其行政制度与内地基本相同，清政府在该地区直接施政，按清朝法制进行统治。

（二）札萨克制

因为新疆的哈密、吐鲁番等地区归顺清中央政府较早，并且在清军收复新疆其他地区的时候予以积极配合，所以在行政建制方面给予了优待。札萨克制是适用于蒙古地区的行政建制，满蒙在政治上的联盟关系使清中央政府要优待蒙古人，具体表现为札萨克制下的蒙古人享有很高的自治权。札萨克制是清政府根据八旗制度的组织原则，在原有蒙古社会制度基础上建立的一种政治制度。② 哈密、吐鲁番当地回王在清政府统一新疆前即已内附，并有战功，特仿照蒙古制度，实行札萨克制，封为外藩贝子、贝勒、郡王、亲王等世爵，上受清朝大臣的监督，下有管辖本部土地和人民的权力，札萨克可以世袭，对所辖本部事务有较充分的自治权，但必须经清廷任命，并服从理藩院的

---

① 《清实录》(17)，《清高宗实录》卷 673，中华书局 1986 年版，第 525 页。

② 齐清顺、田卫疆：《中国历代中央王朝治理新疆政策研究》，新疆人民出版社 2004年版，第 123 页。

各项政令。①

　　（三）伯克制度

　　《回疆则例》中详细规定了回疆伯克官员的设置、职掌、品秩、升迁、回避、休致等制度。据国内学者齐清顺先生统计，《回疆则例》总共 134 条，与伯克制相关的就有 53 条之多。② 具体条文如：

　　卷一共有十三条，第一条："叶尔羌城及所属各城庄额设阿齐木伯克等官"条及第十三条："伊犁设阿奇木伯克等。"③ 这些条款对伯克设置的范围、员额和品秩作出进一步的明确和完善，加强了伯克们对回疆各族人民的管理和控制。卷二共七条④，则对各级伯克的职掌、补放、袭替等进行全面规定，明显加强了对各级伯克的监督与管理，明确伯克回避制度，强调管理宗教教务的伯克不得干预民事等。卷三共十五条⑤，则主要规定各级伯克的俸禄、待遇和奖恤等优厚的经济待遇。卷四和卷五共十五条⑥，重点修订了回疆伯克的年班与朝贡制度，减轻了回疆各族人民的负担。卷六三条⑦，对阿奇木伯克私自刑讯、大小伯克侵占渠水等行为明确加以禁止，以防各级伯克欺压百姓。

　　伯克制度是我国维吾尔族和中亚地区一些操突厥语族语言的民族

---

　　① 马大正等：《新疆史鉴》，新疆人民出版社 2006 年版，第 60 页。

　　② 齐清顺：《从〈回疆则例〉谈清代新疆的伯克制》，载《中国边疆史地论集》，黑龙江教育出版社 1991 年版，第 265 页。

　　③ 中国社会科学院中国边疆史地研究中心主编：《回疆则例》卷 1，全国图书馆文献缩微中心 1988 年版，第 1—2 页。

　　④ 中国社会科学院中国边疆史地研究中心主编：《回疆则例》卷 2，全国图书馆文献缩微中心 1988 年版，第 1 页。

　　⑤ 中国社会科学院中国边疆史地研究中心主编：《回疆则例》卷 3，全国图书馆文献缩微中心 1988 年版，第 1—2 页。

　　⑥ 中国社会科学院中国边疆史地研究中心主编：《回疆则例》卷 4 及卷 5，全国图书馆文献缩微中心 1988 年版，第 1—3 页。

　　⑦ 中国社会科学院中国边疆史地研究中心主编：《回疆则例》卷 6，全国图书馆文献缩微中心 1988 年版，第 1—2 页。

历史上的一种官制，它在我国维吾尔族地区发展得最为完备、严密。①
18 世纪中叶，清朝政府统一新疆后，因俗而治，在南疆维吾尔族地
区继续沿用伯克制度，并对其进行了一系列改革，使之成为清朝地方
官制的一个组成部分。一般是以当地本民族首领充任大小伯克，并按
其管辖区域大小，地理位置轻重决定其官品。伯克的设置因其事务的
繁重与否而有人员数额的不同，因其管理的具体事务不同，而有不同
的伯克名称。清朝平定南疆后，先后任命了南疆 31 个城镇地区，大
小 260 余名各级伯克。②另据《清实录》记载，回疆地区的伯克职名
约有 35 种，其中主要有 15 种："曰阿奇木，总理一城；曰伊沙罕，
协办阿奇木事；曰商伯克，管理租赋；曰哈子，管理刑名；曰密剌
布，管理水利……"③清朝在回疆的各级驻扎大臣并不直接管理回疆
的民政事务，而是通过各级伯克实施对回疆人民的间接统治，各回城
由当地伯克具体管理，但涉及"刑讯重案"、税收、与蒙古关系等事
项须向将军、大臣报告，听命于驻防都统大臣。

二　保护与发展经济

清代对回疆地区的经济立法早在清朝统一新疆之前就已开始，当
时主要是对吐鲁番维吾尔族的朝贡等问题作出相关规定。对回疆地区
经济立法的全面展开则是在清朝统一新疆之后，而《回疆则例》就
是清代回疆经济立法的重要成果之一，"它不仅以法律的形式明确了
回疆同中央政府的政治关系，同时也对回疆经济关系作了法律规定，
收入了回疆钱法、税制、赋役、贸易等多项管理章程，是清朝对回疆
进行经济管理的重要法律依据"④。这些涉及经济立法的条文主要体
现在以下几点：

---

① 苗普生：《伯克制度》，新疆人民出版社 1995 年版，第 1 页。
② 马大正等：《新疆史鉴》，新疆人民出版社 2006 年版，第 59 页。
③ 《清实录》（16），《清高宗实录》卷 593，中华书局 1986 年版，第 598 页。
④ 王东平：《清代回疆法律制度研究》，黑龙江教育出版社 2003 年版，第 260 页。

（一）设置管理经济的官员

"回疆各城伯克等职掌"条。此条规定"商伯克管理粮务密图、瓦里伯克管理买卖田园房屋税契、明伯克管理……巴济尔格尔伯克稽查税务……"①《回疆则例》中涉及的伯克名称中与农业生产和贸易有关的名称较多，如管理与农业有关事务的务密喇布伯克、商伯克和明伯克等，还有专职管理集市贸易的伯克，如专管商贾贸易征税的克呼克雅喇克伯克，稽查税务的巴济格尔伯克，整齐市廛、管理行贩的色特尔伯克，管理市集细务的巴咱尔伯克等。这些规定一方面说明当时回疆的农业生产和商业贸易已有相当程度的发展，另一方面说明清政府十分重视对农业、商业等经济领域的管理和控制。

（二）统一度量衡

第一条，"权量"条。此条规定："回俗以内地重十斤为一察喇克，八察喇克为一噶勒佛尔，即内地八十斤之数。八葛勒佛尔为一帕特玛，即内地六百四十斤之数。以权准量，凡重一帕特玛者合内地仓斛四石五斗……"②此条规定属于旧例，规制了回疆地区的计量单位与内地计量单位之间的换算关系，以保证内地度量衡制度在回疆地区的有效适用，实现回疆地区度量衡的统一，从而在经济上加强了清中央的控制力度。

第二条，"每一帕特玛改抵五石三斗"条。此条规定："乾隆二十五年，一帕特玛不止四石五斗，改定一帕特玛合内地仓斛五石三斗。重一噶勒布尔及察喇克者准此曾算。"③此条规定是在原来旧例的基础上的改进，为什么要把原来一帕特玛合内地四石五斗改为五旦三斗呢？笔者以为，这与回疆地区经济不平衡有关，在当地伯克高税收的背景下，回疆地区少数民族的生活十分困顿，曾经爆发过多次抗

---

① 中国社会科学院中国边疆史地研究中心主编：《回疆则例》卷2，全国图书馆文献缩微中心1988年版，第1页。

② 中国社会科学院中国边疆史地研究中心主编：《回疆则例》卷6，全国图书馆文献缩微中心1988年版，第1页。

③ 同上书，第2页。

税暴动，为缓解回疆地区的经济困境，清中央政府采取类似于现代的增值汇率向回疆地区倾斜，其间体现出清中央政府的良苦用心。

总之，在清代统一新疆前，回疆各地的度量衡不尽相同，阻碍了当地经济的发展。清政府统一回疆后，并未强制推行内地的度量衡制度，而是沿用了回疆旧有的，并由官方规定的统一的折算标准，以此把内地的经济制度推广到回疆地区。

（三）规制货币

第一条，"铸定钱制"条。此条规定："沙雅尔、阿克苏诸城向无制钱或以银买卖，或以田地折算，亦有以物易换者……以红铜为之一分，共铸钱五十余万易回部旧钱销毁，则续铸新钱源源接济，以资回众之用。"[1] 回疆地区原来大多都没有钱币，仍然保留着较为古老的物物交换的经济贸易方式，只有少数地区流通一种叫作"雅尔玛克"的红铜质钱币，这种钱币的标准重量为二钱，钱文正面为蒙文，背面则是察合台文铸的铸造地名。钱币小而厚，中间无孔，不便携带。诚如史料记载："回人称钱为'雅尔玛克'，以一钱为一'普尔'。'普尔'为言'文'也。每一'普尔'直银一分。初以五十'普尔'为一'腾格'，后定以百'普尔'为一'腾格'。直银一两。"[2] 清朝统一回疆后，设置钱局，回收销毁旧普尔钱，铸造大量形如内地制钱的"轮廓方孔"的新式普尔钱。

第二条，"回疆各城普尔钱文铸乾隆通宝字样"条。此条规定："乾隆二十四年平定回部后，毁除准噶尔旧钱颁给式样，令铸乾隆通宝钱文使用甚属便益。所有各回城系朕开阔之地，其钱文理应永尊朕乾隆年号。鼓铸各回部人等万年遵守……"[3] 此条说明的是，乾隆二

---

① 中国社会科学院中国边疆史地研究中心主编：《回疆则例》卷6，全国图书馆文献缩微中心1988年版，第4—5页。

② 钟兴麒校注：《〈西域图志〉校注》卷35，"钱法"，新疆人民出版社2002年版，第479页。

③ 中国社会科学院中国边疆史地研究中心主编：《回疆则例》卷6，全国图书馆文献缩微中心1988年版，第6页。

十四年（1759 年）在叶尔羌开炉鼓铸乾隆通宝钱，每枚重二钱，一面铸"乾隆通宝"四字，另一面铸叶尔羌名（左满文，右维文），乾隆二十九年（1764 年），清政府下令以后新疆铸钱永远用乾隆年号，这与内地铸钱时必须用当时在位皇帝的年号是不同的。清政府后又于嘉庆五年（1800 年）下令铸造嘉庆钱，并规定以后新疆地方铸钱按乾隆钱二成、嘉庆钱八成的比例，永为定制，所以道光、咸丰改元以后，新疆制钱仍是按照这个规定铸造。① 就这样，清政府在回疆地区初步建立起一个较为完备的货币制度。

（四）规范贸易制度

回疆地处西北，本地生活着很多的民族，同时也与外国接壤，贸易频繁。但是，长期以来回疆各地的贸易制度未能统一起来，严重制约当地经济的发展，更为严重的是容易引起纷争，导致社会秩序的不稳定。清中央政府统一回疆地区以后，通过理藩院的立法，编纂《回疆则例》，其中对于税收、贸易票照等的规定很详细。笔者在此简要罗列几条以示说明：

第一条，"回疆藩夷进卡贸易一体免税"条。②

这一条是关于税收方面的立法，实际上主要解决的是关于边疆贸易中的税收问题。并且此条重申了道光十二年谕旨"嗣后叶尔羌、喀什噶尔卡外各部落，暨布鲁特等进卡贸易，著加恩一体免税，以广仁施而示体恤"③。同时为了严格规范往来贸易，除了规定税收还规定贸易执照制度，例如，乾隆五十九年谕旨"喀什噶尔贸易回人，如往充巴噶什、额德格纳、萨尔巴噶什、布库、齐哩克等处贸易者，给予出卡执照。如往各处外远部落，俱不得给与，违则拿获发遣。出卡回人，自十人至二十人为一起者，始给于执照。每起派阿哈拉克齐一

---

① 新疆社会科学院民族研究所：《新疆简史》，新疆人民出版社 1980 年版，第 305 页。
② 中国社会科学院中国边疆史地研究中心主编：《回疆则例》卷 6，全国图书馆文献缩微中心 1988 年版，第 10 页。
③ 《清实录》（36），《清宣宗实录》卷 209，中华书局 1986 年版，第 78 页。

员，往则约束，回则稽查，毋令羁留"①。由此可以看出，清中央政府通过把税收和执照经营制度化，使回疆地区的经济贸易完全掌握在政府的手中，以此达到加强中央集权的目的。

第二条，"回子赴外藩贸易勒限给票"条。②

这条规定是乾隆五十九年理藩院被动奉旨议覆永保上奏的立法。是关于前往巴达克山贸易的回民在噶勒岔地遇害一案，奏报皇帝，再由乾隆帝转给理藩院议覆。结果规定，凡是回民到准噶尔等地贸易的不准私自前往，应持有官府发给的票照方可前往贸易，否则"若无票私往者，著定以加倍之罪③。《理藩院则例》又规定："嗣后，如有前往外藩贸易者，视其路途远近勒限给票，如有逾限者，即行治罪。若无票私往者，著定以加倍之罪。"④这种规定，不仅反映出清中央政府对于回民与准噶尔部贸易的重视，同时也表现出政府对双边贸易将可能引起的冲突存在着担忧。众所周知，新疆准噶尔部一直是清政府在西北地区的心腹之患，一开始清中央政府对准噶尔部是宽容乃至忍让的，这从乾隆谕旨中的态度可以看出，例如，当回民在贸易中被害后，永保上奏请旨，乾隆说"令永保、琅玕等毋庸视为巨案办理"⑤。

第三条，"稽查回子出卡"条。⑥

此条规定："各城回子有往别城佣工贸易者，均由阿奇木伯克呈报本城大臣请领路票，注明年貌及因何事前往何处，酌量远近给予限期，总不得过一年。仍咨明前往处所之大臣查照到日，令其缴销路

---

①　《清实录》(27)，《清高宗实录》卷1464，中华书局1986年版，第557页。

②　中国社会科学院中国边疆史地研究中心主编：《回疆则例》卷6，全国图书馆文献缩微中心1988年版，第11页。

③　同上书，第12页。

④　同上。

⑤　同上书，第11页。

⑥　中国社会科学院中国边疆史地研究中心主编：《回疆则例》卷8，全国图书馆文献缩微中心1988年版，第6页。

票，回日即由该处发给执照，饬令旋回。如有并未领票任意往来者，一经访获到案，将该回子从重治罪。倘无票回子私自出卡者，经台卡员弁盘获，即行报明本城大臣照私越关歧例严行办理，并将该管伯克及温巴士玉孜巴什等，分别惩处。"①　这条立法是关于回疆各城之间的回民贸易，不得私自贸易，必须经过驻扎大臣同意并且领取相关票照。由此可以看出，清政府不仅严厉遏制商贾，而且对内外的贸易都实行了非常严格的管理制度，意在加强中央权力对这一地区的渗透。

第四条，"巴杂尔市集禁止私设牙行"条。②

这条规定是关于集市贸易的条规。如《回疆则例》中规定："各城回子巴杂尔市集，兵、民、回子自行买卖。各驻扎大臣，随时饬禁私设牙行、高抬市价。并于每岁年终，咨报军机处、理藩部查覆。仍严饬阿奇木伯克等，毋许私派家人护卫弹压市集，藉端滋扰。违者，严参治罪。"③

这条规定严厉打击市场炒作行为，打击欺行霸市，保护贸易自由，不准私设牙行。而且规定一旦发现有私设牙行哄抬物价者，最终可以由军机处或者理藩院管辖并且还要严惩阿奇木伯克，充分表现出清中央政府对此事的重视。

三　规制宗教事务

关于规制宗教事务的条文，笔者现从《回疆则例》中选取数条分析之。

第一条，"慎选充当回子阿浑"条。此条规定："回疆阿浑为掌教之人，回子素所遵奉，遇有阿浑缺出，由各庄伯克回子查明通达经典诚实公正之人，公保出结，准阿奇木伯克禀明该管大臣点充，并于

---

① 中国社会科学院中国边疆史地研究中心主编：《回疆则例》卷8，全国图书馆文献缩微中心1988年版，第6页。

② 中国社会科学院中国边疆史地研究中心主编：《回疆则例》卷6，全国图书馆文献缩微中心1988年版，第19页。

③ 同上。

每月朔望赴大臣衙门叩见，日久熟认。如有不知经典化导无方，或人不可靠及剥削回户者，即行惩革，并将原保之阿奇木伯克等，一并参办。"① 清中央政府对回疆地区采取"因俗而治"的政治策略，在法律制度中有充分的反映。对回疆地区少数民族保护伊斯兰教信仰的同时，也限制了宗教权力，禁止其干预政务。明确规定凡阿訇出缺都要由伯克向该管大臣推荐，报理藩院批准。这一点从该条中的规定就能看出。

第二条，"回疆各城伯克等职掌"条。此条规定："摩提色布伯克管理回教经典、整饬教务，不预民事，杂布第默克塔布伯克专管教习念经馆务。"② 这个条款是为管理宗教事务而定的，具体办法是专设伯克管理宗教事务。摩提色布伯克专门管理教务职能的设置，充分体现出清中央政府对回疆地区宗教事务的重视，同时也体现出中央对回疆地区宗教事务的进一步控制，因为各级伯克是纳入清政府的官僚体系之中的。

第三条，"禁止莫洛回子习念黑经"条。此条规定："各城莫洛回子，如有习念黑经者，查处即行报明审实，分别久暂，酌拟发遣枷责，咨部敬覆遵办。仍于每岁孟春，由该管大臣申明定例、出示晓谕，严行饬禁，该管伯克等亦不得藉端滋扰。"③ 此条是对宗教职业者巫蛊惑众的非法行为作出的严格限制，在尊重回疆地区少数民族宗教信仰自由的同时，也对各种邪教进行严格控制。所以白京兰先生认为，通过上述种种法律规定，清代统一新疆之前回疆地区政教合一的局面逐步被改变，阿浑作为宗教神职人员，其职责仅限于带领回众诵

---

① 中国社会科学院中国边疆史地研究中心主编：《回疆则例》卷8，全国图书馆文献缩微中心1988年版，第5页。

② 中国社会科学院中国边疆史地研究中心主编：《回疆则例》卷2，全国图书馆文献缩微中心1988年版，第2页。

③ 中国社会科学院中国边疆史地研究中心主编：《回疆则例》卷6，全国图书馆文献缩微中心1988年版，第21页。

经礼拜、协助驻疆大臣或阿奇木伯克依照伊斯兰经典教规判断狱讼等。①

　　除了《回疆则例》中规制宗教事务，在其他史料中也有规定，可以佐证。清中央政府对回疆地区少数民族的态度比对待蒙古人和藏族人要苛刻得多。在清政府统一新疆之前，作为伊斯兰教法维护者的阿訇的社会地位居于世俗的伯克之上，在清朝统一新疆之初，回疆的社会日常生活仍然受到阿訇的调控和管理，回疆大量的司法活动也依靠阿訇来进行。如《西域总志》亦载："王化以前，是日阿奇木入寺，礼拜毕，即有阿浑议其贤否。以为贤，则留之；以为其事无道，某某事尤无道，则与回众废而杀之。"②再如，《新疆回部志》在记述清朝统一新疆前当地旧有的法制状况时说："回人虽有刑法，然无律例，惟听阿浑看经论定，伯克及犯者无不服。"③大小和卓叛乱被平定后，其后裔流亡浩罕，阿訇便成为伊斯兰教在新疆的集中代表，并拥有神圣的权力，阿訇甚至常常制造事端，利用教徒聚会之际任意废除或杀害伯克。特别是甘肃苏四十三起义后，大量的甘肃回族人迁徙到回疆与当地的维吾尔族人生活在一起，使清政府的高压政策也渗透到回疆地区。乾隆帝颁布谕旨称："阿浑乃回人诵经识字者，与准噶尔喇嘛相似，从前厄鲁特等不知事体，听信喇嘛，致生变乱，岂可使回人仍因旧习。著传谕舒赫德等，晓示各城回人，嗣后诸事，唯听阿奇木等伯克办理，阿浑不得干预。"④

　　值得注意的是，清中央政府在回疆地区的行政建制上采取的是政教分离的办法，而在西藏地区采取的则是政教合一的行政建制。这是为什么呢？这实际上也进一步证明了清中央政府对待回疆地区少数民

　　①　白京兰：《清代回疆立法——〈钦定回疆则例〉探析》，《中南民族大学学报》（人文社会科学版）2004年第4期。

　　②　（清）椿园七十一：《西域总志》卷1，文海出版社1966年版，第19页。

　　③　（清）永贵、苏尔德撰：《新疆回部志》卷4，"刑法第三十四"，北京出版社1998年版。

　　④　《清实录》（16），《清高宗实录》卷615，中华书局1986年版，第924页。

族的一种打压态度。

四　汉回隔离的民族政策

政策从来都与法律有着不可分割的关系，每个时代的法律都体现出为一定政策服务的功能，笔者在此从《回疆则例》列举数条予以说明。

第一条，"稽查佣工汉民"条。此条规定："内地汉民前往回疆各城觅食佣工者，如无原籍、年貌、执业、印票及人票不符，即行递解回籍，倘回户私自容留，查出治罪。"① 该条是关于对内地到回疆佣工的汉民作出限制，这条规定不仅限制了经济的发展，同时也封锁了汉民与回疆各族的交流。

第二条，"稽查汉回擅娶回妇"条。此条规定："如查有擅娶回妇为妻，及煽惑愚回多方教诱，及充当阿浑者，即照新例治罪。"②

第三条，"各城回子不准与安集延结亲"条。此条规定："如安集延与回子结亲事发，照例断离。仍将回子治以嫁娶违例之罪。其安集延即行驱逐出卡，如有蒙混匿报，专管伯克革职，失查之阿奇木伯克降一等调用。"③ 禁止维吾尔族人民与安集延人结婚。如对于清政府而言，边疆地区的稳定大于发展的重要性，为了追求政治上的稳定，清政府在回疆地区实行了汉回隔离政策，本意上是为了避免内地汉族人口大量涌入回疆地区与当地少数民族发生矛盾，但是在客观上也延缓了回疆地区的经济及社会发展。

第四条，"禁止回妇私进满城"条。此条规定："回疆满城系专设之围，驻扎官员以资成防。倘有回妇私自入城或被人招引住宿者，一经本城大臣查出，即将城守营及阿奇木伯克等严加参处，仍将招引

---

① 中国社会科学院中国边疆史地研究中心主编：《回疆则例》卷8，全国图书馆文献缩微中心1988年版，第13页。

② 同上书，第14页。

③ 同上书，第7页。

回妇进城之官兵照军律治罪。"① 在回疆地区，清政府主要采取的是清朝驻军与维吾尔族居民的隔离以及汉族群众与维吾尔族群众的隔离政策。清政府在喀什噶尔、叶尔羌、阿克苏、吐鲁番、和田、库车等地修筑了新的城郭 "汉城" 或 "满城"，供满汉官兵和汉族人民居住，而维吾尔族群众聚居的旧城则被称为 "回城"，满汉官兵和汉族百姓，不得随意进入回城和回庄。维吾尔族妇女严禁私入汉城、满城，维汉人民贸易在两城中间地带划出的买卖街进行。② 对于从内地来当地贸易的商人也采取限制隔离政策，禁止汉商与维吾尔族杂居一处，"乾隆三十年（1765 年）十月甲寅，内地贸易商民将来渐多。所居或与官兵相近，尚可弹压，不令生事。若听其随意栖止，与回人相杂，不免易滋事端，请交该大臣等，彻底清查。俱令赴驻兵处所贸易。若仍与回人杂处，即行治罪"③，就能够很好地说明问题。

必须指出的是，清政府在消除地方割据势力、实现国家统一、维护边疆稳定方面做出了巨大贡献，但是在封建专制主义的本质下，各民族的真正平等是难以实现的，《回疆则例》中所反映的回汉隔离的民族政策就是证明。

《回疆则例》是一部封建性质的成文法典，其突出的特点是 "民刑不分，诸法合体"，这是学术界的共识。但是，从现代部门法的角度如何来界定《回疆则例》的性质，学术界存在不同的看法，概括起来，主要有两种倾向，一种倾向是将《回疆则例》定性为某种具体性质的单行法规，如认为是 "行政法规"④；也有学者认为其是

---

① 中国社会科学院中国边疆史地研究中心主编：《回疆则例》卷 8，全国图书馆文献缩微中心 1988 年版，第 8 页。

② 方英楷：《中国历代治理新疆国策研究》，新疆人民出版社 2006 年版，第 212 页。

③ 《平定准噶尔方略》续编，卷 32。

④ 《中国历史大辞典·清史》，上海辞书出版社 1992 年版，第 698 页；陈光国、徐晓光：《清代新疆地区的法制与伊斯兰教法》，《西北民族研究》1995 年第 1 期。

"单行刑事法规"①。另一种倾向是将其笼统视为某种综合的"单行法规"②，王东平先生更进一步认为："实际上，《回疆则例》是理藩院徕远司的工作章程。"③ 笔者认为，从内容上看，《回疆则例》具备中国古代法律"民刑不分，诸法合体"的特征，并不像现代法律体系那样分工明确。虽然在《回疆则例》中包含大量的行政法内容，但是往往也同时含有刑法的内容，或者是以刑法的手段来调整行政关系；《回疆则例》中除了规定有行政法、刑法方面的内容外，还包括大量涉及民事、军事、宗教、司法等方面的内容，因而很难将《回疆则例》定性为某种具体性质的单行法规。而王东平先生在承认"单行法规"说法的前提下，又提出"理藩院徕远司工作章程"的见解，未免有矫枉过正之嫌。因为一般来说"工作章程"主要是调整某个工作部门内部工作关系、工作流程的规章制度，不涉及对外部的关系，而《回疆则例》中大量存在针对回疆民众、当地官署、衙门等机构的强制性规定；另外从执行主体上看，《回疆则例》并非仅由徕远司执行实施，徕远司主要起到的是监督实施作用而已。从总的方面来看，将《回疆则例》定性为综合性单行法规似乎更合适，但是如果从现代意义上的部门法来看，则定性更加困难。④

必须指出的是，《回疆则例》中有关刑事的立法条文大都是表达何种条件下使用何种法律的条款，真正的刑事实体法内容非常少。因此，笔者认为，如果从刑事法律的视角来审视《回疆则例》，其更像是一部准据法，关于这一点笔者将在"理藩院对清代西藏地区法律冲

---

① 蒋晓伟：《中国经济法制史》，知识出版社 1994 年版，第 238 页。

② 王欣：《〈回疆则例〉研究》，《中国边疆史地研究》2005 年第 3 期。

③ 王东平：《清代回疆地区法律典章的研究与注释》，《西北民族研究》1998 年第 2 期。

④ 需要说明的是，笔者在参与导师的国家课题时，曾经得到师兄杨军博士的鼎力相助，不仅提供了相关的材料，而且还提出很多建设性的意见。同时，笔者也参考了他的相关研究成果，见杨军《清代新疆地区法律制度及其变迁》，博士学位论文，云南大学，第 31—38 页。在此表示感谢！

突规范的选择"一节中再作探讨。

第三节　理藩院对回疆地区的立法程序

　　本节的内容是，首先从《回疆则例》中节选"原修原奏"和"续修则例原奏"两篇全文。通过对全文的分析，能使我们比较清楚地了解理藩院在回疆地区民族立法过程中发挥着什么样的功能。其次从理藩院纂修的《回疆则例》中选取理藩院直接草拟的条文，意在说明理藩院的立法功能。为了避免史料引用过多和重复，尽量以较少的条文说明问题。

　　清代对于法规的修订有一个"必五年一小修，十年一大修"的基本原则。促使理藩院增修《回疆则例》的直接动因是道光三年（1823 年）的平定张格尔叛乱。理藩院奏请："因适值西陲不靖，曾于《蒙古则例》书成折内声明，俟大功底定，归入下届办理《则例》时，再行修办。"① 所谓"西陲不靖"是指和卓后裔张格尔的一系列叛乱活动。和卓后裔们的叛乱与浩罕的入侵，暴露出清政府在回疆内政和边防上存在许多问题，使清政府不得不对回疆政策进行调整，修订原有的《回疆则例》。道光十三年（1833 年）三月，理藩院奏请开馆修订《回疆则例》，"今回疆久臻大定，不特原存旧例全应删改，即新定章程亦须纂入。臣等公同酌议，所有臣院《回疆则例》，应请咨行叶尔羌参赞大臣等处，将自大功告成以后，奏定各条全数详细查明，咨覆臣院查核：应纂入者，增修纂入；应删改者，酌加删改"②。可见，清廷对于此次修订《回疆则例》十分重视，不仅将理藩院内所存皇帝谕旨和臣工条奏选纂入内，而且还充分征求了当时回疆最高官员叶尔羌参赞大臣联顺的意见，使此次《回疆则例》的修订更加符合回疆地区的实际情况，这一点在清朝民族立法的实践中具有重要

---

　　① 中国社会科学院中国边疆史地研究中心主编：《回疆则例》，"现修回疆则例原奏"，全国图书馆文献缩微中心 1988 年版，第 25—26 页。

　　② 同上书，第 26 页。

的意义。① 以下，笔者从相关历史文献中节选两篇修例原奏，并通过分析试图弄清理藩院在此种立法进程中所发挥的应有功能。

原修《回疆则例》原奏②

理藩院谨奏为请旨事。窃查本年四月经臣院奏请纂修蒙古则例，以期永远遵行等因具奏。奉旨：依议。钦此。钦遵在案。臣等当即督率司员将应行纂辑历年档案逐一检阅。查得臣院承办回疆时事件所有钦奉谕旨及臣工条奏，积案繁多，未便纂入蒙古则例，以致条款混淆。应请另行编纂成帙，以便颁发遵行。臣等公同商议，即于现在承办蒙古则例司员内，选派本院通晓翻译熟悉例案之主事尼克通阿、岳禧二员，承办所有回疆应行纂入则例事件，详查档案，编辑条款，先行缮写清单进呈。恭候钦定。臣等未敢擅便，理合奏闻请旨。为此谨奏。于嘉庆十六年七月十一日具奏。本日奉旨：依议。钦此。

现修《回疆则例》原奏③

理藩院谨奏，为臣院回疆则例应行补纂，蒙古则例应行修辑，恭折奏闻请旨事。窃臣院总理内外蒙古回部事物，凡蒙古回部升降、袭替、户婚、田土、年班、朝觐、仓粮、军政以及、议叙并命盗案件，均关紧要，所有奉行则例，允宜确定简明专条，以期赅备。前于嘉庆十六年、道光三年，均经奏明开馆办理在案。俟于道光十年二月奉上谕，御史王玮庆奏，六部重修则例宜率由旧章，如有更改应专折奏明通行，各衙门颁行律令，原期垂诸久远，其有今昔异宜者，固应随时酌改。然不别定限十年即开馆重修一次。嗣后各部已颁成例，无庸轻易更张。如有因时制宜

---

① 王欣：《回疆则例研究》，《中国边疆史地研究》2005 年第 3 期。

② 中国社会科学院中国边疆史地研究中心主编：《回疆则例》，"现修回疆则例原奏"，全国图书馆文献缩微中心 1988 年版，第 1 页。

③ 中国社会科学院中国边疆史地研究中心主编：《回疆则例》，全国图书馆文献缩微中心 1988 年版，第 13 页。

必应更改之处，随时专折奏明改定，立即通行各省一体遵照。钦此。仰见我皇上于因时制宜之中，仍寓率由旧章之意。惟查臣院近年办理外藩案件，较前实为增繁。现在奉行条例既多，今昔情形不同，更有例无专条，无可遵循，多系援引稿案。查例未明备，意见难免参差。例无专条，定案易滋轻重。且臣院回疆则例向系另汇一部。案查上届办理则例时，因时值西陲不靖，曾于蒙古则例书成折内声明，俟大功底定，归入下届办理则例时再行修办。奉旨：依议。钦此。钦遵在案。今回疆久臻大定，不特原存旧例全应删改，即新定章程亦须纂入。臣等公同酌议，所有臣院回疆则例应请咨行叶尔羌参赞大臣等处，将自大功告成之后奏定各条，全数详细查明，咨复臣院。查核应纂入者，增修纂入。应删改者，酌加删改。其蒙古则例中，如例文不备，例义两歧，例语含溷，例句虚冒等处，一体妥为修辑。其有案可稽者，钦遵原奉上谕及臣工条奏原案纂辑。其无案可遵，应行增纂者，拟比照六部则例，仍体察蒙古情形量为变通，缕晰条分，详酌确定。缮写黄册，恭呈御览。如蒙俞允，臣等督率提调等官敬谨办理。惟查此次系蒙古、回疆二体同时修办，内应增纂删改条例甚多，卷帙浩繁，头绪纷冗，请除去咨查各处行文程限，上紧赶办，勒限完竣。所需供事，清照臣院历次开馆名数，酌为增减。于书吏帖写内挑取六十名，行文吏部取结。令其自备资斧，效力当差。其应用工费纸张笔墨及缮写装潢各项，均责成该供事等捐资备办。如有差使懒惰者，随时革除。果能始终奋勉，俟全书告成，循照旧章，奏明请旨，赏给议叙。谨恭折奏闻。伏乞皇上圣鉴，训示遵行。谨奏请旨。于道光十三年三月初五日具奏。奉旨：依议。钦此。

当我们通览这两篇原奏后会发现，理藩院在回疆地区的民族立法中发挥着非常重要的作用，其具体立法功能表现为以下几个方面。

一　立法动议

立法动议一般是由理藩院尚书启动，启动的原因大体上是回疆地区事务的紧迫性，要么是积案过多，要么是时间太长。值得注意的是，理藩院对《回疆则例》的修纂特别强调法律的发展性，不必拘泥于"五年小修，十年大修"的一般性规定，要随时得以修律。如续修则例原奏中有"俟于道光十年二月奉上谕，御史王玮庆奏，六部重修则例宜率由旧章，如有更改应专折奏明通行，各衙门颁行律令，原期垂诸久远，其有今昔异宜者，固应随时酌改。然不别定限十年即开馆重修一次"。不需要严格遵守五年和十年之规定，体现出当时立法技术的灵活性与合理性，因为法律制度本身的滞后性决定了必须要对它进行及时修改，才有可能适应社会的发展。

二　组建立法班子

一般是由理藩院的决策人物，也是皇帝的亲信理藩院尚书来组阁，从理藩院内部挑选精通满文、蒙古文、汉文以及精通回疆地区少数民族语言的理藩院司员、笔帖式，再委派一名或数名理藩院员外郎具体负责。如《回疆则例》原修原奏中有"臣等公同商议，即于现在承办蒙古则例司员内，选派本院通晓翻译熟悉例案之主事尼克通阿、岳禧二员，承办所有回疆应行纂入则例事件"。

为了有效地规范约束立法成员，使其尽心竭力，提高立法的效率，对这些参与立法的成员限定年限，自备资斧为国家立法。如续修则例原奏中有"于书吏帖写内挑取六十名，行文吏部取结。令其自备资斧，效力当差。其应用工费纸张笔墨及缮写装潢各项，均责成该供事等捐资备办"。这种为了国家利益而实行的"自备资斧，效力当差"的做法无疑对后人是有力的启示。这点在前文理藩院增修《理藩院则例》中也有同样的体现。

三 编纂法律

编纂不仅仅是对已有并且已经生效的法律规范的简单的、不加任何变更的汇集，而是要对相应的法律规范进行必要的增删工作，可以说编纂的过程体现出理藩院的再创造性。如前文《回疆则例》续修则例原奏中"查核应纂入者，增修纂入。应删改者，酌加删改。其蒙古则例中，如例文不备，例义两歧，例语含涵，例句虚冒等处"，再如前文续修原奏中"如有因时制宜必应更改之处，随时专折奏明改定，立即通行各省一体遵照。钦此。仰见我皇上于因时制宜之中，仍寓率由旧章之意。惟查臣院近年办理外藩案件，较前实为增繁。现在奉行条例既多，今昔情形不同，更有例无专条，无可遵循，多系援引稿案。查例未明备，意见难免参差。例无专条，定案易滋轻重"。这点在上文的《回疆则例》修纂原奏中大体有以下两种情况。

（一）《蒙古律例》中不能容纳的内容

如前文《回疆则例》原修原奏中"未便纂入蒙古则例，以致条款混淆。应请另行编纂成帙，以便颁发遵行"。理藩院对于回疆地区的民族立法是参考了对蒙古地区的民族立法成果和经验的。理藩院在编纂《蒙古律例》的时候发现有很多谕旨和臣工条奏不属于调整蒙古事务的，不能够编纂进《蒙古律例》里，经修改后又经皇帝批准编纂入《回疆则例》之中。

（二）理藩院承办回疆事件时钦奉上谕及议覆臣工条奏

这种情况的立法来源于理藩院对回疆事务的管辖权力，理藩院在处理回疆事务的过程中会遇到典型性又具有普遍性意义的案件，有时直接按照皇帝的旨意来处理，有时议覆皇帝交给封疆大吏的上奏，经皇帝批准形成具有普遍效力的法律，再由理藩院编纂进《回疆则例》之中。如前文《回疆则例》原修原奏中"查得臣院承办回疆时事件所有钦奉谕旨及臣工条奏，积案繁多，未便纂入蒙古则例，以致条款混淆。应请另行编纂成帙，以便颁发遵行"。

四　草拟法律

有关理藩院草拟法律的功能主要体现在对《回疆则例》纂修之中，笔者此处为避免引用材料过多，只引用三个条文。

第一条，乾隆四十五年，理藩院奉旨草拟有关"年老回子等毋庸赏赉"条款。① 此次立法是关于规范回疆地区少数民族老年人口问题的，从中也可以看出此种立法的不足，因为其忽视了老人的利益。

第二条，理藩院于乾隆二十五年草拟奏定"每一帕特玛改抵五石三斗"条。"乾隆二十五年一帕特玛不止四石五斗改定一帕特玛合内地仓斛五旦三斗重一噶勒。"② 这次立法是关于规范回疆地区的税收，以免乱收税而造成混乱。回疆地区的官府及伯克曾经任意加税而激变良民，造成大规模的回民暴动事件，使政府非常重视经济方面的立法。此次草拟立法，后得到乾隆批准，被编纂进《回疆则例》之中。

第三条，"札萨克回子王公等捐输银两奖叙"条。具体是"札萨克回子郡王贝勒贝子公等捐银一百五十两给予记录一次，捐银三百两给予记录两次……捐银三千两给予加五级止，捐至三千六百两以上请旨赏给翎支，如原有翎支者，按照蒙古捐输例声明请旨"③。

此次立法意在加强对札萨克回民贵族利益的保护，同时也保护了清政府利益。因为这条规范是通过一种激励机制鼓励王公们向清政府捐钱，实际上对于王公贵族和清政府来说是一种双赢。

总之，这种由理藩院草拟的法律，经皇帝批准生效后被编纂进《回疆则例》的情形，在《回疆则例》中很多，笔者无意也没有必要全部罗列，因为列举条文以揭示理藩院的立法功能为目的。

---

① 中国社会科学院中国边疆史地研究中心主编：《回疆则例》卷5，全国图书馆文献缩微中心1988年版，第15页。

② 中国社会科学院中国边疆史地研究中心主编：《回疆则例》卷6，全国图书馆文献缩微中心1988年版，第2页。

③ 中国社会科学院中国边疆史地研究中心主编：《回疆则例》卷3，全国图书馆文献缩微中心1988年版，第36页。

五 奏皇帝批准

理藩院的此种立法功能，无论是对蒙古地区的立法或者是对回疆和西藏地区的立法都是不可或缺的，可以说包括清代在内的所有中国封建帝制时期的国家立法，在理论上最终都得由皇帝同意。因此，无论前文提到的哪种立法形式都要经皇帝批准才能具有普遍性的效力。如两种原奏中的结尾都有"依议。钦此。"《蒙古律例》中也经常出现"请旨定夺"以及"奉旨立法"和"奏定"等词语，这些都清楚地告诉人们，清代的国家立法大权至少从形式上是掌握在皇帝手中的。要说明的是，无论是草拟还是编纂形式的立法，都必须经过皇帝的批准。

第四章

理藩院对清代西藏地区的立法

第一节　理藩院对西藏地区的立法背景

一　政治背景

清军入关以后相当长的时间内，因为战事频仍而未能在西藏地区直接施政，主要是通过厄鲁特蒙古和硕特部固实汗及其子孙间接统治西藏。为加强对西藏地区的统治，固实汗命长子达延汗驻守拉萨，亲自任命西藏高级官员参与西藏政务。不仅如此，还派驻蒙古军队驻扎在前藏。和硕特首领也深深知道，要想稳定地统治西藏地区没有达赖喇嘛的支持是不可能的，所以固实汗一方面与达赖喇嘛在西藏地区搞好关系，另一方面加紧与清中央政府密切联系，以取得清中央政府的支持。顺治二年（1645 年），固实汗派佐理藏事六子到达北京，向顺治皇帝上书，表示对清政府无不奉命。固实汗的智慧还体现在，借助清中央政府的力量加强与西藏地区宗教势力的联系，以达到宗教与世俗联合统治西藏地区。顺治九年（1652 年），经过固实汗的劝导，五世达赖率领班禅和固实汗的代表来到北京，受到顺治皇帝隆重而热烈的接待。顺治十年（1653 年），达赖喇嘛返藏途中，清政府派出理藩院侍郎席达礼等人赶到代噶，赍送金册、金印，封达赖喇嘛为"西天大善自在所领天下释教普通瓦赤喇坦喇达赖喇嘛"。与此同时，顺治皇帝又派使臣前往西藏，封固实汗为"遵行文义敏慧固实汗"，赐金册、金印，册中有"作朕屏辅，辑乃封圻"之句，意思就是要求固实汗协助顺治皇帝保卫好边疆，把封地范围以内治理得太平无事。①

但是，西藏地区的蒙古势力随着固实汗的死亡而陷入衰微，对统治地位的争夺接连不断，世俗与宗教势力的博弈空前激烈。以六世达赖喇嘛的第巴桑杰嘉措为首的藏族农奴主集团同以拉藏汗为代表的蒙古封建主集团之间的矛盾日益激化。康熙四十四年（1705 年），拉藏汗杀第巴桑杰嘉措，废其所立六世达赖仓央嘉措，另立意希嘉措为六世达赖。拉藏汗派人到北京把这些情况奏报给康熙皇帝。康熙皇帝立即派人进藏，封拉藏汗为"翊法恭顺汗"，赐给金印一颗，并命令把仓央嘉措解送北京。康熙四十五年（1706 年），仓央嘉措在解送途中病死在青海湖畔。但是，拉藏汗所立的意希嘉措未能得到黄教上层认可，西藏政局仍然呈现不稳形势，康熙四十八年（1709 年），康熙皇帝派理藩院侍郎赫寿前往西藏，协同拉藏汗办理事务。这是清政府直接派遣官员进藏处理政务的开端。康熙五十二年（1713 年），康熙皇帝又派遣专人到西藏，正式册封五世班禅罗桑意希为"班禅额尔德尼"，以后，又承认格桑嘉措为七世达赖。尽管清政府采取了一系列措施，西藏局势仍然动荡不定。康熙五十六年（1717 年），终于发生了漠西蒙古准噶尔部袭扰西藏，杀死拉藏汗的严重事件。②

清朝中央政府平定准噶尔之乱后，为彻底结束蒙古诸部在西藏角逐，不再继续册封固实汗的后裔为藏王，以避免蒙藏统治者之间争权夺利的斗争。于是，清政府任用藏族世俗的领袖人物管理西藏。清朝中央政府对西藏的政策，转为直接的施政管理。③ 西藏准噶尔之乱平息后，清朝中央政府考虑到西藏地区的实际情况，认为世俗和宗教的势力都很强大。此时的清政权建立了噶伦政府，实行多头管理的共治

---

① 参见赵云田《清代治理边陲的枢纽——理藩院》，新疆人民出版社 1995 年版，第 40 页。

② 参见吴丰培、曾国庆《清朝驻藏大臣制度的建立与沿革》，中国藏学出版社 1989 年版，第 2—4 页。

③ 多杰才旦主编：《西藏封建农奴制社会形态》，中国藏学出版社 2005 年版，第 323 页。

政权形式，由于没能很好处理各自之间的权力配置，就出现了雍正五年（1727 年），西藏噶伦之间发生的内讧事件。此前，雍正皇帝对西藏地方各噶伦之间彼此不睦已有所了解，因此在雍正五年初，已派遣内阁学士僧格和副都统马喇到西藏安定局势。颇罗鼐进入拉萨后，僧格和马喇正式被外放出任驻藏大臣。这是清政府把西藏置于直接管理之下的一项重要措施。

自雍正六年起，清政府授命颇罗鼐掌管西藏地方政务。颇罗鼐忠于清政府，与历任驻藏大臣密切配合，加强了西藏地方与清政府的关系，全藏社会安定，生产得到发展。为了表彰颇罗鼐的功绩，清政府先后封他为贝子、贝勒、郡王。乾隆十二年（1747 年），颇罗鼐死。乾隆十五年（1750 年），颇罗鼐次子珠尔墨特那木札勒袭封郡王，接管西藏政务。他一改其父之所为，秘密勾结漠西蒙古准噶尔部，企图发动反对清政府的叛乱。清政府对此已有所觉察，便命令驻藏大臣傅清和拉布敦相机行事。傅清和拉布敦为了先发制人，把珠尔墨特那木札勒的余党杀死。拥护清政府的七世达赖很快平息了叛乱，恢复了西藏和平安定的秩序。

珠尔墨特那木札勒叛乱平息后，清政府对西藏地方政权进行了较大的变动，废除郡王封授制，正式建立噶厦，即西藏地方政府，设噶伦四人，由一名僧官和三个俗官担任，共同处理西藏地方政务。有关西藏地方的重大事务，须事先请示达赖喇嘛和驻藏大臣酌定处理。从此时起，清政府正式授权达赖七世管理西藏地方行政事务。①

可以说，《藏内善后章程二十九条》的制定是清政府治理西藏历史上的重大事件，也标志着中央政府对西藏地区大规模立法的开始。乾隆五十六年（1791 年），西藏地方发生了廓尔喀大举入侵事件。清朝中央政府果断出击，乾隆帝点将福康安率兵入藏驱逐侵扰西藏的廓尔喀军队，在西藏人民的支持下取得反击廓尔喀侵略的胜利。清政府针对西藏地方的各项制度一向松弛，弊病甚多，大小官吏贪污、舞弊

---

① （清）和宁修：《卫藏通志》卷13，文海出版社1965年版，第588页。

现象严重。一旦遇变，无力解决，清统治者决心整饬西藏地方吏治，妥为订立善后章程。[①] 乾隆五十七年，福康安与八世达赖、七世班禅商定并和西藏地方高级政府教官员共同议定了《藏内善后章程二十九条》，乾隆五十八年（1793 年），经清政府审订后，正式颁行。章程中调整了驻藏大臣与达赖喇嘛、班禅额尔德尼的关系，提高了驻藏大臣的职权和地位。"驻藏大臣督办藏内事务，应与达赖喇嘛、班禅额尔德尼平等。自噶布伦以下番目及管事喇嘛，分系属员，事无大小，均应禀明驻藏大臣办理。"[②] 章程中还授予驻藏大臣宗教管理权。达赖喇嘛、班禅额尔德尼呼毕勒罕，以及察木多、乍丫等地胡图克图呼毕勒罕，一经呈报出世，指出姓名，均由驻藏大臣将其姓名出生年月日，用满、汉、藏三种文字缮写牙签，贮于钦颁金奔巴瓶内，由驻藏大臣亲往监同抽掣。从此，黄教各大活佛转世身份的确定，经驻藏大臣之手而被清政府控制。驻藏大臣不仅有权管理藏内宗教事务，而且有权管理青海蒙古以及西藏佛教有关事务。驻藏大臣的行政管理权亦有所扩大。自噶伦以下，凡管辖地方政务的大小官员，均由驻藏大臣会同达赖喇嘛挑选，如达赖喇嘛徇私不公，准驻藏大臣驳正。在军务边防方面，驻藏大臣除统率清政府在西藏驻军外，对西藏地方军队也有校阅、训练之权。在财政赋役方面，驻藏大臣有监督权，对藏边各国商人入藏贸易，有稽查约束权。对司法案件，驻藏大臣有复定权，此外，西藏涉外事务，由驻藏大臣亲自主持，清朝中央政府统一管理。《藏内善后章程》的颁布，标志着清政府对西藏地方的管理进入了一个新阶段。

二　宗教背景

西藏地区盛行藏传佛教，又称喇嘛教，其中的格鲁派亦称黄教，

[①]　多杰才旦主编：《西藏封建农奴制社会形态》，中国藏学出版社 2005 年版，第 325 页。

[②]　（清）和宁修：《卫藏通志》卷 12，文海出版社 1965 年版，第 531 页。

藏族人和蒙古人都笃信此教。清政府因为"蒙古诸部敬信教已久，故以神道设教，籍仗其徒，使其诚心归附，以障藩篱"①。为此，制定了完整的利用藏传佛教的政策，并以理藩院管理藏传佛教事务。

早在关外，清政府就决定利用藏传佛教统治蒙藏人民。天聪八年（1634年），墨尔根喇嘛载护法马哈噶喇金佛像投归皇太极，皇太极命"备陈诸祭物，祀马哈噶喇佛于佛寺内"②。不过，当时清政府决策层对藏传佛教的重要性还缺乏足够的认识，但是严酷的现实使他们不得不重新审视藏传佛教的重要性。崇德三年（1638年），漠北蒙古札萨克图汗妄自矜诩，动以佛教为言，并兴兵构怨，谋掠归化城。从此，皇太极开始考虑对待藏传佛教的态度问题。崇德四年（1639年）十月，皇太极派遣喇嘛前赴西藏，并分别致信藏王和达赖喇嘛，表示了延致高僧、宣扬佛教、利益众生的急切心情。崇德七年（1642年）十月，西藏达赖喇嘛、班禅喇嘛派遣的伊拉古克三胡图克图、戴青绰尔基等人经过长途跋涉后到达盛京。他们在盛京停留的八个月中，受到了皇太极的隆重礼遇，于崇德八年（1643年）五月起程返藏。皇太极在给达赖喇嘛、班禅喇嘛的信中，再次强调欲于西藏敦化高僧，以宏佛教，以护国祚。这一切标志着皇太极推崇利用藏传佛教政策的最终形成，同时奠定了清朝利用藏传佛教政策的基础。③

顺治年间，清政府继续执行利用藏传佛教的政策，其主要表现就是多次延请五世达赖喇嘛进京。这不单纯是为了完成皇太极的遗愿，更主要的是为了借助达赖喇嘛稳定蒙古地区的形势。顺治三年（1646年），漠南蒙古苏尼特部腾机思率所属逃往漠北蒙古。顺治六年（1649年），顺治皇帝对漠北蒙古各部屡启兵端十分忧虑。清政府多次延请五世达赖喇嘛进京，正是为了解决漠北蒙古问题。随着五世达赖喇嘛的到京和清政府对他的册封，漠北蒙古各部相继恢复了向清政

---

① （清）昭梿：《啸亭杂录》卷10，何英芳点校，中华书局1980年版。

② 《清实录》（2），《清太宗实录》卷27，中华书局1985年版，第344页。

③ 参见赵云田《清代治理边陲的枢纽——理藩院》，新疆人民出版社1995年版，第55页。

府进奉"九白之贡",双方的关系进入了新阶段。①

康熙十三年（1674 年），吴三桂在云南起兵反清，清政府调集全国兵力，投入平叛战争。但是，五世达赖喇嘛及其所用的第巴桑杰嘉措不支持乃至反对康熙皇帝的统一战争事业，并和吴三桂有往来。在这种情况下，清政府便把一世哲布尊丹巴胡图克图，作为藏传佛教中的又一领袖人物加以扶持，以削弱达赖喇嘛在蒙古各部的影响。此外，清政府还提高了班禅喇嘛在藏传佛教中的地位。康熙五十二年（1713 年），康熙皇帝诏封班禅额尔德尼，如达赖喇嘛例，颁给金册金印。上述一切表明，在康熙年间，清政府在利用藏传佛教的政策中，采取了"众建以分其势"的措施。雍正、乾隆年间，清政府继续推行利用藏传佛教政策。金奔巴瓶掣签制度的形式，表明清政府已经完全控制了藏传佛教。乾隆皇帝说："盖中外黄教总司以此二人，各部蒙古一心归之，兴黄教，即所以安众蒙古，所系非小，故不可不保护之。"②

三　理藩院对西藏事务的管理

清朝前期是我国统一多民族国家巩固和发展的重要历史时期，而且处于外国殖民主义势力大规模入侵的前夕，边疆民族地区的向背与治乱，对于国家的统一和中央政权的盛衰存亡有着极为重要的关系。清朝最高统治集团认为，在这方面蒙古和西藏至关重要。入关以前，后金政权就设有蒙古衙门，专管蒙古事务，崇德三年，由于边疆民族地区事务日益纷繁，参照元朝的宣政院和历代中央政权治理边疆的历史经验，改蒙古衙门为理藩院，作为管理边疆民族特别是蒙古和西藏事务的中央机构。理藩院对于有关西藏地区和藏族事务的处理，直接请示皇帝，只对皇帝负责，其管理西藏地区的事务主要是由柔远司

---

① 参见赵云田《清代治理边陲的枢纽——理藩院》，新疆人民出版社 1995 年版，第 42—44 页。

② 《御制喇嘛说》，载张其勤原稿、吴丰培增辑《清代藏事辑要》，西藏人民出版社 1983 年版，第 353 页。

负责。

早在清朝入关以前，清政府和西藏关系中的一些问题，就是由理藩院处理的。入关后的情况依然如此。如前所述，顺治十年（1653年），清政府对五世达赖的册封，就是派遣包括理藩院侍郎在内的官员，前往代噶完成的。康熙三十六年（1697年），清政府处理第巴桑杰嘉措在五世达赖圆寂后秘不发丧的事件，也是派理藩院侍郎赫寿前往西藏，专门办理西藏地区事务。不仅如此，还在顺治十四年（1657年），清政府就在理藩院内设立了唐古特学，设教习、助教等职，并在满洲八旗中选派子弟若干人，前来学习唐古特字义（藏文）。唐古特学正式成为理藩院内部的一个机构。其主要任务就是翻译清朝皇帝颁赐给达赖喇嘛的圣旨，以及西藏地方送报清政府的文书。驻藏大臣正式设置后，清政府对西藏事务的处理主要通过驻藏大臣实现，同时，以理藩院协助驻藏大臣加强对西藏事务的管理，主要体现在以下几个方面：

（1）理藩院尚书和侍郎等主要官员，都是由皇帝亲信满蒙大臣担任，所以遇有重大藏政，都由他们以钦差大臣的身份前往处理。如顺治十年（1653年），理藩院侍郎席达礼与礼部尚书觉罗朗球，共同作为册封使奔赴塞外，为归途中的五世达赖举行册封典礼；康熙三十六年（1696年），查办第巴桑杰嘉措对五世达赖圆寂匿丧不报事件，是理藩院主事保住作为钦差大臣前往拉萨处理此案的；雍正元年（1723年）理藩院郎中鄂赖被擢为内阁学士兼礼部侍郎前往西藏办事。遇有特殊情况，理藩院主管官员由驻藏大臣兼任，以加强其主管藏政的应变能力和上下沟通能力。乾隆时期，驻藏大臣博清额即兼任理藩院尚书。乾隆末年的驻藏大臣普福，嘉庆、道光时期的驻藏大臣瑚图礼和惠显、巴忠等均兼任理藩院侍郎。

（2）理藩院秉承皇帝旨意，草拟有关西藏和藏族事务的谕旨办理达赖喇嘛和班禅额尔德尼的册封、致祭及其他重要藏政。[①] 受理有关西藏和藏族事务奏章并将其翻译为满文或者汉文，供皇帝批阅。同

---

① 参见张羽新《清朝治藏典章研究》，中国藏学出版社2002年版，第251页。

时，提出有关藏政的处理意见，供皇帝决策时参考。理藩院所属的唐古特学、设立教习、助教等职务，选八旗子弟入学学习藏文，将皇帝颁给西藏的谕旨翻译为藏文，或将西藏地方政府和达赖及班禅呈报皇帝的公文及奏章翻译为满文或者汉文。

（3）根据皇帝的有关谕旨和已经颁行的治藏章程，制定有关西藏地方和藏族事务的规章制度，作为中央政府处理藏政的根据。[①] 作为清代处理边疆民族问题的典章制度汇编的《理藩院则例》中就有《西藏通制》二卷、《喇嘛事例》五卷，都是有关西藏和藏族事务管理的规章制度。根据有关行政法规和规章制度，办理西藏行政区划分及其与周围邻近省区和国家的有关事务，西藏地方僧俗官吏的设置、品级、任免、俸禄等事宜；西藏地方政府和达赖、班禅的朝贡、赏赐与接待事宜；皇帝临时交办的其他与西藏地方和藏族事务有关的事宜。办理应由中央政府管理的西藏和周围藏区的宗教事务。据《理藩院则例》记载，清代西藏设三品总理大小事务噶布伦四人，四品总理兵丁代本六人。噶布伦每名每年支俸银一百两，大缎四匹。代本每人每年支俸银五十两，大缎二匹。上述俸银俸缎由驻藏大臣衙门造具名册，然后咨送理藩院，再移咨户部支领。对于噶布伦、代本等人的升革诸事，也要一并咨报理藩院查核。[②] 代本（清代西藏地区领兵镇将）、碟巴（清代西藏掌管地方职事者）、堪布（清代西藏地方管束喇嘛的人）要由理藩院发给执照，才可以合法地管理藏事。西藏设代本六员，碟巴三员，堪布一员，都要由理藩院给以执照，分别处理西藏地区的有关事务，受清政府驻藏大臣以及达赖喇嘛的节制，关系到西藏地区的某些公事，要向理藩院详细报告。

（4）派出专门人员作为驻藏大臣衙门的组成人员，常驻西藏办理具体事宜。这主要指的是，委派理藩院司员一人，专门管理达木蒙古八旗官兵三十九旗事务，承办驻藏大臣衙门的满文稿案，三年更代。

---

① 参见张羽新《清朝治藏典章研究》，中国藏学出版社 2002 年版，第 251 页。
② （清）和宁修：《卫藏通志》卷 12，文海出版社 1965 年版，第 533 页。

理藩院还派出笔帖式一员,专司驻藏大臣文移,译成满文或汉文。①
《卫藏通志》所载:"一、理藩院司员一员,管理达木蒙古八旗官兵、
三十九族番民事务,承办驻藏大臣衙门清文稿案,三年更换。一、理
藩院笔帖式一员,专司驻藏大臣衙门文移翻清译汉,三年更换。"②
另外,理藩院派出的司员对西藏地方官员的任免起着一定程度的决定
作用,并负责西藏地方的贡马、银两诸事。

清朝理藩院对西藏地区事务的管辖,客观上有利于清朝统一多民
族国家的巩固和发展,有利于西藏地区和中原内地各方面的交流。对
西藏地方经济的恢复和发展也起到一定程度的促进作用。设置理藩院
作为管理西藏事务的中央机构,反映了清中央政府对于西藏地区事务
的重视,对于维护国家对西藏地方的主权有着重要的积极意义。

第二节 理藩院对西藏地区的立法内容

众所周知,《西藏通制》是由理藩院编纂而成的,是清朝有关西藏事
务的行政法令和规章制度的汇编,也是理藩院主管藏政的法律依据和对
西藏施政的行为准则。本节不打算对《西藏通制》的形成做一番探讨,
而是就理藩院参与的具体立法进行微观上的考察,试图发现理藩院在清
代西藏地区民族立法中具体制定或参与制定了哪些法律规范。

必须指出的是,理藩院对西藏地区各种形式的立法都是为了维护
清帝国对西藏地区的有效治理,完成大清皇帝交给的作为管理西藏民
族事务中央最高机关的任务,所以,理藩院对西藏地区的立法必须体
现清帝国对西藏立法的总体精神和基本原则。康熙帝在《圣祖仁皇帝
御制平定西藏碑文》中说:"朕之此举,所以除逆抚顺,绥众兴教云
尔。"③ 确定了西藏地区立法之目的是"除逆、抚顺、绥众、兴教"。

---

① 参见张羽新《清朝治藏典章研究》,中国藏学出版社2002年版,第252页。

② (清)和宁修:《卫藏通志》卷12,文海出版社1965年版,第536—537页。

③ (清)孟保撰,黄维忠、季垣垣点校:《西藏奏疏》附《西藏碑文》,中国藏学出
版社2006年版,第186页。

当然，对于西藏地区的藏民来说，用儒家的礼仪和佛家的经典来教化，使之安分守己，终日劳动，放弃反抗斗争，自觉地遵守封建法律比单纯的严刑峻法更重要；而对于一贯抗上"桀骜不驯"的农牧民，则必须动用刑罚，采用抽筋剥皮、挖眼砍手的手段来镇压，以消除对封建统治者的威胁。① 因此，理藩院按照因时、因地、因俗而治的政治原则，国家法制统一与尊重民族地方权力的法治原则，制定或参与制定了一系列的法律规范，笔者梳理如下。

一　行政立法

清朝前期，中央对西藏地区行政立法尚不多见，政府对西藏的统治还不深入。清廷主要依靠西藏的宗教领袖和蒙藏贵族来进行统治，在法律上确立了达赖、班禅的宗教领袖地位，由皇帝或政府对其地位进行册封或认可，授予金册金印，并任命蒙藏贵族为汗王、第巴、噶伦等，让他们直接管理西藏地方政权。② 笔者梳理相关文献发现理藩院参与西藏地区的行政立法有三次明确的记载，这三次立法的形式分别是联合议覆和单独议覆以及参与大会表决的形式，现分别介绍如下。

（一）联合议覆的情形

此次立法发生在乾隆五十五年（1790 年）九月乙酉，军机大臣会同理藩院议覆鄂辉等酌议藏中各事宜。主要是关于驻藏大臣和西藏地区的地方政府以及达赖喇嘛的权限划分问题，进一步加强驻藏大臣的权力，同时进一步规范西藏地方政府及达赖的权力。

> 一、藏中旧例，凡唐古忒事务，俱系噶布伦等查办，禀知达赖喇嘛裁定。
>
> 一、凡第巴内，如有办理地方事务扰害属下者，噶布伦等查

---

① 参见徐晓光《藏族法制史》，法律出版社 2000 年版，第 204 页。
② 同上书，第 217 页。

出，即禀明驻藏大臣、济咙呼图克图黜革，仍禀达赖喇嘛，其所遗员缺，俱交噶布伦等拣选人品端方、办事妥协者保送，与济咙呼图克图商定人数，选送驻藏大臣验看，再禀达赖喇嘛验放。

一、凡检放庙内堪布，请济咙呼图克图，会同罗布藏根敦，遴选熟悉经卷喇嘛二三人，送达赖喇嘛验放，仍禀知驻藏大臣。

一、唐古忒等旧例，无论僧俗，凡有劳绩者，达赖喇嘛发给免差印照。

一、旧例抄没田产什物，一并交达赖喇嘛商上，赏人田产，亦听达赖喇嘛所指，噶布伦等无凭稽查。

一、达赖喇嘛商上仓库，向系商卓特巴专管，出入俱用达赖喇嘛印封。

一、从前来藏熬茶蒙古、番子俱自到日满支口粮。

一、限随达赖喇嘛之孜仲，旧例一百五十余名，今近三百名，恐一时碍难褫革，请陆续裁汰至一百六十名而止。

一、商卓特巴、孜仲、绥绷等，人数过多，最易生弊，罗布藏根敦为人公正诚实，现管达赖喇嘛私事。

一、凡藏中公事，请令噶布伦等俱向济咙呼图克图公商，再禀达赖喇嘛酌定。①

这次立法是军机处联合理藩院议覆皇帝交给的有关驻藏大臣鄂辉等起草的酌议藏中各事宜，主要涉及加强驻藏大臣的权力，以加强中央政府对西藏地区的控制力度。另外，还涉及西藏地方政府机构人事任免方面的行政立法。理藩院作为专门管理西北边疆地区少数民族事务的中央机构，有着专门管理西藏地区事务的经验，同时又精通西藏地区的民族风俗和历史文化，皇帝把这样的立法议覆任务交给理藩院，本身可以看出理藩院在清中央政府及皇帝心目中的重要性，同时从立法程序上来看也能最大化地减少皇帝专制政体下的立法程序所带

---

① 《清实录》(26)，《清高宗实录》卷1362，中华书局1986年版，第266—268页。

来的弊端。

（二）单独议覆的情形

此次立法发生在道光二十七年三月，是关于西藏地区的世袭职位能否戴用头品顶戴及二品顶戴的问题。理藩院遵旨议覆："驻藏大臣琦善奏：'西藏世职，只有公与台吉二项，拟请嗣后公爵一经奏蒙恩旨，即准戴用头品顶戴。其台吉无论头二等，俱准戴用二品顶戴'等语。查西藏通制内，并无西藏世袭公、札萨克、台吉顶戴专条，蒙古例载未入八分公，顶用珊瑚……详核该大臣奏请赏给西藏世袭公、台吉顶戴之处，诚为抚恤外夷起见，自应如该大臣所请，西藏公爵一经奏蒙恩旨，即准戴用头品顶戴，其台吉无论头、二等，俱准戴用二品顶戴，恭候命下。俟臣院修办则例时纂入则例，永远遵行。"得旨："依议。"①

这次立法是关于西藏世职顶戴的行政礼仪性的规定，这方面的立法一般都是由理藩院负责的，遵旨议覆后待皇帝批准具有普遍效力，再由理藩院修办《理藩院则例》时以编纂的立法形式纂入则例之中。

（三）参与大会表决的形式

这次立法是理藩院参与西藏地区著名的十三条决议的表决通过的立法，主要是关于西藏地方政府人事的任免、禁止百姓私占、乌拉牌票的发放等方面的内容。

钦差大臣太子太保兵部尚书都察院右都御史总督四川等处地方军务、监理粮饷顾问巡抚史国安公军功加二级纪录额尔其仁钦、户部左侍郎副都统尚书大臣兆惠、驻藏大臣御前侍卫护军统领工部左侍郎舒泰、户部大臣那木扎勒、西藏事务总理副都统班第、刑部郎中巴哈达、理藩院主事奚介布、笔帖式富郎阿、钦差噶伦公班第达：

我等聚集一堂，经充分磋商，参照旧制，特制定如下章程：

① 张其勤原稿，吴丰培增辑：《清代藏事辑要》，西藏人民出版社1983年版，第445页。

一、依照旧制，添放噶伦；二、噶伦办理事务时，应在公所；三、补放碟巴头目（宗本、庄园总管）等官，各噶布伦不能任意私放；四、官员革除治罪，应酌定章程；五、选派坐床喇嘛（法台）、堪布等，依照旧例遵行；六、冗员应行淘汰；七、代本应添设一员；八、噶伦、代本应请颁给敕书；九、百姓等应禁止任意私占；十、乌拉等牌票，应禀请达赖喇嘛颁给；十一、达赖喇嘛仓库存储之物，应禁止任意乱动；十二、阿里、那曲等地甚关紧要；十三、达木地方之蒙古人，应遵旨安插。以上各款均遵圣旨，为卫藏所有僧俗百姓永远安乐计，经驻藏大臣会同达赖喇嘛，依照旧制，得到民众的同意和公班第达之赞同制定而成。①

十三条决议制定的历史背景是在乾隆年间平定珠儿默特那木扎勒叛乱之后，清中央政府旨在加强中央集权，通过加大驻藏大臣权力的方式进一步加强中央对西藏地区控制力度的背景下，由乾隆皇帝亲自授谕，驻藏大臣联合达赖和班禅以及理藩院的成员等一起制定的。类似于现在的大会表决通过的形式，表现出充分尊重西藏当地统治势力的积极立法心态，理藩院在十三条决议的立法中起到表决与监督的作用。主要涉及的是关于废除世俗藏王、郡王、贝子掌政制度，由达赖管理西藏地方政权；建立噶厦政权机构；噶伦地位平等，直接接受驻藏大臣和达赖领导；组成达赖喇嘛的领导系统；噶伦等重要官员要经过朝廷任命等。还规定了西藏地方政府人员的组建及任免的程序，实际上进一步加大了驻藏大臣的权力，有利于中央政府进一步控制。

二　宗教立法

（一）喇嘛世袭制度的立法

1. 理藩院单独主动奏定立法

此次立法发生于乾隆四十二年二月丁巳，是关于身为台吉的喇嘛

---

① 扎西旺都编，王玉平译：《西藏历史档案公文选·水晶明鉴》，中国藏学出版社2006年版，第149—156页。

能否世袭的问题。理藩院奏："已为喇嘛之台吉塔布囊，应否袭职。"得旨："既为喇嘛，即系出家之人，一切皆当弃而不顾，若仍令袭职，于理未协。嗣后已为喇嘛之台吉塔布囊内，若于未曾出家以前所生之子，将伊职衔令其子承袭。若无亲子，弟兄胞侄，俱不准承袭，著为令。"①

　　为有效控制西藏地区的喇嘛，使其更好地为中央政权服务，理藩院通过立法，一方面准许未出家之前就有后代的喇嘛世袭其职位，另一方面严格限制喇嘛的弟弟胞侄的继承权。

　　2. 理藩院单独议覆的形式

　　此次立法发生在同治五年六月，是关于议覆驻藏大臣景纹奏报皇帝要求同意呼图克图名号印信的承袭问题。理藩院议覆："驻藏大臣景纹奏，办理瞻对善后事竣，请将西藏协理商上事务诺门罕罗布藏青饶汪曲赏给呼图克图名号印信一颗，并准接替承袭，应如所请。"得旨："依议。"②

　　理藩院的一项重大功能就是有效管理西藏地区的喇嘛事宜，以完成清中央政府借助佛教稳定边疆的政治目的。为了控制喇嘛，清中央政府对喇嘛世袭的态度是谨慎的，为避免喇嘛世袭造成的不利局面，理藩院立法定制，原则上不准喇嘛世袭，只是在特殊情况下，例如，特殊利益的保护或者鼓励为清政府做出重大贡献的喇嘛时才能有限地世袭，最终达到用利益的有效分配控制喇嘛的效果。

　　(二) 喇嘛年班的立法

　　此次立法是理藩院联合军机处按皇帝谕旨被动立法的形式实施的，是关于规范及保护喇嘛进京年班的问题的。发生在乾隆五十年四月戊申，谕："前以前后藏喇嘛年班进京，往来经过地方，易滋事端，已屡降谕旨，明切晓谕，兹命军机大臣会同理藩院，将应付各事宜，

---

① 张其勤原稿，吴丰培增辑：《清代藏事辑要》，西藏人民出版社 1983 年版，第196 页。

② 同上书，第 534 页。

酌定章程具奏。应如所议办理。惟派员护送一节，该衙门原奏'在京派理藩院主事一员，沿途派同知通判一员'等语。主事、同知等官，职分尚小，犹不足以资弹压，著改派理藩院郎中，或员外郎一员护送。其经过地方，著该抚拣派道员一员，会同武职沿途防护，庶既呼应灵，约束更易，不致藉端滋事。……若封疆大吏，不知大体，有意因循，外间无识之徒不几，疑本朝于喇嘛过事尊崇，如元季之庇护番僧，致有詈骂割舌，殴打截手之事乎？更复成何事体，为此再行明切晓谕，嗣后该督抚于卫藏来使喇嘛过境时，即照理藩院奏定章程，妥为照料，并饬护送道员等事例弹压，令其妥速出境。毋致滋生事端。其于依限出境日期，仍令派出之道员，禀报该省督抚，即据实奏闻。倘有仍前玩滋事之处，朕必将派出之道员治罪。将此通谕知之。"①

喇嘛年班制度能有效沟通西藏与中央的关系，加强清中央的权威，有利于西藏地区对中央向心力的培养，但是西藏离京城毕竟十分遥远，又加之喇嘛与内地民人之间的沟通不便，很容易在来京城年班的路上出现不安全的因素。因此，乾隆皇帝责成军机处会同理藩院制定出切实可行的保护进京年班喇嘛的生命和财产安全方面的法律制度。但是，仅由理藩院制定规范力量单薄，配以军机处能够很好地协调军事力量的配置，同时也体现出乾隆皇帝对此事的高度关注。

（三）喇嘛议赏的立法

此次立法是理藩院单独被动接受皇帝谕旨的形式立法，是关于喇嘛转世问题的，发生在道光二年三月。谕理藩院："清定口外喇嘛章程酌议条例内：'其所议赏给诺门罕职衔之达尔罕喇嘛等，未经转世者，不准给予名号敕印。其呼图克图诺门罕涅槃后，徒众过五百名者，择人分别赏给职衔。督率又赏有名号敕印及徒众者，多方准其补行入档。至访获呼毕勒罕时该旗加具印结，报理藩院方准入瓶掣签。

---

① 张其勤原稿，吴丰培增辑：《清代藏事辑要》，西藏人民出版社1983年版，第208页。

其四川广法寺堪布三班换班，由藏就近更换各条'，均著照所议办理。"①

这次立法进一步明确喇嘛转世的具体程序，以及理藩院享有管理喇嘛转世的大权，使其进一步地规范化和制度化。

（四）达赖班禅轿车规格及名号立法

此次立法是理藩院主动奏定立法，规范喇嘛的轿车及名号，发生在道光十四年六月。例如理藩院奏："凡呼图克图前辈所得恩赏物件，除达赖喇嘛、班禅额尔德尼、哲卜尊丹巴呼图克图之黄布城系列准支搭，黄车、轿车，并章嘉呼图克图紫禁城内赏用黄车，系历世乘坐，应于坐床及裁撤呼毕勒罕之日，准其分别支用外，至章嘉呼图克图等历蒙钦赐各件，系属特恩，不得擅用，均俟裁撤呼毕勒罕后，请旨遵行。倘有违例擅用者，一经查出，由院严行参处。如蒙俞允，即纂入则例，交该承办司遵照办理。"得旨："依议。"②

（五）驻京喇嘛回藏的立法

这次立法是理藩院联合主动奏定立法，关于在什么条件下驻京喇嘛可以返藏的规定，发生在同治四年八月。例如，理藩院会同都察院奏："据已故徵呼图克图之徒罗桑图庆等呈称：自同治元年随同徵呼图克图来京徒众等共五十名，内因不服水土，病故九名，仅存四十一名。在京二年有余，盘费用尽，实无养赡，恳乞恩施，准其携带已故徵呼图克图骨殖回藏等情。臣等查徵呼图克图诺门罕汪曲结布两造，均已病故，可否饬令洛桑图庆等，携带已故徵呼图克图骨殖，前赴四川，听后四川总督酌夺，咨行驻藏大臣景纹等办理之处，谨合词具奏，请旨。"得旨："依议。"③

（六）关于赴西藏熬茶的立法

此次立法是理藩院单独主动奏定立法，是关于赴西藏熬茶事务的

---

① 张其勤原稿，吴丰培增辑：《清代藏事辑要》，西藏人民出版社 1983 年版，第393 页。

② 同上书，第 400 页。

③ 同上书，第 529 页。

立法，发生在同治十三年十二月。理藩院奏："派赴西藏熬茶念经之札萨克喇嘛应赏银一百两，侍卫达喇嘛各八十两，章京六十两。领催各十两。所赏银两，均请照前届成案，由户部发给。"得旨："知道了。"①

以上是笔者梳理的清代理藩院参与宗教立法的情况，共有六次。立法的形式多种多样，有理藩院的单独主动动议立法，如同治十三年理藩院奏请关于西藏熬茶的规定；也有理藩院单独被动接受皇帝的旨意立法，如道光二年理藩院被动接受道光皇帝的旨意制定有关喇嘛名号及敕印的相关规定；理藩院与其他部门的联合立法的情况，如同治四年理藩院联合都察院制定有关驻京喇嘛返回西藏的相关规定。

笔者把这六次立法总结为以下几个方面：首先，依法设置了管理佛教事务的行政制度。例如，喇嘛的定额；职衔的定制；颁发喇嘛印册及授予印信；规定了达赖喇嘛朝贡及赏赉事宜。其次，涉及了关于活佛转世的金瓶掣签制度。再次，明确了宗教上层人士的政治、经济及司法管辖权力。最后，制定了约束喇嘛的刑法规范。总之，为了保障寺院喇嘛上层集团的利益，更好地拉拢宗教界的上层人士，这些喇嘛宗教立法在政治、经济等方面都有比较详细的规定。例如，为规范噶伦的行为，使之遵章守纪，规定噶伦行使职权必须上报达赖喇嘛。牙含章在《达赖喇嘛传》中记载："嗣后各寺之堪布喇嘛，或遇缺出，拣选派往；或人不妥协，应行调回；均应由达赖喇嘛酌行，噶伦等不得仍照陋规，专擅办理。"② 因此，透过这些不同形式的立法，使我们可以更加清楚地看到理藩院在清代西藏地区民族立法中所发挥的重大作用。

三　综合立法

关于综合性的立法，笔者仅梳理出两次，这两次立法都是理藩院

---

① 张其勤原稿，吴丰培增辑：《清代藏事辑要》，西藏人民出版社1983年版，第550页。

② 牙含章：《达赖喇嘛传》，人民出版社1984年版，第52页。

议覆形式的立法，具体表现在理藩院接受道光皇帝的旨意议覆驻藏大臣琦善的关于"裁禁商上积弊章程"可以算作理藩院参与西藏地区立法中的重大事件，这次立的法是一部综合性法规，涉及诸如进一步强化驻藏大臣的权力、涉外事务方面，达赖喇嘛师傅的选任，达赖年满18岁即可任事，以及有关熬茶的相关规定。

（一）第一次单独议覆形式的立法

此次立法发生在道光十四年十一月，驻藏大臣琦善、钟方等奏请制定酌拟裁禁商上积弊章程，道光皇帝转给理藩院议覆。"一、琦善等奏：'乾隆五十七年奏，上谕：闻向来驻藏大臣，不谙大体，往往过于谦逊，授人以柄，致为所轻，诸事专断。……应请嗣后仍钦遵特旨，驻藏大臣与达赖喇嘛、班禅额尔德尼平等，其掌办之呼图克图，大臣照旧案仍用扎行，不准联络交接，以庸政体一条。'臣等查臣院西藏通制载：'驻藏大臣总办阖藏事务，与达赖喇嘛、班禅额尔德尼平行。……'今核该大臣等所奏，系属申明旧典，慎肃官方，为整饬卫藏体制起见，应如所请。一、琦善等奏：'西藏地方，与廓尔喀、布鲁克巴、哲梦雄、洛敏达、拉达克各部落接壤，外番人等或来藏布施，或遣人通问，事所常有。应请悉遵定例，无论事之大小，均呈明驻藏大臣代为酌定发给，不准私自接受，违者参革，以重边疆一条。'臣等查西藏通制载：'西藏地方遇有廓尔喀秉请之事，均由驻藏大臣总理……'今核该大臣所奏，意在控制外藩，肃清边界，可期杜绝流弊，亦正符合旧章，应如所请。一、琦善等奏：'地方遇有不靖，无论唐古忒所属及外番构难，均先详查起衅根由，是否由于官民债事激成……'；一、琦善等奏：'达赖喇嘛正副师傅，乾隆年间，并为动辄保奏，应请嗣后如果教授多年，俟达赖喇嘛任事之时，仰候恩出自上。不准驻藏大臣如前滥行保奏，以崇体制一条。'臣等查达赖喇嘛正副师傅教授达赖喇嘛经卷，是否精通，即驻藏大臣亦无从深悉，既不深悉，即无由保奏。该大臣所奏，系为杜冒滥起见，应如所请；一、琦善等奏：'达赖喇嘛，年至十八岁，应请仿照八旗世职之例，由驻藏大臣具奏请旨，即行任事。'臣等查臣院蒙古例载：'呼图克图涅槃后，如徒众过五百名……'今核该大臣等所奏……应如所请。
一、琦善等奏：'达赖喇嘛之父母，向由商上拨给庄田房屋，用资养赡，其父策旺登柱本属贫寒'；一、琦善等奏：'掌办事务之人，各有庄田百姓，尽可役使，不准再用商上乌拉，以苏民困。'……今核该大臣所奏，系为革除近年流弊，节省商上津贴，应如所请。"①

这次立法主要涉及以下内容：驻藏大臣与达赖喇嘛之间的权限划分，达赖喇嘛父母的赡养，商上掌办不得私自动用商上乌拉差役，达赖喇嘛师傅的聘任及待遇，慎用军队等方面的规定。从史料中的"臣等查西藏通制载"以及"臣等查臣院蒙古例载"等用语可以知道，理藩院在议覆臣工条奏的依据既有《西藏通制》也有《蒙古律例》，由此可以看出理藩院在议覆时的慎重和很大的权限。而这种议覆往往总能得到皇帝的认可，因为史料中有"应如所请"之类的话语。

（二）第二次单独议覆立法

发生在道光二十四年十二月，理藩院遵旨议覆："驻藏大臣琦善等奏：'商上收受布施，自嘉庆十四年以来，每隔六个月具奏一次，奴才等检查并无根据。当今噶布伦等向商上详查，据票系前驻藏大臣文弼等面谕开报，旋即具奏。嗣后率以为常，并非旧制'等语。奴才等查商上出纳，全从夷俗，向非国帑，势难代为握算，既系从前文弼等随意增添，嗣后拟即不令呈报，以归简易。又理藩院例载，商上各公所一切公用收支，均责成驻藏大臣稽核出纳。扎什伦布出入连布施，亦交驻藏大臣稽查。其达赖喇嘛、班禅额尔德尼平素自奉以及例应需用各项，仍听其便等语。究竟何者为其自奉，何者系属例应需用？例内并未一一胪列，从何区分。……可见历次咨送理藩院册籍，徒属具文。……奴才等愚昧之见，以为如系国帑，丝毫为重，必当实力稽核，即关系外番及升调黜陟，并互控案件亦应秉公详慎，务期明允。若稍设商上银钱之事，大臣理应避嫌，国家大体所关，何可转图

---

① 张其勤原稿，吴丰培增辑：《清代藏事辑要》，西藏人民出版社1983年版，第418—429页。

经手，致滋流弊。……"奉旨："交臣院议奏。臣等查臣院西藏通制载……恳请嗣后商上及扎什伦布一切出纳，仍听该喇嘛自行经理，无庸驻藏大臣涉手。自因今昔情形不同，为因时制宜起见，应否如该大臣等所请，伏候圣裁。如蒙俞允，所有西藏通制应该各条，统俟藏中此次所定新章抄咨到日，另行核办。余均如所议办理。"得旨："知道了。"①

这两次理藩院的议覆是对驻藏大臣琦善等做事不力的强烈批驳，指出其间存在的重大问题，如"可见历次咨送理藩院册籍，徒属具文。……奴才等愚昧之见，以为如系国帑，丝毫为重，必当实力稽核，即关系外番及升调黜陟，并互控案件亦应秉公详慎，务期明允。若稍设商上银钱之事，大臣理应避嫌，国家大体所关，何可转图经手，致滋流弊"。最后得到道光皇帝的同意，如史料中的"余均如所议办理"，得旨"知道了"的用语。由此进一步反映出理藩院对于西藏地区的重大事务的立法参与权甚至是重大的决定权。

四 军事立法

清代对西藏地区的军事立法，有理藩院参与的笔者总共查找到两次，一次是道光二十六年理藩院会同兵部议覆驻藏大臣琦善的上奏，是有关驻防西藏地区官兵的训练以及如何安设西藏地方兵的相关规定。理藩院根据《理藩院则例》中的《西藏通制》的相关规定结合兵部的建议，认可了驻藏大臣琦善的立法建议，奏皇帝批准后生效。笔者发现，理藩院对西藏地区的军事立法都是联合议覆的形式。

（一）联合兵部的议覆

此次立法发生在道光二十六年六月。理藩院会同兵部议覆："驻藏大臣琦善奏：'前、后藏番弁兵丁操防事宜，均责成噶布伦等经理。其官兵操练，责成驻防将备管理，庶营务各有专责，遇事不致推诿等

---

① 张其勤原稿，吴丰培增辑：《清代藏事辑要》，西藏人民出版社1983年版，第433—435页。

因具奏，奉旨交臣院议奏。查臣院西藏通制内载，前、后藏各设番兵一千名，此外冲途要隘之定日、江孜地方，安设番兵各五百名，共额设番兵三千名。……所有挑补番兵，造具化名清册，交该管游击、都司及戴本稽查'等语。'臣等查藏、卫地方，远在边陲以外，番兵技艺，必须教练娴熟，方能得力。当年安设番兵之始，所立规制，虽属详备，而事历年久，难免渐生疏懈，兹据驻藏大臣琦善等奏称：前、后藏安设番兵三千名，作为定额，设立戴本等官，逐层管束……'等语。""兵部查前、后藏驻防将备，向系监管番兵，官兵操练，今据奏大臣称：番弁兵丁一切操防事宜，责成噶布伦等经理。至官兵操练，自应责成驻防将备管理，各有专责不致推诿。倘于所管兵丁不能认真操练，即将驻防将备，从严参办。臣等详加核议，该大臣所奏，系属因时制宜整饬操防起见，应如所请办理。"得旨："依议。"①

（二）联合军机处及兵部的立法

由理藩院参与的第二次清代西藏地区的军事立法是在咸丰年间，军机处会同兵部及理藩院联合议覆皇帝交给的驻藏大臣的条奏，涉及有关西藏地区驻军人员遇缺的添补规定和军需武器的购置添设方面的规定；驻藏大臣要定期巡视以及不得私自与廓尔喀人来往的相关规定。咸丰七年五月，军机大臣会同兵部、理藩院议覆："驻藏大臣赫特贺等奏：'整饬番兵营制，酌拟章程六条：一、唐古特番兵每遇缺出，随时挑补。一、藏营番兵为数无多，请于番民挑选余丁二千一百六十五名充额。一、额设番兵，应遵乾隆年间旧章，仍使汉、番互相稽查。一、番兵所需鸟枪、刀矛，不敷应用，拟令噶布伦等官及前、后藏世家捐资筹办，酌予议叙。一、前藏地方辽阔，奸宄易于潜踪，兼之廓番往来通衢，稽查尤关紧要，请于驻藏大臣巡阅之外，酌委将备巡查。一、将备慎重操防，噶布伦等应约束番众，无事不得与廓番

---

① 张其勤原稿，吴丰培增辑：《清代藏事辑要》，西藏人民出版社1983年版，第444页。

往来，免致别生事端。'均应如所拟办理。"从之。①

这两次军事立法为什么都是联合议覆立法的形式呢？笔者以为，军机处位高权重，兵部掌握全国的军事大权，但是，理藩院是专门管理西藏地区事务的中央最高机关，因此涉及西藏地区的军事立法只有三机关联合议覆才有可能提出较为合适的建议，供皇帝决策参考。理论上皇帝享有最终的决策权，实际上对于各机关联合议覆的结果皇帝都会批准。

理藩院不同形式的立法在加强民族团结、巩固祖国统一、稳定西藏地区的形势以及巩固边防等方面都发挥了巨大作用。概括起来有以下几点：首先，提高了驻藏大臣的权威，巩固了祖国的统一；其次，均衡了西藏地区喇嘛和贵族之间的势力，稳定了西藏地区的形势；再次，调节了赋税，改善了上层人士与基层群众的关系；最后，建立了边疆地区的行政制度，巩固了边防。总之，理藩院秉承皇帝意愿，按照大清皇帝对西藏地区立法的基本原则制定或参与制定了相当规模的法律规范，为清帝国有效治理西藏、加强对西藏地区的政治控制做出了自己的重大贡献。

第三节　理藩院对西藏地区的立法程序

本节主要是在上一节的基础上，通过对史料的分析来发现理藩院在西藏地区的民族立法中具体发挥着怎样的作用，实现怎样的功能。

一　草拟法律

理藩院草拟清代西藏地区的民族法律有主动与被动之分，主动表现在主动提出立法动议奏请皇帝批准，被动立法则体现为奉旨立法，具体表现为以下几种形式。

---

① 张其勤原稿，吴丰培增辑：《清代藏事辑要》，西藏人民出版社 1983 年版，第484 页。

（一）主动立法

理藩院对于西藏地区的主动立法主要体现在规制喇嘛的行为方面，以达到有效控制喇嘛，进而控制西藏的政治目的。

例如，前文提到的同治十三年十二月理藩院奏："派赴西藏熬茶念经之札萨克喇嘛应赏银一百两，侍卫达喇嘛各八十两，章京六十两。领催各十两。所赏银两，均请照前届成案，由户部发给。"得旨："知道了。"①

事关对西藏地区喇嘛事务的管理的立法往往是由理藩院主动提请皇帝立法的，因为理藩院的一个重大功能就是管理喇嘛事务，本身就是理藩院的全部职责。

（二）被动奉旨立法

例如前文提到的道光二年三月，谕理藩院："清定口外喇嘛章程酌议条例内：'其所议赏给诺门罕职衔之达尔罕喇嘛等，未经转世者，不准给予名号敕印。其呼图克图诺门罕涅槃后，徒众过五百名者，择人分别赏给职衔。督率又赏有名号敕印及徒众者，多方准其补行入档。至访获呼毕勒罕时该旗加具印结，报理藩院方准入瓶掣签。其四川广法寺堪布三班换班，由藏就近更换各条'，均著照所议办理。"②

此次立法是关于喇嘛转世及其名号的授予，有名的金瓶掣签程序是由理藩院主持的，这样通过立法使理藩院管理喇嘛转世的权力制度化、法律化。

（三）联合都察院立法

当理藩院单独立法难以胜任时，其会联合相关部门一起奏定立法。同治四年八月，理藩院会同都察院奏："据已故徵呼图克图之徒罗桑图庆等呈称：自同治元年随同徵呼图克图来京徒众等共五十名，内因不服水土，病故九名，仅存四十一名。在京二年有余，盘费用尽，实无养赡，恳乞恩施，准其携带已故徵呼图克图骨殖回藏等情。臣等查徵呼图克图诺门罕汪曲结布两造，均已病故，可否饬令洛桑图

---

① 张其勤原稿，吴丰培增辑：《清代藏事辑要》，西藏人民出版社1983年版，第550页。

② 同上书，第393页。

庆等，携带已故徽呼图克图骨殖，前赴四川，听候四川总督酌夺，咨行驻藏大臣景纹等办理之处，谨合词具奏，请旨。"得旨："依议。"①

清代的驻京喇嘛制度能够很好地体现清中央对于西藏喇嘛的重视，同时也能够加强西藏喇嘛与清中央的沟通与协调，因此一般情况下驻京喇嘛不得随意离开京城，除非遇有特殊情况。本次立法就是理藩院联合都察院奏请皇帝，一旦出现喇嘛在京病故的情况允许回藏。

二　编纂法律

乾隆五十六年，清军击败入侵西藏的廓尔喀侵略者之后制定了第二个善后章程，即《钦定西藏章程》，后又修订《西藏通制》二十六条，由理藩院编入《理藩院则例》。《西藏通制》是清政府颁布的关于西藏地区的基本法，其核心是确定清政府对西藏的主权。通制第一条即重申西藏设驻藏大臣二员，办理前后藏一切事务；规定驻藏大臣与达赖喇嘛、班禅额尔德尼平行；驻藏大臣代表中央掌握西藏地区的外交、军事，还规定了西藏地区的税收、币制、司法等内容。理藩院是清朝中央政府设立的主管蒙古、新疆、西藏等边疆少数民族事务的中央机构，清末改称理藩部，《理藩院则例》也随之改称《理藩部则例》，而内容仍旧。

《理藩部则例》是清代一部综合性民族法律，它集有清一代民族立法之大成，也是我国古代民族立法的代表。这部法律体系庞大，律条繁多，有通例和旗分等64门，971条律条，1605条条例。它以行政法为主，包括刑事、民事、宗教、经济、军事和对外关系等法规，内容十分丰富。其使用范围几乎涵盖了整个西北、东北地区以及部分西南地区。其中和西藏关系密切的内容主要有两方面：一是《理藩部则例》卷六十一、卷六十二的"西藏通制"，汇集了清中央政府有关西藏地方的政治、宗教、财政、军事及司法等方面的行政法规，是西

---

① 张其勤原稿，吴丰培增辑：《清代藏事辑要》，西藏人民出版社1983年版，第529页。

藏历史上最重要的法律。二是藏传佛教法规，它集中在《理藩部则例》卷五十六至卷六十的《喇嘛事例》中，共128条律文，231条条例。另外，在通例上下、廪饩、宴赉、邮政、边禁、强劫、违禁等门中也有有关规定，《西藏通制》中的相关律条也有11条，总计有关藏传佛教法规的律条达160多条。

三　议覆臣工条奏

理藩院的立法功能还有一种形式就是议覆臣工条奏，又分为单独议覆和联合议覆。

（一）单独议覆臣工条奏

针对西藏地区封疆大吏的奏本，主要是有关宗教方面的奏本，皇帝往往会交给理藩院议覆处理并提出建议，供皇帝决策时参考。由于理藩院本身是专门管理这些少数民族地区的中央最高机构，不仅尚书等决策人物是皇帝钦点，更重要的是理藩院本身具备处理宗教事务的能力。

如前文提到的道光二十四年十二月理藩院遵旨议覆："驻藏大臣琦善等奏：'商上收受布施，自嘉庆十四年以来，每隔六个月具奏一次，奴才等检查并无根据。当今噶布伦等向商上详查，据票系前驻藏大臣文弼等面谕开报，旋即具奏。嗣后率以为常，并非旧制'等语。……究竟何者为其自奉，何者系属例应需用？例内并未一一胪列，从何区分。……可见历次咨送理藩院册籍，徒属具文。……奉旨：'交臣院议奏。臣等查臣院西藏通制载……恳请嗣后商上及扎什伦布一切出纳，仍听该喇嘛自行经理，无庸驻藏大臣涉手。自因今昔情形不同，为因时制宜起见，应否如该大臣等所请，伏候圣裁。如蒙俞允，所有西藏通制应该各条，统俟藏中此次所定新章抄咨到日，另行核办。余均如所议办理'。"得旨："知道了。"①

从这段材料可以看出理藩院痛陈时弊，严厉指责驻藏大臣，指出驻

---

①　张其勤原稿，吴丰培增辑：《清代藏事辑要》，西藏人民出版社1983年版，第433—435页。

藏大臣历次咨送理藩院的册籍徒属具文，并最终得到皇帝的支持"如蒙俞允，所有西藏通制应该各条，统俟藏中此次所定新章抄咨到日，另行核办。余均如所议办理"。得旨："知道了。"一般情况下，理藩院的议覆都会得到皇帝的认可，由此可见理藩院在管理藏务中具有举足轻重的地位。

（二）联合军机处和兵部议覆

事关非宗教事件的立法，当皇帝接到封疆大吏的奏本时往往交给几个部门联合议覆，这不仅体现出立法的严谨性，更重要的是，这样的立法涉及面广，并非理藩院一个机构可以处理。

如前文提到的咸丰七年五月，军机大臣会同兵部、理藩院议覆："驻藏大臣赫特贺等奏：'整饬番兵营制，酌拟章程六条：一、唐古特番兵每遇缺出，随时挑补。一、藏营番兵为数无多，请于番民挑选余丁二千一百六十五名充额。一、额设番兵，应遵乾隆年间旧章，仍使汉、番互相稽查。一、番兵所需鸟枪、刀矛，不敷应用，拟令噶布伦等官及前、后藏世家捐资筹办，酌予议叙。一、前藏地方辽阔，奸宄易于潜踪，兼之廓番往来通衢，稽查尤关紧要，请于驻藏大臣巡阅之外，酌委将备巡查。一、将备慎重操防，噶布伦等应约束番众，无事不得与廓番往来，免致别生事端。'均应如所拟办理。"从之。①

有关清代西藏地区军事方面的立法，往往是理藩院联合军机处和兵部共同立法，因为理藩院没有军事权力，军机处和兵部都有军权，但是军机处与兵部对于清代西藏地区的具体事务并没有理藩院清楚，所以遇有重大的军事方面的立法往往三家联合，能最大化地使制定的法律规范适合于西藏地区的现实，避免皇权专制下的立法缺陷。

（三）联合兵部议覆

有关军事方面的立法，往往是由理藩院联合兵部共同议覆臣工条奏。

---

① 张其勤原稿，吴丰培增辑：《清代藏事辑要》，西藏人民出版社1983年版，第484页。

如前文道光二十六年六月，理藩院会同兵部议覆："驻藏大臣琦善奏：前、后藏番弁兵丁操防事宜，均责成噶布伦等经理。其官兵操练，责成驻防将备管理，庶营务各有专责，遇事不致推诿等因具奏，奉旨交臣院议奏……臣等详加核议，该大臣所奏，系属因时制宜整饬操防起见，应如所请办理。"得旨："依议。"①

有关西藏地区的重大军事动向及军事立法，理藩院与兵部都很难单独进行处理，因为各自的功能不同。兵部虽然熟悉军事，但对于西藏地区的特殊情况特别是少数民族的传统文化风俗不太了解，而理藩院是专门管理蒙古、回疆及西藏地区的中央最高机构，本身拥有这方面的技术和人才。因此，由军机处牵头联合理藩院和兵部共同立法，可以最大限度地保证立法的合理性。如果事关不是特别紧急和重大的军事立法则不需要军机处牵头，往往直接由理藩院联合兵部立法并上报皇帝批准即可具有普遍性的效力。无论是军机处牵头三家联合立法还是理藩院与兵部两家联合立法，最终都得由皇帝批准才能生效。这种慎重的立法程序可以最大化地减少立法盲目性所带来的弊端，保证立法的针对性，同时也能尽量避免封建帝制时期，皇权专制立法程序的制度性障碍。

四 奏皇帝批准

可以说包括清代在内的所有中国封建帝制时期的国家立法，在理论上最终都得由皇帝最终同意。因此，无论前文提到的何种立法形式都要经皇帝批准才能具有普遍效力。如各种议覆的结尾都有"依议"。这些都很清楚地告诉人们，清代的国家立法大权是掌握在皇帝手中的。但是，也必须指出的是，从实际意义上来看，皇帝的批准程序只具有形式上的象征意义。如前文，同治四年八月，理藩院会同都察院奏，最后得到皇帝的批准，得旨："依议。"再如，道光二十六年六月，理藩院会同兵部议覆，得旨："依议。"

① 张其勤原稿，吴丰培增辑：《清代藏事辑要》，西藏人民出版社1983年版，第444页。

下篇
理藩院的司法功能

第五章

理藩院与刑部

第一节 刑部的机构及功能设置

刑部掌管着清代全国重大案件的司法终审权，这样一来就会与理藩院掌管蒙古、回疆及西藏地区的终审权发生冲突或者交叉，因此，这里很有必要把刑部的机构设置及其功能做一个简要的介绍。理藩院机构及功能设置的情况在第二章第二节已经述及，在此简要介绍刑部机构及功能设置的情况。

一 刑部的内部机构及其功能设置

刑部古代为"秋官""大司寇"，隋唐以后，即为刑部。清朝的刑部，是天聪五年（1631 年）所设六部的第五个部。以贝勒一人总理部务。下设满、汉承政各二人，蒙古承政一人，参政八人，启心郎一人，掌全国刑罚之政令。从崇德三年（1638 年）到顺治五年（1648 年）的十年间，刑部的体制不断发生变化并基本定型。刑部是皇帝掌握下的全国最高司法审判机关，号称"刑名总汇"。说它是最高的司法审判机关，因为它主持全国最高级的审判和管理全国性的司法行政；又说是在皇帝掌握下，因为它没有独立判决的权力，一切"定拟"都要奏准皇帝才发生法律效力。但是，值得注意的是，在实际的司法审判之中，刑部的定拟一般会得到皇帝的同意，特别是有关专业性很强的司法审判案件，皇帝的作用往往只具有象征性意义。

（一）决策机构及其功能

满、汉尚书各一人，满、汉左右侍郎各一人，堂主事满五人、汉一人。其功能是重大决议决策出自尚书，从其人员结构来看，满、汉各一人，既体现出对汉人官员的限制，又体现出清统治者作为少数民族又不得不考虑其统治下的人口众多的汉族这一主体民族的影响。当然，这不会影响到清统治者的根本利益，因为刑部本身就是皇帝掌握下的全国最高司法审判机关。

（二）主体机构——十七清吏司

刑部初设江南、浙江、贵州等 14 个清吏司。后增直隶、奉天清吏司，又分江南为江苏、安徽二司，共 17 个清吏司。其功能是在尚书、侍郎领导下，分管相应各省的司法审判事务。同时，各司也兼管部内的各种司法行政事务和其他事务，如刑具、囚粮、拟稿及考核部内司员等。

（三）其他办事机构①

1. 督捕清吏司

初隶兵部，康熙三十八年改隶刑部，职官为满、汉郎中二人，满员外郎一人，满汉主事各一人，经承四人及额外司员与笔帖式若干人。其功能是掌八旗及各省驻防逃人之事。

2. 秋审处

由刑部尚书酌委郎中、员外郎、主事坐办或兼办，另有额设经承二人。秋审处的功能是核办"秋审""朝审"案件，分"情实""缓决""可矜""留养承嗣"四项。值得注意的是秋审处的人员结构是由尚书直接委任，也就是说人事权直接掌握在尚书手中以利于尚书直接控制秋审处，这大概是因为秋审处的功能重大，其担负着全国死刑案件的特殊复核程序的重要职责，而死刑判决的最终权力是掌握在皇帝手中的。

----

① 参见那思陆《清代中央司法审判制度》，北京大学出版社 2004 年版，第 48—49 页。

3. 减等处

无额定职官，由刑部尚书酌委郎中、员外郎、主事数员，在本处办事。其功能是凡有"恩诏"（遇国家大庆典诏赦罪犯）由减等处汇集各省及现审案件，核议应否减免，送各地清吏司查核具奏。减等处是专门负责罪犯的减刑及具体办理诏救事宜的，也是非常重要的一个部门，因此人事的权力也同样是掌握在尚书的手中，以便中央集权的加强。

4. 律例馆

特简王大臣为总裁，总裁无定员，以刑部尚书、侍郎兼充。提调官一人，纂修官四人，以刑部司员兼充。收掌官四人，翻译官四人，以刑部笔帖式充任。其功能是掌修法令，刊定条式颁行。除纂修律例之外，并有稽核律例的任务，凡各司案件有应驳者及应更正者，都交律例馆稽核。

5. 提牢厅

满、汉主事各一人。其功能是掌管狱卒，稽查南、北二所收禁人犯。此外，还有赃罚库、赎罪处、司务厅等几个部门，各有分工，但职责互有交错。

二　刑部的总体功能设置

刑部为"刑名总汇"，其职掌兼有司法审判及司法行政，三法司中，刑部有关司法审判的职权最重，《清史稿》曰："外省刑案，统由刑部复核。不会法者，寺院无由过问，应会法者，亦由刑部主稿。在京讼狱，无论奏咨，俱由刑部审理，而部权特重。"① 从这些原则的规定出发，刑部的职能可以归结为以下四个方面：

核拟全国死刑案件；办理秋审、朝审事宜；审理京师地区的现审案件；全国军流遣罪案件。这四项是刑部重要的、量最大的工作，实际上就是对全国范围司法审判事务的主持和经办。此外还有司法行政

---

① （清）赵尔巽等：《清史稿》卷144，中华书局1977年版，第4206页。

事务，如办理各种造册汇题、考核各省命盗案犯的办理以及主持修订律例。

三　刑部的司法运作机制——以秋审为例的解释

各省死罪案件题本经三法司复奏旨依议后，既已结案。唯斩、绞立决案件与斩、绞监候案件不同，斩、绞立决案件情节较为重大，结案之后，各省应依部文立即执行。而斩、绞监候案件，情节较轻。为慎重决囚起见，明清两代逐渐发展出慎刑制度，即秋审。秋审是指就各省斩、绞监候案件，每年加以复核制度；朝审是指就京师斩、绞监候案件，每年加以复核制度。清代秋审制度的运作机制大体上是：

（1）地方秋审程序。清代的秋审分地方各省及中央两阶段进行。《大清律例》把死刑划分为"立决"和"监候"两种，立决不存在秋审问题，只有监候才纳入秋审程序。第一纳入秋审程序的案件称为"旧事"。无论新事、旧事，地方秋审都要大体经过如下程序：造册和其他准备工作；解囚和审录；具题。

（2）中央秋审程序。亦即刑部和三法司的秋审程序及皇帝的裁决。各省督抚秋审本上，照例奉旨："三法司知道。"刑部根据皇帝的这一授权，开始进行全国的秋审程序。无论"新事"秋审案件，人犯都不必解京，刑部只是审录案卷，重点当然在于"新事"。刑部及三法司的秋审程序大体上分为三个阶段：刑部看详与核拟；会审与具题；复奏和勾决。死刑犯执行前向皇帝复奏，是谓遵循古制。复奏后照例奉旨"著候勾到"。勾到，又称勾决，是秋审最后一道程序，在皇帝亲自主持下，批准情实犯人的死刑执行。

第二节　理藩院与刑部的司法权

清代刑部在中央三法司中权力最大。《清史稿》记载："外省刑案，统由刑部复核。不会法者，寺院无由过问，应会法者，亦由刑部主稿。在京讼狱，无论奏咨，俱由刑部审理，而部权特重。"① 从理论上说，中央三法司核拟具奏皇帝之后，大部分案件的判决都是刑部主稿的。刑部是皇帝掌握下的全国最高司法审判机关，体现皇帝的专制权力，是中国封建帝国中央集权的集中反映，在专制帝制的体制下是没有现代意义上的司法独立的。刑部主持着全国最高级别的审判和管理全国性的司法行政，又因为它没有独立判决的权力，一切定拟都要奏准皇帝才能发生法律效力。各省的重大死刑案件经过三法司的复核及内阁的票拟后要经皇帝裁决，绝大多数情况下，皇帝都会按照三法司的判决和内阁的票拟裁决。这样一来，由于判决的主稿是刑部制定的，可看出刑部的权力是何等之大。

　　理藩院司法管辖权的规定在《理藩院则例》中有："臣院综理内外蒙古、回部事务，凡蒙古、回部升降袭替、户婚田土、年班朝觐、仓粮军政以及议处议叙，并命盗案件，均关紧要。"② 从这条规定可以看出，理藩院管辖着蒙古、回疆地区的民事、行政和命盗刑事案件。特别指出的是，理藩院在管辖审判蒙古的军流发遣和死刑案件时要同刑部及三法司会同审理，这时的具奏主稿并不一定全是刑部主稿，相反更多的是由理藩院主稿。这一点在清人祝庆祺汇编的《刑案汇览》中有大量的案例可以佐证，笔者将在下文进行必要的解释。

一　理藩院的司法权

（一）审理案件

　　民、刑案件的审判是理藩院的重要职能之一。蒙古案件的审理程序表现为，内蒙案件各旗分别汇集于热河都统、盛京将军、察哈尔都统，再会同地方督抚复核；外蒙案件由乌里苏台将军复核，而后具奏皇帝和咨呈理藩院。《大清会典》规定："凡蒙古之狱，各以札萨克

　　① （清）赵尔巽等：《清史稿》卷144，中华书局1977年版，第4206页。
　　② 包银海编辑：《理藩院则例》卷首，民族出版社2006年版。

听之……不决，则盟长听之。不决，则报院（理藩院）。"① 又定：
"札萨克、盟长俱不能决者，即将全案遣送赴院，其或札萨克、盟
长均判断不公，亦准两造赴院呈诉。"② 从中可以看出，一般的刑事案
件，原则上是由理藩院审理，但先由札萨克、盟长审理，可以罚牲畜
来代替刑罚，当他们二者不能判决时才由理藩院来审判。青海的案件
汇于西宁办事大臣，而后分别具奏皇帝和理藩院。新疆的塔尔巴哈台
蒙古各旗案件，由伊犁将军复核报院。其他各城的维吾尔族"如遇有
刑讯重案，阿奇木伯克不得滥设夹滚杠子，擅自受理，随时明本管大
臣，听候委员会同审办"③。最后报伊犁将军或其他驻扎大臣复核奏
皇帝和咨呈理藩院。为便于理解，举以下案例说明：

【案例一】康熙十九年（1680 年）六月二十三日，"理藩院
议翁牛忒部落阿林大踢死焯尔济，拟应绞事。上曰：……著会同
三法司再行核议具奏"。④

【案例二】康熙二十八年（1689 年）九月初五日，理藩院
题，苏尼特部落满济思哈硕色等，抢夺喀尔喀哲布尊丹巴呼图克
图之弟子多尔济巴尔桑之骆驼、羊、行李等物。……上曰："满
济思哈硕色从宽免死，照为从例完结，阿玉赐著罚俸半年，余
依议。"⑤

---

① 赵云田点校：乾隆朝内务府抄本《理藩院则例》，中国藏学出版社 2006 年版，第
397—398 页。

② 同上。

③《回疆则例》卷6，刘海年等主编：《中国珍稀法律典籍集成》（丙编第二册），科
学出版社 1994 年版，第 499 页。

④《康熙起居注》，康熙十九年六月二十三日庚辰。转引自那思陆《清代中央司法审
判制度》，北京大学出版社 2004 年版，第 88 页。

⑤《康熙起居注》，康熙十九年九月初五戊戌。转引自那思陆《清代中央司法审判制
度》，北京大学出版社 2004 年版，第 88 页。

从上面两个例子可以看出，理藩院审理的案件都是一般刑事案件，重大的刑事案件如罪至发遣必须由理藩院会同刑部裁决，对于死罪还需要经三法司会审定案。如【案例一】是一个命案，理藩院审理后上报皇帝决定，后责成理藩院会同三法司会审。但是，从【案例二】的案情可知，理藩院审理的是一起共同抢夺犯罪。牲畜既是蒙古人生活的依赖，也是重要的军事工具，无论是大清律还是蒙古地区的固有法都对之重点保护，因此本案也属于重大刑事案件，同样要上报皇帝。但是，从案例的说词可以知道，皇帝仅仅改判两个人的量刑，其他方面完全同意理藩院的裁判。

（二）会同复核秋审案件

秋审是对各省斩、绞监候案件的复核程序。因为全国所有的斩、绞监候案件都要列入秋审程序，蒙古地区、青海地区、新疆地区也不例外，其死刑都要入秋审，由理藩院会同三法司审核拟罪。蒙古等民族地区的秋审案件之复核亦属理藩院的职能，《大清会典》规定："若监候，则入于秋审。"又曰："（蒙古案）秋审，满洲九卿会院（理藩院）议奏。"[①] 按照这样的规定，蒙古、回疆地区的司法权是有限制的，是中央司法权不可分割的一部分，表明清朝中央统一掌管蒙古、回疆等民族地区的重大犯罪的审判和定罪量刑。

二 刑部的司法权

刑部为"刑名总汇"，有掌管全国刑罚政令及司法审判的权力。刑部司法审判上之职掌，主要有四个方面，以下分别论述：

（1）审理京师案件。京师案件除笞杖罪案件由步军统领衙门、五城察院自行审结外，徒罪以上案件均由刑部审理，称为"现审"。除监捕司不分现审外，现审案件由刑部17司轮流签分。寻常徒流军遣罪案件，刑部审结后，换季汇题。

（2）会同复核京师朝审案件。朝审是对京师斩、绞监候案件的复

---

① （清）伊桑阿等：《大清会典》卷68，"理藩院·理刑司"，文海出版社1992年版。

核程序。按京师徒罪以上案件均由刑部现审，现审案件中奉旨斩、绞监候之案件，均须朝审，亦系每年定期复核。唯朝审案件先由刑部自主审理，再由皇帝特派大臣复核，最后则由刑部会同九卿、詹事、科道等复核，定拟判决意见题，俟皇帝裁决。

（3）复核各省徒罪以上案件。清代，各省徒罪以上案件均须咨报刑部查核或奏闻裁决。原则上，无关人命徒罪案件，督抚批结后按季汇题，咨报刑部查核。有关人命徒罪案件，督抚审结后，专案咨部复核，年终汇题。遣军流罪案件，原则上，亦系于督抚审结后，专案咨部复核，年终汇题。至于死罪案件，则依案件之轻重，或专本具题，或专折具奏。

无关人命徒罪案件应咨部查核，有关人命徒罪案件应咨部复核，遣军流罪案件应咨部复核，均单独由刑部复核案件。刑部如认案情明确、拟罪妥适，并无不合之处，即可咨结，咨请督抚执行。至于死罪案件，无论其为斩、绞罪案件、寻常罪应凌迟斩枭斩决案件，须专本具题或折具奏，闻奏皇帝。①

（4）会同复核各省秋审案件。秋审是对各省斩、绞监候案件的复核程序。明代以前，斩、绞死罪原无监候，立决之别，清初秋审制度逐步建立完善起来。清康熙十二年（1637年）以后，各省斩、绞监候案件，每年定期秋审，分地方与中央两阶段进行。地方由监抚司道复核，定拟判决意见具题，中央则由刑部会同九卿、詹事、科道等复核，定拟判决意见具题，俟皇帝裁决。

三　理藩院与刑部司法权限界分

清代理藩院和刑部在审理案件中司法权是如何界分的？又是如何适用法律的？都体现出怎样的适用原则？民族地区的法律和大清律是如何协调适用的？解决了这几个问题后也许我们会对刑部与理藩院在审理涉及蒙古案件时的司法权界分问题有个清楚的认识。

---

① 参见那思陆《清代中央司法审判制度》，北京大学出版社2004年版，第46页。

在《钦定大清会典事例》中规定："国初定，边内人在边外犯罪，依刑部律；边外人在边内犯罪，依蒙古律；八旗游牧蒙古牧场人等有犯，均依蒙古律治罪。"① 清王朝的全国性政权刚刚建立之际，在中原地区立足未稳，必须考虑到政治联盟蒙古人的地方自治权力，继续推行"因俗而治"的政治策略。具体表现在法律的适用原则是采取属人主义原则，这更加有利于保护蒙古人的权益。所以采取的是，只要是蒙古人犯法就适用蒙古律，只要是民人犯法就适用大清律，因为大清律的处罚力度相较于蒙古律要残酷得多，而且蒙古律中依然保留了大量蒙古地区的民族固有法律，如重大命盗案件的罚畜刑和"设誓"制度，这实际上就等于对蒙古人取消了死刑制度。

《钦定大清会典事例》又规定："康熙四十三年谕，嗣后回子等有寻常命案，应照回子例绑于巴尔立行打死，即行办理，于年终奏，庸专折请旨。四十五年议定，科布多地方命案，毋庸解送刑部，即由该参赞大臣审明定案后，将该犯解往乌里雅苏台将军处，由该将军复核，入于秋审奏。五十七年奉旨，嗣后驻扎新疆大臣办理一切事务，均应相酌办，不可拘泥内地律例，即如回民内若有侄杀胞伯、叔弟杀胞兄、侄孙杀胞伯叔祖之案，自应照内地律例定拟，其远宗命案仍应照回之例办理，不必拘泥内地服制律例。"②

清朝统一全国的初期，对三个非直省地区总体而言都赋予了较大的地方自治权力，在法制上的表现之一就是国家法与地区的固有法适用原则上的灵活性。从康熙四十三年的谕旨可以清楚地看出，回疆地区的一般命盗案件是毋庸上报中央也不适用国家法律的，而是适用回例。这里的回例指的是清代回疆地区的固有法，主要指的是伊斯兰法和当地民族风俗习惯相融合后的产物。但是，康熙五十七年后的规定是原则上命盗案件不适用大清律，但是涉及亲属间的犯罪就要明确适用国家法律，而亲属间犯罪是封建罪行中的"十恶"犯罪。也同时

① （清）昆冈等修：《钦定大清会典事例》卷994，上海古籍出版社1995年影印本。
② （清）昆冈等修：《钦定大清会典事例》卷996，上海古籍出版社1995年影印本。

规定远年陈案不再用国家法律。这样的规定，实际上反映出，随着清帝国的逐步稳定，加强对边疆民族地区的控制，在法律规范的适用上逐步把国家统一的法律推进到边疆民族地区的动态过程，在政治上表现为中央集权的进一步加强而地方自治权力逐步弱化。

《钦定大清会典事例》又规定："蒙古地方抢劫案件，如俱系蒙古人，专用蒙古律，俱系民人，专用刑律，如蒙古与民人伙同抢劫，核其罪名，蒙古律重于刑律者，蒙古与民人俱照蒙古例问拟，刑律重于蒙古例者，蒙古与民人俱照刑律问拟。"① 特别是"嘉庆二十二年定，凡办理蒙古案件，如蒙古例所未定者，准照刑例办理"②。

这两条史料更加清楚地告诉我们，清中央政府逐步通过法律适用原则的变化扩张国家法律在民族地区的适用，以达到对该地区有效控制的过程。第一条史料是，在国家初定时期法律适用属人原则的基础上变更为属地主义原则，进而规定无论蒙古还是民人犯罪，依据蒙古律例和大清律例相比哪个处罚重就用哪部法的方法。众所周知，蒙古律例与大清律例相比，后者处罚严厉程度远远超过前者，这样的法律冲突适用原则实际上体现出清中央加强大清律例的扩张，进而实现中央集权这一政治目的。

更有甚者，乾隆二十二年的定例，只要蒙古律例中无相关规定，蒙古人犯罪一律适用大清律例，进一步加强了大清律例对蒙古地区的推进。这一规定同蒙古与民人伙同抢劫时的法律适用原则在一起，使蒙古人犯重大命盗案件的时候基本上适用大清律例。

为了更加清楚说明这一问题，从《刑案汇览》中选择几个案例进一步说明。

【案例一】直隶司查：蒙古犯罪，应查明所犯地方可分别照律科断。此案琯只嘎因见王文恺用驴驮货，即商定琯布甲起意抢

---

① （清）昆冈等修：《钦定大清会典事例》卷996，上海古籍出版社1995年影印本。
② （清）昆冈等修：《钦定大清会典事例》卷994，上海古籍出版社1995年影印本。

夺，致瑁布甲将事主王文恺殴伤致死，该都统以例无听从抢夺之犯杀死事主，将主使抢夺者作何治罪明文，可否各科各罪，将殴死事主之瑁布甲依蒙古抢夺杀人例，拟以斩决，起意抢夺之瑁只嘎依蒙古地方抢夺，未经伤人得财，数在三人以下者，不分首从发烟瘴充当苦差之处，咨请部示等因。查瑁只嘎等俱系蒙古，其抢夺之处是否内地，抑系蒙古地方，原咨内未据声明。如该犯等系在内地犯事，应照刑律拟断，刑例内抢夺杀人之犯，应拟斩决。……若应犯等抢夺拒伤事主，系在蒙古地方，则应援引蒙古例办理，其应作何定拟之处，事隶理藩院，该都统自可咨明理藩院核办，本部碍难臆断。应令该都统提犯查讯明确，分别办理。①

　　该案出自《刑案汇览》，直接涉及理藩院与刑部的司法管辖权冲突的问题，同时该案也涉及蒙古律与大清律的适用冲突问题。正如前文《钦定大清会典事例》中的记载："蒙古地方抢劫案件，如俱系蒙古人，专用蒙古律，俱系民人，专用刑律。"这是属人主义法律适用原则。但是，如该案说辞中的"该犯等系在内地犯事，应照刑律拟断"以及"若应犯等抢夺拒伤事主，系在蒙古地方，则应援引蒙古例办理"，显然是属地主义的法律适用原则。这种变化表明，随着清王朝统治的稳定，为加强对蒙古人的控制，对蒙古人的保护也仅限于蒙古地域之内。

　　另外，关于该案还值得注意的是，刑部与理藩院在审理重大命盗案件时的司法管辖权冲突问题。由于刑部是清帝国最高中央司法审判机关，掌管着全国重大命盗案件的最高审判权，当蒙古地区发生重大命案的时候到底是谁来管辖呢？一般情况下，蒙古地区的地方司法长官遇到重大命盗案件，尤其是疑难案件时偏向于上报刑部，无论是蒙古案件或者是发生在蒙古地区的民人案件。例如，本案就是地方司法长官上报刑部请示如何适用法律规范的问题，所以刑部才会查看刑例

---

① （清）祝庆祺：《刑案汇览》，北京古籍出版社2004年版，第576页。

和蒙古例，同样的道理是该案被汇编进《刑案汇览》之中。但是，刑部作为最高司法审判机关，几乎集中了全国最优秀的刑案专家，往往能很好地尊重法律规定，尊重理藩院的司法管辖权。一般情况下，刑部会采取类似于现代法律中的移送管辖的办法，把案件移送给理藩院审理。而理藩院也会尊重刑部的权威，审判的结果会商请刑部，形成最终的决定上报皇帝批准。值得注意的是，事关蒙古的重大命案的定拟主稿者是理藩院而不是刑部，因此，从实质主义意义上看，理藩院起着主要作用。比如该案说辞中有"其应作何定拟之处，事隶理藩院，该都统自可咨明理藩院核办，本部碍难臆断"，就能说明问题。

　　【案例二】定边将军咨蒙古偷马窃贼弟兄均应发遣，现有老亲，作何留养，咨请部示一案。查刑例载犯罪有弟兄俱拟正法者，存留一人养亲等语。至弟兄共犯军流以下等罪人犯，向俱援引此例，酌留一人枷责留养。蒙古例内即无专条，自应参用刑例办理。此案喇嘛索诺木揣云系同胞弟兄，均听从巴勒丹霍卓偷窃马匹，例应俱发湖广等省交驿当差。今据该将军声称，该犯等现有应侍之亲，蒙古例并无留养专条，自应仿照刑例，于该二犯内酌留一人，照例枷责，准其存留养亲。①

　　该案与【案例一】的相同点是当事人都是蒙古人，但无论是法律冲突规范的适用还是案件的管辖都有很大的不同。前文的史料"嘉庆二十二年定例"在这里得到很好的验证，"嘉庆二十二年定，凡办理蒙古案件，如蒙古例所未定者，准照刑例办理"②。而在该案的说辞中也有"蒙古例内即无专条，自应参用刑例办理"。特别值得关注的是，该案并不是由理藩院管辖，甚至刑部也没有提到理藩院，而是直接回复定边将军该案直接适用大清律例处理即可。这种现象的出现必

①　（清）祝庆祺：《刑案汇览》，北京古籍出版社 2004 年版，第 67 页。

②　（清）昆冈等修：《钦定大清会典事例》卷 994，上海古籍出版社 1995 年影印本。

须要结合清帝国政治策略的变化方能理解。笔者在前文曾经说过，清帝国统治之初，国家尚不稳定，为笼络边疆地区的地方政权必须突出"因俗而治"，加大地方自治的权力，在法制上赋予地方司法机关较大的权力，同时在法律冲突规范的选择上尽量照顾到民族地区固有法的适用。但是，随着清帝国的统治逐步稳定，中央集权的进一步加强，在法律制度上则表现为司法管辖权的逐步上收，法律适用上加强推进大清律例在民族地区的使用力度和广度。

【案例三】喀什噶尔参赞大臣咨外夷回子色依特爱里听从阿克密尔杂抢夺马匹一案。奉批：按平人抢夺，为从应问杖九十，徒二年半。此案既系回民抢夺，结伙三人以下，则为从之犯，似应仍照民人抢夺为从拟徒。但回民犯徒罪，应作何办理，亦无明文，交馆速核奉此。职等查例载：回民抢夺结伙，如数在三人以下，审有纠谋持械逞抢情形者，发极边烟瘴充军。……查该犯按例止应拟徒，该参赞大臣所以发伊犁充当苦差，系属例外加重，未便照拟核覆。该犯既非内地回民，自不能解至内地充徒，似应酌量比附办理。色依特爱里一犯应既比依乌鲁木齐等处兵民犯该徒罪者，照犯罪免发遣折枷例，加一等，折枷完结。该犯本罪徒二年半，照律加一等，应折枷号四十日，满日折责释放。①

该案是喀什噶尔参赞大臣请示刑部关于新疆回人犯徒罪的处罚方式，是否按内地的回民一样处罚，得到刑部的回复是区别对待。也就是说，新疆的回民不适用大清律，即大清律例中有关回民犯罪的处罚条款没有被推广到新疆地区。以法律冲突规范的合理选择体现出清帝国"因俗而治"的政治策略的灵活性。

总之，从三个案件的审理结果中我们不难得出以下几点结论：

1. 清代中央政府给予蒙、藏、回疆等民族地区一定的"司法自

① （清）祝庆祺：《刑案汇览》，北京古籍出版社2004年版，第206页。

治权"，由专门管理民族事务的理藩院或清朝派遣到民族地区的官员来审理这些地区的案件。如【案例一】，"其应作何定拟之处，事隶理藩院，该都统自可咨明理藩院核办，本部碍难臆断"的说辞就能很好地说明问题。

2. 清政府虽然给予民族地区一定的司法审判权，但司法权统一在中央。一般情况下，徒刑以上案件和死刑案件要上报刑部，由刑部会同理藩院对案件作出定拟，民族地方的司法审判要接受中央的监督和指导。但是，对于蒙古、回疆及西藏地区涉及少数民族的案件，如果民族地区的固有法规定不清楚或者没有相关规定的疑难案件，同样要上报刑部或者理藩院。如【案例二】"定边将军咨蒙古偷马窃贼弟兄均应发遣，现有老亲，作何留养，咨请部示一案"。只不过该案的说辞中没有提到理藩院。

3. 清代在适用民族地区的法律和大清律进行刑事审判时，特别注重民族地区的司法权和国家司法权的统一，即给予民族地区一些刑事案件的审判权又维护国家司法权的权威。具体表现为：

（1）在法律适用时，原则上适用属地管辖，即内地人在民族地区犯罪适用大清律，民族地区的人在内地犯罪适用民族地区的法律。【案例一】"如该犯等系在内地犯事，应照刑律拟断，刑例内抢夺杀人之犯，应拟斩决"。值得注意的是，随着清中央政权对少数民族地区统治的不断加强，在法律冲突规范的适用上逐步采取属人主义原则以弥补属地主义原则之不足。

（2）对所犯罪行，民族地区法律没有规定的，即属于法律空白，适用大清律办理。如【案例二】中"今据该将军声称，该犯等现有应侍之亲，蒙古例并无留养专条，自应仿照刑例，于该二犯内酌留一人，照例枷责，准其存留养亲"。这种法律适用的原则源于嘉庆二十二年的定例"嘉庆二十二年则规定凡办理蒙古案件，如蒙古例所未备者，准照刑例办理"①。

---

① （清）昆冈等修：《钦定大清会典事例》卷994，上海古籍出版社1995年影印本。

（3）如民族地区的人和内地人伙同犯罪的，对所犯罪行，本着宽严相济、以德化民的恤刑原则，民族地区的法律重于大清律者，俱照民族地区的法律问拟，大清律重于民族地区的法律者，俱照大清律问拟。

（4）大清律中某些体现儒家思想传统的制度，不适用于民族地区，如内地服制不适用于民族地区的远亲命案中，这体现了民族地区的伦理观念和内地是不同的。【案例二】中对蒙古弟兄偷马犯遣酌留一人养亲，也体现了大清律中的中国古代儒家的"恤刑慎杀"思想，以致形成了一种深厚传统。在法律适用方面，原则上适用大清律，但按照清代对边疆民族地区实行因俗而治、因地制宜的方针，则要适用民族地区的固有法律。

综上所述，笔者以为，当刑部和理藩院的司法管辖权发生冲突的时候，刑部会主动根据地方上报案件的性质来判断是否属于蒙古、回疆及西藏地区的案件，特别注意是否属于理藩院管辖的案件，如果属于理藩院管辖的案件，刑部会采取类似于现代移送管辖的办法转给理藩院审理。理藩院审理完毕后一般会征求刑部的意见，如果是重大疑难案件理藩院还会咨请刑部联合会审，具奏皇帝裁决。另外，对于法律冲突规范的选择，大清律与民族地区的固有法律是一般法与特别法的关系，在适用时，一般而言，特别法的效力优于普通法，即在审理民族地区的一般刑事案件时，首先考虑适用的是民族地区的固有法律。

当然，必须指出的是，清统治者形成了一条适用民族地区固有法的底线，这条底线就是，在涉及法律中重大的伦理问题时国家法似乎比民族地区固有法有更强的适用效力。还值得指出的是，理藩院与刑部的司法管辖冲突是一个问题，而国家法律与民族地区固有法律的冲突似乎是另一个问题，由谁管辖并没有改变国家法律在重大伦理问题上的优先适用效力，为了"因俗而治"的需要，统治者对上述的限制又形成了一个限度，或者说存在某种协调，有时并不是全然用蒙古律或全然用刑律，只是在重大的伦理问题上清统治者并不让步。清统治者似乎也在寻求这样的平衡，这样的平衡当然最后是要被统一到使边疆稳定的政治全盘考虑当中去的。

第六章

理藩院对清代蒙古地区的司法

中国封建帝制国家机构的功能设置是行政与司法合一，没有明确清晰的现代意义上的立法、行政、司法机关之分。正如那思陆先生所言："除三法司外，清代得兼理司法审判之机关极多，议政衙门、内阁、军机处、吏部、户部、兵部、工部、理藩院、通政司、八旗都统衙门、步军统领衙门、五城察院、宗人府、内务府等机关均得监理司法审判，都属广义之司法审判机关。"① 自 20 世纪二三十年代以来，学界对理藩院的研究成果丰硕，一大批相关专题研究问世，研究的视域不断拓宽，研究方法不断更新，对史料的使用也不断加强。但是，在笔者关注的视野中大都是从史学、政治学和民族学的角度把理藩院作为清王朝治理边疆的中央最高机构来看待，从政治策略视角考察的。从理藩院司法功能视角的研究一般是放在传统研究视域的背景之下，专门从司法功能视角的研究成果没有，注重实证的研究也很少。瞿同祖先生曾经说过："研究法律自离不开条文的分析，这是研究的根据。但仅仅研究条文是不够的，我们也应注意法律的实效问题。条文的规定是一回事，法律的实施又是一回事。某一法律不一定能执行，成为具文。社会现实与法律条文之间，往往存在着一定的差距。如果只注重条文，而不注意实施情况，只能说是条文的、形式的、表面的研究，而不是活动的、功能的研究。我们应该知道法律在社会上的实施情况，是否有效，推行的程度如何，对人民的生活有什么影响

---

① 那思陆：《清代中央司法审判制度》，北京大学出版社 2004 年版，第 44 页。

等等。"①

第一节　理藩院与蒙古地区的司法机构及功能设置

国家社会秩序的形成是受本身社会组织结构的影响，因为社会组织结构与社会秩序的获得是在一种相互影响、相互促进的关系下运作的。一定的社会组织结构决定着一定的社会功能，所以要形成一个新的社会秩序时，应把重构它的社会组织结构作为基本前提来推进。社会组织结构对国家治理方式中最重要的手段——国家法的适用具有相当重要的作用，特别是基层社会组织结构，对国家法的适用起到了决定性作用，因为所有社会中的基层社会都具有相当的"自治性"，是社会秩序形成的基础，它的社会结构往往对国家行为做出加强或阻隔的作用。

一　司法机构的设置

满族统治阶级从征服蒙古之始，就将满洲八旗制度推广于蒙古原有的政权系统内，对归附的蒙古部众按八旗组织原则在其原有社会制度基础上编制旗分，建立了盟旗制度。旗的划分大致以过去的封建领地鄂托克及爱马克等为基础，尽可能予以分割，划一部为多旗。只有少数部得就原部编为一旗。由于统治上的考虑和历史、地理的原因，旗分两类：一类是内蒙古。清中央委派大臣、都统、将军直接节制的总管旗，察哈尔、归化城土默特、新巴尔虎、陈巴尔虎以及分布于热河、新疆境内的蒙古诸旗属之，共 61 旗。理藩院对于这些旗的管理是间接的，要通过驻地大臣、都统及将军。另一类是外蒙古，即札萨克②旗。其中，漠南蒙古（内蒙古）六盟二十四部五十一旗，分别为

---

① 瞿同祖：《中国法律与中国社会》，中华书局 2007 年版，第 2 页。

② 清代的"札萨克"系指外藩蒙古地区的"旗长"，相当于直省的知县，与之不同的是，"札萨克"具有自治权，札萨克的属民对朝廷不承担赋税、徭役，当然也不能享受诸如科举等权利。

哲里木盟（辖 10 旗），卓索图盟（辖 5 旗），昭乌达盟（辖 11 旗），锡林郭勒盟（辖 10 旗），乌兰察布盟（辖 6 旗），伊克昭盟（辖 7 旗）。直接由理藩院来管辖。

札萨克旗又有"内札萨克""外札萨克"之分，漠南蒙古诸札萨克旗属"内札萨克"，漠北、漠西蒙古诸札萨克旗属"外札萨克"。其区分同样出于统治上的考虑，两者的职权、体制也因之略有差异。此外青海蒙古不设盟长，辖于西宁办事大臣，共有 29 旗。西套阿拉善旗和额济纳旗，也不设盟长，直辖于理藩院。在蒙古族地区，喇嘛教于 16 世纪末已经广泛传播。清朝统治阶级在政治上充分利用了喇嘛教，使喇嘛教的宗教上层也同样享有世俗封建主的特权。《理藩院则例》规定"凡喇嘛之辖众者，令其治事如札萨克"① 的 "喇嘛旗"与一般的旗地位平等，各行其是，互不干涉。清代在蒙古地区总共设有 7 个喇嘛旗，即内蒙古的锡勒图库伦喇嘛旗、喀尔喀的哲布尊丹巴呼图克图旗、额尔德尼班第达呼图克图旗、札雅班第达呼图克图旗、青苏珠克图诺们旗、那鲁班禅呼图克图旗和青海的察汗诺们罕旗。其中喀尔喀蒙古有 5 个，内蒙古和青海各 1 个。②

盟为旗的会盟组织，合数旗而成。每盟设盟长一人、副盟长一人，原由盟内各旗札萨克在会盟时推举，后改由理藩院就盟内各旗札萨克中签请皇帝派人兼摄。喀尔喀蒙古各盟是在部的基础上建立的，所以部长又是盟长。盟并非一级行政机构，盟长的主要任务是充当三年一次的会盟召集人，履行比丁、练兵、清查钱谷、审理重大刑名案件等职责，但无发兵权，不能直接干涉各旗内部事务，也无权向各旗发布命令，只是对盟内各旗札萨克实行监督，有责任随时告发札萨克的不法或叛逆行为。

厄鲁特蒙古各盟则不设盟长，其盟务由管理该地区的将军或办事

---

① （清）伊桑阿等纂修：《乾隆朝大清会典》卷 142，文海出版社 1992 年版。

② 宝贵贞：《喇嘛旗：清王朝扶持藏传佛教的特殊形式》，《中国民族报》2004 年 4 月 20 日。

大臣直接掌管。盟旗制度使蒙古族人民不能越旗游牧、耕种及往来、婚嫁。内、外札萨克之间，特别是蒙、汉人民之间的接触更在禁止之列。[①] 旗既是清廷设于蒙古地区的行政、军事单位，又是清朝皇帝赐给旗内各级封建主的世袭领地。清朝统治者对蒙古封建主授札萨克时，不但考虑其在部内的影响及地位，而且更需考虑对清廷是否忠顺有功。因此，原则上对归服清朝的大小蒙古封建主，无论是汗、济农、宰桑，一律论功授札萨克。未授札萨克的封建主，只能成为闲散郡王、贝勒、贝子、公、台吉。

《清史稿》记载"凡蒙旗，札萨克为一旗之长，制如一品，与都统等。其辅曰协理台吉。属曰管旗章京，副章京，参领，佐领。蒙语管旗章京曰梅楞，参领曰札兰，佐领曰苏木。苏木实分治土地人民"[②]。札萨克旗下设协理台吉，其下有管旗章京，管旗副章京、秘书协理旗务。苏木下设官员有苏木章京、苏木副章京，按旗札萨克之命办理审查丁册、征办税课、排解纠纷、传递信件等，在苏木之下，每十户设一名什长。旗札萨克的职权在于按照清廷所赋予的权限，负责处理旗内行政、司法、赋税、徭役、军事、贸易以及内官吏的任免等事务。将这些政治、经济及军事事务，交旗所属机构官员具体执行。

旗内置札萨克之辅为协理台吉，协助札萨克处理旗务。札萨克缺员或有其他事故时，协理台吉可以代行札萨克职权。协理台吉的产生，由札萨克从旗内闲散王公、台吉中选拔，经盟长呈报理藩院，由皇帝任命。任期无限，是终身职务，但不得世袭。每旗协理二人或四人不等。管旗章京协助协理台吉统管一旗事务。其职权仅次于协理台吉，但不能代理札萨克。管旗章京的任命，无须经皇帝批准。缺员时，札萨克王、贝勒、贝子、公等从旗内闲散台吉中选拔，与盟长斟

---

① ［日］田山茂：《清代蒙古社会制度》，潘世宪译，商务印书馆1987年版，第62页。

② （清）赵尔巽：《清史稿》卷518，中华书局1977年版，第14327页。

酌任命。倘无适当人选，也可以自参领中选任。管旗章京只设一人。不足十个佐领（苏木）的旗，只设副章京一人。十佐领以上的旗，可设二人或三人，副章京的任命，由札萨克王公决定，无须与盟长研究。副章京（梅伦）受协理台吉和管旗章京的监督，分工管理本旗的行政和军事事务。佐领（苏木章京）为旗下军事和行政单位，其长官也叫佐领或苏木章京。领催（博硕克）为普通旗民，不是官吏。他受佐领及昆都的旨令，征收阿勒巴和调查户口等事务。

二　司法功能的设置

司法机构的司法功能一般指的是司法机构对于案件的管辖权及其审判权，但当人们说到管辖权时又不能截然与审判权分开，因此笔者没有使用管辖权或者审判权而是以"司法功能"一词来表达。

（一）中央层面司法功能的设置

要想弄清这个问题，必须搞清理藩院与刑部的司法管辖权限的划分。案件的管辖一般分为立案管辖和审判管辖，这是现代意义上的分类方法。清王朝的中央"三法司"是指刑部、大理寺、都察院，都有相应的司法管辖权。理藩院与刑部的司法管辖权的划分大体上是：

1. 刑部的管辖权。《清史稿》记载："外省刑案，统由刑部复核。不会法者，寺院无由过问，应会法者，亦由刑部主稿。在京讼狱，无论奏咨，俱由刑部审理，而部权特重。"[1] 可以说刑部掌管清王朝所有的地方重大死刑案件及京师案件包括重大刑事案件和民事案件，因为古时的狱讼分别是指刑事和民事案件。

2. 理藩院独立管辖一般刑事案件及民事案件。顺治八年理藩院奏请获准"外藩蒙古人有讼，赴各管旗王、贝勒等处申告，若审理不结，令协同会审旗分之王、贝勒等公同审讯，仍不结，王等遣送赴院"[2]。这段材料显然说的是理藩院对于民事案件拥有独立的终审权。

---

① （清）赵尔巽等：《清史稿》卷144，中华书局1977年版，第4206页。

② （清）昆冈等修：《钦定大清会典事例》卷997，上海古籍出版社1995年影印本。

乾隆二十五年议准"归化城同知、通判，承办蒙古命盗案件及蒙古、民人交涉命盗事件，由该厅等呈报绥远城将军，就近会同土默特参领等官办理。蒙古事件，由将军咨院具奏完结。蒙古与民人交涉事件，由巡抚咨院具奏完结"①。这就进一步明确了理藩院对刑事案件的管辖权。

3. 重大刑事案件特别是死刑犯罪只能与刑部或者三法司共管。《理藩院则例》明确规定"凡罪至遣者、死者"要会同刑部及三法司管辖审理。康熙元年题准"蒙古拟定死罪犯人，由札萨克审明报院，由院会三法司定拟具奏。其应监候秋后处决者，照刑部秋审例会满洲九卿议奏"。另外，乾隆六年议准"凡八旗游牧察哈尔命盗重案，呈报刑部会院完结。其喀尔喀札萨克各旗蒙古命盗重案，呈院完结"②。又如乾隆七年又议准纯属八旗察哈尔蒙古之间的命盗案件的管辖权的界分："八旗游牧察哈尔命盗案件，如凶犯、盗犯、尸亲、失主皆系蒙古，并无内地民人者，令该总管等会同该同知、通判审明定拟。……徒流以上案件，一面报部，一面将鞭责之犯现行发落。俟院会刑部等衙门奏准之后，将应决之犯，即于犯事处正法。军流一下人犯，照例折枷完结。其定拟斩、绞监候之犯，并令严行监禁，秋审时该总管造具年貌清册报部。……若所定之罪与该总管意见不同，亦著申文报部，俟刑部会本院详加改正，定拟复奏。"③从《清史稿》的记载，"外省刑案，统由刑部复核"来看，理藩院所管辖的外藩蒙古及回疆和西藏地区同样属于刑部所管的"外省"范畴④。因此从司法

---

① （清）昆冈等修：《钦定大清会典事例》卷997，上海古籍出版社1995年影印本。

② 同上。

③ 同上。

④ 笔者以为这里的"外省"当是指京师以外的所有清中央统治的地区，只不过清代还有"直省"与"非直省"之别。"直省"是指清中央政府设省直接管辖的地区，"非直省"指的是蒙古，新疆（建省之前），西藏等西、北边疆少数民族地区没有直接设省的地区。在"直省"地区清中央政府通过中央直接派官建制进行管辖，控制力度要更强大，而"非直省"地区则是通过盟旗制下的盟长、札萨克管辖蒙古地区，驻扎将军、都统及驻藏大臣管辖内属蒙古、新疆及西藏地区，体现出管理机制的多元化，中央直接控制的力度（转下页）

管辖权的角度就很有必要对刑部和理藩院的管辖权加以区分。以上记载的情况在《刑案汇览》《大清会典理藩院事例》及《历代判例判牍》中都有相关司法判例佐证，限于篇幅仅举《刑案汇览》中的一例，来说明理藩院只能独立管辖蒙古地区的一般刑事案件及民事案件。

【案例一】热河都统咨阿萨尔图等偷窃骡马牛驴请示一案。查蒙古偷窃牲畜定例，系专指牛马驼羊四项而言，前据直隶总督以蒙古四项牲畜不及骡驴，应否将骡头照大马按匹并计，驴头照马驹折算科断，抑或计赃论罪之处，咨请部示。当经本部以偷窃蒙古牲畜科罪各条，事隶理藩院，将原咨送理藩院核办。嗣据理番院文称：蒙古例内惟有偷窃驼马牛羊四项牲畜……本院无凭可稽，碍难率覆，应仍由刑部酌覆等因咨覆在案。……查蒙古偷窃牲畜治罪各条，均应依蒙古例办理。既据理藩院咨称，蒙古例内惟有偷窃驼马牛羊四项牲畜计匹科罪之条，并无偷窃骡驴治罪专条，亦无偷窃牲畜计赃论罪明文等语。是偷窃骡驴作何办理之处，在理藩院既无例案可稽，在本部更难以臆断。……查蒙古例办理案件与刑律迥不相同，有蒙古例重而刑律轻者，亦有蒙古例轻而刑律重者，因地制宜，不容牵混。……如果以该处五方杂处，生齿日繁，今昔情形不同，情重法轻，不足以示惩儆，亦应由理藩院详查例案，名立专条，奏定通行。本部无凭率覆援照刑律酌量问拟，于罪名诸多窒碍，应咨送理藩院一并核办。①

该案虽然是热河都统咨请刑部，但刑部认为此案隶属理藩院管

_____

（接上页）与"直省"地区比较来说总体上相对要小。这里讲的"外省"是包括蒙古地区在内的。因此，从司法管辖权的角度就很有必要对刑部和理藩院的司法管辖权加以区分，特别是涉及中央层面的司法管辖权问题时两者会有交叉甚至出现管辖权的纠葛，这点在《刑案汇览》中的司法案例中有很多反映，笔者在文中的【案例一】就有这方面的说明。

① （清）祝庆祺等：《刑案汇览》，北京古籍出版社2004年版，第623—624页。

辖。当理藩院查蒙古律例没有相关条款时曾经想把此案再次移送给刑部管辖，但由于刑部的坚持，最终还是由理藩院行使管辖权。尽管大清刑律和蒙古律例都无相关条款，刑部也不能越权管辖，正如案件中说"本部无凭率覆援照刑律酌量问拟，于罪名诸多窒碍，应咨送理藩院一并核办"。本案虽出自《刑案汇览》，但仍能清楚地看出此案的管辖权不属于刑部而属于理藩院。热河都统审理一起偷盗蒙古驴骡案件，依据蒙古律例并无关于偷盗驴骡的相关处罚规定，于是咨请刑部。为什么热河都统要直接咨请刑部而不是理藩院呢？理藩院不是管辖涉及蒙古人的案件吗？原来清中央政府对蒙古的不同地区的治理方式和管辖力度是不同的，对热河、察哈尔的蒙古地区的治理既不同于内外蒙古及西蒙古，也不同于其他直省地区。对热河、察哈尔地区管理的力度往往与直省地区相当，只是管辖机制不同而已。① 所以才会出现该地区一旦发生涉及蒙古的案件，都统就会首先想到咨请刑部，但刑部往往能较好地坚持并且也能够分清与理藩院管辖权的划分。故认为此案的管辖权当属于理藩院，因为理藩院管辖蒙古及回疆地区的案件，虽几经反复但最终刑部还是采取类似于现代诉讼管辖中移送管辖的办法移交理藩院管辖。

对该案，有三个方面值得关注。首先是司法管辖权问题。理藩院设置的初衷就是专门管理蒙古的一切事务，当然包括刑民事案件的管辖权。《理藩院则例》中规定"掌外藩之政令，制其爵禄，定其朝会，正其刑罚。尚书、侍郎率其属以定议，大事上之，小事则行，以布国之威德"②。因此，就本案事关蒙古案件的管辖权理属理藩院，这点刑部是非常清楚的。其次是理藩院具有以判例立法的功能。此案中，蒙古律例中并无有关偷盗驴骡的处罚规定，理藩院向有以成案立法的权力，也就是理藩院可以通过审判案件时创造判例法的形式立

---

① 关于这个问题，笔者在理藩院与蒙古军府的关系中已有较为详细的交代。

② 赵云田点校：乾隆朝内务府抄本《理藩院则例》，中国藏学出版社 2006 年版，第297 页。

法，当然最后要报皇帝审批才具有普适性。如案例中最后有刑部的说辞"亦应由理藩院详查例案，名立专条，奏定通行"。这便佐证了理藩院具有以判例的形式立法的功能。最后是法律冲突的选择问题。从刑部的说辞"查蒙古例办理案件与刑律迥不相同，有蒙古例重而刑律轻者，亦有蒙古例轻而刑律重者，因地制宜，不容牵混"来看，蒙古人违法和内地人违法所适用的法律是不一样的，蒙古人适用蒙古律例，内地人适用大清律例，系典型的属人主义原则。

（二）地方层面的司法功能设置

理藩院是管理蒙古、回疆、西藏地区少数民族事务的最高中央机关，对这些民族地区不可能做到事必躬亲，但是，为了加强中央集权又不得不把中央权力渗透到这些少数民族聚居的基层地区。于是，理藩院通过其派出机构参与地方的司法管辖，具体是派出相当数量的司员驻扎在基层，达到对日常案件控制之目的。如果是少数民族之间的案件就由"司官会札萨克而听之"，如果是和汉民纠纷的案件则由理藩院派出的司官与"地方官会听之"。这种司法制度的设置能很好地体现出清王朝统治者的价值取舍，从而维护了边疆民族地区的稳定有序。

笔者曾经在上篇第一章的第二节"理藩院的机构组成及其功能设置"一节中从《钦定大清会典事例》详细列举并分析相关史料的记载情况，这里笔者主要从司法实证的角度对这些史料予以进一步佐证，以上记载在《刑案汇览》《大清会典理藩院事例》及《历代判例判牍》和清代档案中都有相关司法判例佐证，笔者举《刑案汇览》中的一例来说明。

【案例二】陕西司准理藩院将宁夏驻扎部员详蒙古妇人乌巴里自缢身死一案会稿送议前来。查刑例载：诬良为窃之案，捆缚吓诈逼认致令自尽者拟绞监候，若止空言捏指，并未诬告到官，亦无捆缚吓诈逼认情事，死由自尽者，杖一百，流三千里……经理藩院以案情未确，驳令覆讯，另行办理等因。去后兹据该部员将罗布藏色楞照诬良为窃，吓诈逼认因而致死例拟绞监候，听从审问之津巴等照为从律减等拟流，听从抬尸之达鲁噶等照移尸律杖八十等因，由理藩院会议到部。本部查疑窃致毙人命，与诬窃致毙人命，罪名轻重各殊，司谳者自应研究确情，分别定断，不得率将疑窃之案科以诬窃之条，致滋出入……惟系蒙古，应否如斯，应听理藩院酌议后，再行送回本部会画。①

该案显然系由理藩院的派出机构宁夏驻扎部员初审，后上诉到理藩院，再由理藩院与刑部会审。案例中有"陕西司准理藩院将宁夏驻扎部员详蒙古妇人乌巴里自缢身死一案会稿送议前来"，宁夏驻扎部员照刑律把"疑窃之案"误判为"诬窃之案"，在刑部陕西司的咨复中已提出明确的建议，但最终的审判权是属于理藩院和刑部的，由理藩院核拟后再同刑部会审。这说明理藩院对地方的案件管辖权是通过派出机构实现的。当然该案还告诉我们此案最终是理藩院与刑部有共同管辖权，如"惟系蒙古，应否如斯，应听理藩院酌议后，再行送回本部会画"，便是明证。

【案例三】清代理藩院档案中记载了这么一个案例：嘉庆十九年（1814）五月十五日，达尔汗王旗向哲里木盟长报告，该旗发生了色布肯刀戳业伦太身死等七案。清政府理藩院官员贵庆审理这些案件后，在给嘉庆皇帝的上奏中写道："伏查蒙古例载，'若止蒙古有关人命事件，各处驻劄司员就近会同同知，通判，验明尸骨，会同该札萨克审明报院'等语。例称驻劄司员，系专指直隶之八沟、三座塔、乌兰哈达等处有专员驻劄者而言。至达尔汗王旗附近盛京地方，并无驻劄司员，是以盛京刑部设有蒙古司员，专司承办蒙古案件。所有各该旗蒙古汉人交涉命案，向由盛京刑部奉天府尹饬附近地方官，会同该王旗，委员验明尸伤，

---

① （清）祝庆祺等：《刑案汇览》，北京古籍出版社2004年版，第1786页。

录取初供解部，督率蒙古司员审办。"①

　　这个档案中的材料比较清楚地佐证了理藩院对基层社会发生的纠纷案件的管辖权是通过其派出的司员行使的，例如"若止蒙古有关人命事件，各处驻劄司员就近会同同知，通判，验明尸骨，会同该札萨克审明报院"。类似的案例在朱批奏折民族事务类中还有很多。

第二节　理藩院对蒙古地区的司法审判程序

一　入关前的司法审判程序

　　理藩院的司法审判功能并不是从理藩院设置开始时就有的，而是随着后金对蒙古用兵，征服了更多的蒙古人和控制蒙古地区越来越广阔，理藩院的作用日益重要的时候才开始设置的。因为后金刚开始打算对明朝作战的时候还没有充分认识到蒙古人的作用，随着战争的逐步扩大，后金决策层对蒙古人在同明王朝作战中的重大作用有了清醒的认识，同时要处理的蒙古事务也更加繁杂，必须要有一个中央机构专门处理蒙古事务，所以入关后，理藩院就位列六部之后与六部平起平坐。这一点在理藩院的司法审判权配置上可以看出一般，比如清军入关前的理藩院还没有受到足够重视的时候，在有关蒙古的案件审理中很少有理藩院审理的案件保存下来。在《盛京刑部原档》中共收录72件刑部档案434件刑案，其中涉及蒙古的案件有41件，理藩院参与审理的案件仅有3件，而且这3件也不是理藩院直接审理的，仅仅是参与。

　　鉴于笔者在前文"理藩院对蒙古地区的立法内容"一节选取的《盛京刑部原档》中的3个案例，在此不全文节录。分别是："《盛京

---

　　①　中国第一历史档案馆藏《朱批奏折·民族事务类》，第2347卷。

原档》一八二号"① "《盛京原档》一八三号"② 和 "《盛京原档》二〇四号"③。

以上三个案例是整个《盛京刑部原档》中仅有的由理藩院参与的3 个案例,不像入关后的《刑案汇览》中有近百件。而且就这 3 件重大案件审理过程来看,实际上只有刑部主审,再由决策层决定,理藩院在其中仅仅是这一程序中一个没有实质作用的环节。例如 "一八二号档案" 中有 "理藩院移送法司,审实" 的说辞,理藩院仅仅把涉及蒙古案件移送给刑部的作用;再看 "一八三号档案" 中有 "王义柱正法,宫郎中及其阿哈著理藩院尼堪、塞冷交完丹,由完丹执送众蒙古前诛之" 的说辞。在这个案件的审理中,理藩院实际上起到的作用是执行判决;我们再来看 "二〇四号档案" 中有 "蒙古告于理藩院,言阿山曾取银七百两。移送刑部审实" 的说辞,更能清楚地看到,虽然蒙古人起诉到理藩院,但是由于理藩院本身没有审判权力,只能是再次移送给刑部。

可以肯定的是,入关前的理藩院几乎是没有案件审判权的。因为这 3 起案件的性质分别是宗教性的、贪污性的和国家机密性的,除了涉及国家机密的案件外,其他两件应当说都是普通刑事案件,但是,都是由刑部审理便可说明问题。而且 3 个案件最后落款的审判者巴纳哈正是刑部的理事官。所以入关前的理藩院在司法审判程序上是极其简单的。

二　入关后的司法审判程序

入关后,随着理藩院的作用日益显现,清中央政府赋予了理藩院比较大的司法审判权,司法审判程序也体现出复杂多元的态势。

对于诉讼的审理级别,《蒙古律例》规定:"蒙古等几有事争控,

①　中国人民大学清史研究所、中国第一历史档案馆译:《盛京刑部原档》(清太宗崇德三年至崇德四年),群众出版社 1985 年版,第 47 页。

②　同上书,第 52 页。

③　同上书,第 97 页。

事件务令先在该札萨克王、贝勒处呈控。倘负屈，许令在盟长处呈控。如盟长等又不秉公办理，许令原告之人将曾经在该札萨克处控告如何办理复在该盟长处控告。如何判断之处，按俟机开明赴院呈控，由院详核案情或应仍交盟长等处办理，或应差派大臣办理之处酌议具奏请。"①

就审级而言，蒙古民众遇有诉讼应向札萨克王、贝勒提出。如果不服札萨克王、贝勒作出的判决，可以向盟长提出上诉。如果盟长又不秉公办理，则可向理藩院提出上诉。理藩院视情形或"仍交盟长等处办理，或应差派大臣办理之处酌议具奏请"②。

《蒙古律例》对越诉持反对态度，规定"旨若并未在该札萨克王、贝勒等处控告，又不在盟长处具呈而径行赴院呈控者，不论是非系台吉官员罚取三九牲畜。系属下家奴鞭一百。若系寻常事件仍交该扎萨克盟长等办理"。如果提起越诉的事件重大，"如关人命重案，由院详询，应派大臣办理之处定议具奏请"。

在诉讼过程中，如果"札萨克、盟长等因未秉公办理"而原告赴（理藩）院呈控者，"由院按事之轻重或派员办理，或奏遣大臣办理"③。"俟审明之后该札萨克、盟长等所办与例相符者，毋庸置议。如札萨克等办理不公，将札萨克议处。盟长等办理不公，将盟长等议处。若所控不实，按事之轻重，将原告之人反坐其罪。"④ 此外，《蒙古律例》禁止私下解决刑事案件，这一点在《断狱》门中规定："凡事出不许两造私议。若私议完结，系贝勒等罚三九牲畜。平人罚一九

---

① 中国社会科学院中国边疆史地研究中心主编：《蒙古律例》卷8，"首告"，全国图书馆文献缩微中心1988年版，第3页。

② 中国社会科学院中国边疆史地研究中心主编：《蒙古律例》卷12，"断狱"，全国图书馆文献缩微中心1988年版，第5页。

③ 同上书，第6页。

④ 中国社会科学院中国边疆史地研究中心主编：《蒙古律例》卷8，"首告"，全国图书馆文献缩微中心1988年版，第5页。

牲畜。"①

(一) 一般案件的终审制

蒙古案件的审理，内蒙案件各旗分别汇集于热河都统、盛京将军、察哈尔都统，再会同地方督抚复核；外蒙案件由乌里苏台将军复核，而后具奏皇帝和咨呈理藩院。《理藩院则例》规定："凡蒙古之狱，各以札萨克听之……不决，则盟长听之。不决，则报院 (理藩院)。"② 又规定："札萨克、盟长俱不能决者，即将全案遣送赴院，其或札萨克、盟长均判断不公，亦准两造赴院呈诉。"③ 从中可以看出，一般刑事案件原则上是由理藩院审理，但先由札萨克、盟长审理，可以罚牲畜来代替刑罚，当他们二者不能判决时理藩院来审判。青海的案件汇于西宁办事大臣，而后分别具奏皇帝和理藩院。回疆的塔尔巴哈台蒙古各旗案件，由伊犁将军复核报院。蒙古、回疆地区的轻微刑事民事案件往往由地方的少数民族和理藩院派出的司员共同审理，这样可以使中央王朝的权力渗透到基层，从而达到加强中央集权的目的。关于这点，《刑案汇览》中有相关案例可以佐证：

> 理藩院咨台吉达什扎布诬告伊父棍布扎布，应拟何罪一案。查向来蒙古人有犯，如蒙古律内并无治罪专条者，即照刑律办理。此案台吉达什扎布诬告伊父棍布扎布，按照刑律应拟绞决，惟该犯系在蒙古地方犯事，应由理藩院自行酌办，请交该司片覆。片文查刑律载：子孙告祖父母、父母，虽得实亦杖一百，徒三年，一事诬即绞等语。此案台吉达什扎布控告伊父棍布扎布各款，审实一款，审虚五款，按照刑律，达什扎布应照子告父母一事诬即绞律，拟绞立决，惟该犯系在蒙古地方犯事，相应咨覆理

---

① 中国社会科学院中国边疆史地研究中心主编：《蒙古律例》卷12，"断狱"，全国图书馆文献缩微中心 1988 年版，第 6 页。

② 赵云田点校：乾隆朝内务府抄本《理藩院则例》，中国藏学出版社 2006 年版，第397 页。

③ 同上书，第 398 页。

藩院自行酌办。①

　　该案是一起子诬告父亲的案件，按照《大清律例》之规定子诬告父母是严重违反儒家法律思想的，现在国家立法扩张适用到蒙古地区的蒙古案件，所以理藩院要咨请刑部，而刑部严格遵守蒙古地方的蒙古案件应当由理藩院审理决定，刑部的理由是此案发生地是蒙古地区，最终，案件是由理藩院终审的。

　　（二）重大案件的会审制

　　1. 理藩院与刑部的会审程序

　　理藩院对蒙古地区的一般刑、民案件有终审权，但对于重大刑事案件则要和刑部乃至三法司会审，如蒙古地区的军流发遣案件和死刑案件：军流发遣案件由理藩院和刑部会审，死刑案件由理藩院和三法司会审。可以《刑案汇览》中的个案予以佐证：

　　　　理藩院咨称：先准察哈尔都统咨报台吉济克莫特伙同贡楚克达什等偷窃马匹驼只一案。该都统将台吉济克莫特拟以革去台吉，不准开复。其贡楚克达什等五人照例拟以鞭责刺字，经本院会同刑部核覆……其在蒙古地方并番地偷窃，应照蒙古例定拟之犯，概行遵例，各按窃盗本例刺字，以昭画一等因。……本院定条例内载：各案首徒贼犯应发遣者，均照例刺字，交驿当差，应鞭责者，蒙古照例鞭责，民人折责发落等语。是例意以蒙古人等向不谙悉刺字，且与内地相距甚远，若因微细罪名咨送内地刺字，徒劳往返，有失柔远之道，是以应鞭责人犯均免其刺字。刺例业经呈览，尚未颁行，兹准前因，相应咨覆该都统，即将拟以鞭责之员贡楚克达什等照依新定之例毋庸刺字，并咨刑部查照。②

---

① （清）祝庆祺等：《刑案汇览》，北京古籍出版社 2004 年版，第 1805—1806 页。
② 同上书，第 622—623 页。

该案是一起察哈尔都统向理藩院质疑曾经由理藩院与刑部会审的"台吉济克莫特伙同贡楚克达什等偷窃马匹驼只"一案。后来理藩院根据实际情况改判了原来的判决，并且咨会了刑部成为定例。由此案的说辞我们可以知道这起案件实际上是由理藩院与刑部联合会审的，这也打破了只有重大命盗死刑案件才由理藩院与刑部会审的相关规定。在司法实践中，只要发生疑难案件——理藩院根据《蒙古律例》无法予以有效解决的案件，都是由理藩院会同刑部共同审理，只是最终的主稿者是理藩院而已，也就是说，理藩院与刑部在审理类似的案件时，理藩院是起到主要作用的。

2. 理藩院参与秋审程序

理藩院对于秋审案件的管辖权不同于对一般民刑案件的独立管辖，也不同于重大死刑案件与三法司的会审形式的管辖权。清代的秋审是具有一种形式主义的象征意义。关于蒙古秋审案件的复核权由理藩院会同九卿进行，《大清会典》规定"若监候，则入于秋审"及"（蒙古案件）秋审，满洲九卿会院议奏"。《理藩院则例》记载："康熙元年题准：拟定死罪监候秋后犯人，照刑部例会同九卿议奏。"[1] 一年一度的秋审大典之际，有关蒙古地区的秋审案件由刑部分送诏册，届时理藩院尚书侍郎则去参加天安门前的会审大典。再如"犯死罪由札萨克审明报院，由院会三法司定拟具奏。其应监候秋后处决者，刑部秋审时，会满九卿议奏"[2]。另外，通过理藩院与刑部上奏皇帝请求批准的秋审量刑标准，从一个侧面也可以体现出理藩院对秋审案件有一定程度的司法管辖权。例如，乾隆五十年初九日刑部会同理藩院奏准"蒙古地方偷窃四项牲畜治罪定例"[3]，规定了秋审的定罪量刑标准。其标准是：盗30匹以上，不分首从，绞监候，秋审时俱入情实；盗20—30匹，为首绞监候，秋审入情实；为从绞监候，秋审入缓决；盗10—20匹，为首

---

[1] 赵云田点校：乾隆朝内务府抄本《理藩院则例》，中国藏学出版社2006年版，第198页。

[2] 同上书，第295页。

[3] 蒙古偷窃牲畜定例，系专指牛马驼羊四项而言。

绞监候，秋审入情实，为从发遣云贵两广。①

　　《刑案汇览》中也有案例可以佐证：

　　　　直隶司为咨覆事。先据热河都统咨，拿获逃遣金贵纠邀马三
　　宝等行窃温允恭当铺银衣等物一案，将金贵依蒙古例拟绞监候，
　　并声明该犯若照刑律拟罪，赃至一千两以上，将来秋审例应情
　　实。……去后兹准理藩院咨称：查蒙古例载：蒙古地方偷窃银两
　　什物赃至一百二十两以上，为首者绞监候，秋审时入于缓决等
　　语。今该犯金贵若照蒙古例办理，秋审时应入缓决。查刑律内
　　载：窃盗赃一百二十两以上，拟绞监候。如祖父母、父母年逾七
　　十，家无次丁，及孀妇独子，伊母守节已逾二十年，统俟秋审时
　　另行核办，例应缓决者，减等后准其留养，应入情实者即不准其
　　留养。至是否赃逾五百两，分别实缓，系本部历年办理秋审章
　　程，并未载入例册。查蒙古例内窃赃逾贯，秋审时入于缓
　　决。……是蒙古例与刑律拟罪本不相同，自应视其视犯罪地方分
　　别办理。此案金贵系在蒙古地方犯事，自应照蒙古例治罪。该犯
　　亲老丁单，应行留养之处，应听贵院核办。相应将原稿仍移送理
　　藩院，查照蒙古例核叙出语，送回本部，以凭缮本具题。②

　　该案不仅反映出中原地区的儒家法律思想对蒙古地区的渗透，同时
也表明《蒙古律例》的内地化倾向十分明显，《大清律例》的存留养亲
内容已经适用于蒙古案件的审理。从案件说辞中我们可以了解蒙古地区
的案件如果作为秋审案件是由理藩院决定并咨请刑部即可，如"理藩
院咨称：查蒙古例载：蒙古地方偷窃银两什物赃至一百二十两以上，为
首者绞监候，秋审时入于缓决等语"，就能很好地说明问题。

---

　　①　中国社会科学院中国边疆史地研究中心主编：《蒙古律例》卷6，"盗贼"，全国图书
馆文献缩微中心1988年版，第6页。

　　②　（清）祝庆祺等：《刑案汇览》，北京古籍出版社2004年版，第2158—2159页。

第三节　理藩院对蒙古地区法律冲突规范的选择

本节要说明的是，理藩院在审理蒙古案件的过程中往往会遇到国家法与蒙古地区固有法之间的冲突与选择问题，也就是何种案件在何种情况下适用国家法，何种案件又是在何种情况下适用固有法？法律适用的基本原则又是什么？这些问题表面上看仅仅是法律规范的选择问题，实质上反映出清中央政府对蒙古地区的治理策略并体现出强烈的政治目的。清中央政府为了有效地治理蒙古地区并与之保持稳固的政治联盟，必须处理好中央集权与地方自治权的问题，这才是理藩院审理蒙古案件时法律规范选择的实质意义。

一　适用蒙古地区的国家法

（一）《大清律例》

《大清律例》是清朝最重要的法典，其效力当然适用于清朝国家主权所及的领域。蒙古地区自从归入清朝版图以后，《大清律例》的影响力就在整个蒙古地区得到扩张，并且随着清中央政府对蒙古地区统治的进一步加强，《大清律例》被日益推进渗透到蒙古地区。具体表现为清中央政府统治蒙古地区的初期，《大清律例》仅适用于少数重大政治性案件和重大命案，发展到后期连一般刑事案件的审理也适用《大清律例》，当然这中间有个较长的发展演变过程。

（二）《理藩院则例》

1696 年，康熙帝命理藩院将清太宗以来陆续发布的 125 条有关蒙古的法令汇编成《理藩院则例》，作为处理蒙古事务的法律依据。乾隆五十四年（1789 年）在康熙时所编《理藩院则例》的基础上加以修订和补充，汇编成新的《理藩院则例》209 条。嘉庆二十年（1812 年），将《理藩院则例》再行修订，将其内容扩编为 526 条。是清王朝统治蒙古、回疆、西藏等地的综合性法规，属《大清律》的体系。内容涉及政治、经济、军事、宗教、司法、交通和外交等各个方面，共 64 卷，965 条，具体规定了蒙古行政、军事、会盟、旗界、设官、朝贡、封爵、户口、耕牧、兵刑、赋税、贸易等细则，以及有关漠南、漠北、漠西蒙古王公的种种特权。

（三）《蒙古律例》①

《蒙古律例》是清朝专门用于蒙古地区的军令、诏令和法规。1643 年（崇德八年）《蒙古律例》正式颁发，1667 年，理藩院颁发了顺治朝以来增订的条例。1741 年，又完成了新修订的《蒙古律例》。1795 年，《蒙古律例》重新刊印颁行。《蒙古律例》共 12 卷，并以蒙、汉、满三种文字颁行。其中第一卷官衔；第二卷户口和差徭；第三卷朝贡；第四卷会盟行军；第五卷边境卡哨；第六卷盗贼；第七卷人命；第八卷首告；第九卷捕亡；第十卷杂犯；第十一卷喇嘛例；第十二卷断狱。律例中还规定严格执行蒙古兵役制度，在蒙古地区实行盟旗制度等。

值得注意的是，《蒙古律例》是一部清中央政府制定的专门适用于清代蒙古地区的法律，理藩院是这部法律形成的具体执行者，虽然是清中央政府制定的，但是笔者遍览《蒙古律例》后发现，它基本上是一部蒙古地区固有法的集中反映。理藩院综合了蒙古地区历史上

---

① 中国第一历史档案馆的李保文先生认为，"清属蒙古地区不以《大清律》而以《蒙古律》作为断案依据，《大清律》仅适用于大清国的总统伊犁等处将军衙门辖区（1762—1911）的回部以及各个直省，尤其是在嘉庆二十二年（1817 年）以前，二者各有各的适用区域。嘉庆二十二年所定'凡办理蒙古案件，如《蒙古例》所未备者，准照《刑例》办理'，是谓刑部参用成案作为《蒙古律例》的补充适用于《蒙古律例》的实施区域。从崇德八年颁布《大札撒》以及嘉庆二十二年（1817 年）以后一直到宣统二年（1910 年），《蒙古律例》与《大清律例》在大清国有着同等的法律地位，只不过实施的区域不同而已"。笔者基本赞同这一观点，只是对于李先生所说的《大清律》不适用于清代的蒙古地区持谨慎的保留态度，因为笔者感觉李先生似乎很难圆满地解释嘉庆二十二年的定例中所说的《刑例》到底是什么？事实是李先生在该文的前面曾经提到"我们认为汉文本提到的《刑例》实指《大清律》或《大清律例》以及刑部的各种成案而言，其所言《蒙古例》实指《蒙古律》或《蒙古律例》以及理藩院的各种成案"，这能说《大清律例》不适用于清代的蒙古地区吗？（具体参见《清朝〈蒙古律〉的题名及其历史作用》，载《故宫学刊》2006 年总第三辑，第 492—493 页。）

出现的固有法综合编纂而成。

二 适用蒙古地区的固有法

元明清时期，北方边疆蒙古族聚居地区基层社会组织在一系列政治、经济、文化、军事背景变动下，由蒙古汗国、元朝时期的万户—千户制度发展演变为明朝时期的土绵—鄂托克制度，再由明朝时期的土绵—鄂托克制度发展演变为清朝时期的盟旗制度。元明清时期，在北方边疆蒙古族聚居地区基层社会组织的变迁中，北方边疆蒙古族基层社会的法律制度也随之不断变迁，从蒙古汗国时期的约孙、《大札撒》到元朝时期的《元典章》，从明朝、北元时期的《图们汗法典》《阿勒坦汗法典》《喀尔喀七旗法典》《旧察津毕其格》《卫拉特法典》，到清朝时期的《蒙古律例》经历了一个从习惯到习惯法、从习惯法到成文法的变迁过程。

（一）约孙

蒙古族各部在兴起的过程中，由狩猎经济过渡到游牧经济，它们虽然互不统属，各自独立，但是其生产、生活环境相同，有着共同的语言和生活习惯，形成了相同或相近似的"习惯行为规范"，并以之调整人们的社会活动，具有普遍的约束力，蒙古人称为"约孙"。蒙古族的约孙几乎囊括了蒙古社会政治、经济、军事、生产生活的各个方面。如有对长生天及祖先的祭祀制度、氏族首领忽里勒台制度、汗位继承制度、长老别乞制度、血亲复仇制度、氏族婚姻制度、财产继承制度、偷盗审断制度、生产生活禁忌等。

（二）《大札撒》

《大札撒》是由成吉思汗在统一蒙古草原期间和大蒙古国建立初期颁布的一系列敕令、向臣民发出的训言以及部分蒙古习惯法构成的一部蒙古成文法典。[①] "札撒"为蒙语音译，其意为"法令"。《元

[①] 《大札撒》并未保存下来，今天所见到的《大札撒》是由后人集成的，包括法令、圣谕、祖训、格言，分36条和40条不等。

史》记载："诸王百官大会于怯绿连河曲雕阿兰之地，以太祖遗诏即皇帝位于库铁乌阿剌里。始立朝仪，皇族尊属皆拜。颁大札撒。华言大法令也。"① 《大札撒》用畏兀儿文记录保存，每次处理重大问题时，大家都要先查阅《大札撒》。《大札撒》不仅规定了选举、外交、诉讼、刑事犯罪等条文，还规定了商业、赋税、财产继承等方面的内容。例如，札撒规定那颜们除大汗外不得投托他人；承认私有财产的子嗣继承权，确认父权和夫权；禁止人户转移，也不准有人收容和庇护，禁止奴婢逃亡，逃奴必须归还原主；禁止逃避服役；禁止临阵退缩；禁止盗窃、奸淫、妄语和背叛。凡是违反上述扎撒的，一律处死。但是，汗的宗室违反札撒，仅处以监禁或流放。《大札撒》在大蒙古国（1206—1259 年）和元朝（1260—1368 年）的建立和发展中发挥了重要的作用，是蒙古黄金家族共同遵守的最高准则，也是大蒙古国普遍通行的行为规范，是蒙古法的核心。

（三）《阿勒坦汗法典》

《阿勒坦汗法典》又译作《俺答汗法典》，是明代蒙古土默特部首领俺答汗于 1578—1581 年在蒙古原有习惯法基础上，吸收部分汉、藏刑律而制定的一部法典。《阿勒坦汗法典》共有 13 章，第一章和第十三章分别为序言和结束语，法律条文共有 11 章。内容包括人命、伤残、盗窃、夫妻家庭、主奴纠纷、传染病防治、叛逃、保护野生动物、官差以及处理蒙汉关系等诸方面的规定。每一条文都具体规定了惩罚办法和赔偿数额。法典具有蒙古族的传统特点，如以杖责、罚畜、顶替等处罚方式来处理各种案件。

《阿勒坦汗法典》不仅维护了当时蒙古社会的封建统治，对于安定社会秩序保护人民生命财产，也具有良好的作用。尽管《阿勒坦汗法典》不是整个蒙古社会所制定的大法，实施的范围有限，但对推动蒙古社会向前发展具有重大的历史意义。

---

① （明）宋濂等：《元史》卷 2，《太宗纪》，中华书局 1976 年版，第 29 页。

（四）《白桦法规》

《白桦法规》是明代后期喀尔喀蒙古封建主制定的诸多法规的总称。1970 年在蒙古肯特山麓一佛塔中发现，因写于白桦树皮上，故名。《白桦法规》共有 18 个法规，由喀尔喀领主会盟时共同制定。内容包括有关蒙古各部会盟、首领之间的关系、防御敌人、维护社会秩序、保护喇嘛教、刑事与民事和风俗等规定。这一时期蒙古文化的传统性受到外来文化的强烈冲击，特别是受到喇嘛教的极大影响。在蒙古文化的各个方面，都打上了宗教的印记，就连法典也不例外。

（五）《卫拉特法典》

《卫拉特法典》是 1640 年喀尔喀蒙古和卫拉特蒙古各部封建主于塔尔巴哈台会盟时制定的法典。该法典最先用畏兀儿体蒙古文书写，咱雅班第达创制了托忒文以后便有托忒文本。《法典》原文及其副本至今尚未发现，目前所见到的《法典》，主要为蒙文和托忒文抄本。法典原文不分条，是译者根据段落划分成条的，因此法典条文有 121 条、130 条、110 条等不同版本。《卫拉特法典》在封建主的特权、驿站、妇女、盗窃、逃犯和维护社会秩序等方面均有条款规定，刑罚方式有死刑、罚畜、没收财产、禁锢和杖责等。

《卫拉特法典》的内容比《阿勒坦汗法典》更为广泛、全面，其中有关僧侣与宗教、卫拉特与喀尔喀关系、驿站和运输、赋役、家庭婚姻、畜牧与狩猎、财产与继承权、刑罚与审判等事项的规定具体而详细。《卫拉特法典》在当时发挥了维护蒙古封建主特权，巩固社会秩序，调整喀尔喀、卫拉特、土尔扈特三部之间的相互关系，抵御外部威胁的重大历史作用。

蒙古族是最早归顺清王朝的民族，也最早同清王朝结成了政治联盟，为清军入关进而夺取全国政权立下汗马功劳，所以清王朝特别礼遇蒙古族。不仅在政治待遇方面给予封王封地及实行满蒙婚姻制度，而且在司法制度方面，制定专门适用于蒙古地区的法律《蒙古律例》，而《大清律例》的很多条款不适用于蒙古地区。当然，清中央政府决不可能听之任之，放弃在以上民族地区的管辖权。为了实现中央集权达到控制这些民族地区，清中央政府非常有远见地通过理藩院加强中央集权，而理藩院在司法审判时很好地设计了一套相对完善的法律适用冲突机制来解决这一微妙的关系，既显示清中央王朝的适度放权，又能适度地加强中央集权，还不致引起蒙古地区少数民族的激烈不满，较好地处理了中央集权和地方自治的关系。通过对法律冲突规范适用的考察，特别是把它放在这一制度设置的变迁中来考察，便可以看出清中央集权逐步加强的过程。笔者下文将从《刑案汇览》中选择若干案例具体解释清代蒙古地区案件审理时法律规范的选择问题。

三　法律冲突规范选择的具体原则

（一）属地主义原则

现代意义上的属地主义原则，是指以地域为标准，凡是发生在本国领域内的犯罪，无论犯罪人是本国人还是外国人，均适用本国刑法的原则。反之，在本国领域外犯罪，都不适用本国刑法。由于属地主义原则直接维护国家领土主权，而国家领土主权是国家主权的基本体现，因此属地主义原则往往被视为刑事管辖权的基本原则。必须指出的是，清代理藩院在审理蒙古案件时法律适用的属地主义原则不具有现代意义上的正当性，但是二者就具体程序的适用依然存在着可比性，因为清代蒙古地区已经是大清帝国统治下的一个行政区划，只是属于非直省地区，享有相当程度的自治权而已。

有相关历史文献记载，乾隆二十六年刑部与理藩院议覆臣工条奏制定"蒙古人在内地犯事照内地律治罪民人在蒙古地方犯事照蒙古律治罪"条。具体情况是"乾隆二十六年刑部会同理藩院议覆山西按察司索琳所奏定例：蒙古等在内地犯事照衣刑律定拟，民人在蒙古处犯事照衣蒙古律定拟"①。

还有，乾隆十四年理藩院奏准"蒙古地方系游牧，并无墙垣，易于偷窃，是以定例綦严。但蒙古一切衣食等物大半买之内地，内地人

---

① 中国社会科学院中国边疆史地研究中心主编：《蒙古律例》卷 10，"杂犯"，全国图书馆文献缩微中心 1988 年版，第 8 页。

持货赴边，日积月累，迄今归化城八沟，多伦诺尔数处所集之人已至数十余万。今蒙古偷窃内地人牲畜皆照蒙古律拟绞；内地人偷窃蒙古牲畜仍以内地窃盗计赃治罪。蒙古内地人相聚一处，未免情同罪异。嗣后内地人如在边外地方偷窃蒙古牲畜者，照蒙古例为首拟绞监候，为从议罚三九"①。

这几条史料比较清楚地告诉我们法律规范适用的属地主义原则，蒙古人在内地犯罪要适用大清律，内地人在蒙古地区犯罪则适用蒙古律。"蒙古人在内地犯事照内地律治罪，民人在蒙古地方犯事照蒙古律治罪"，必须指出的是，清代蒙古地区的法律适用中的属地主义原则在性质上绝不同于现代意义上的属地原则，因为清代蒙古地区已经是大清帝国的一个特殊的地方行政区划，不存在国与国之间的关系问题。以下再从《刑案汇览》选取一例论证之。

　　理藩院咨称：先准察哈尔都统咨报台吉济克莫特伙同贡楚克达什等偷窃马匹驼只一案。……经本院会同刑部核覆，将台吉济克莫特拟革台吉，不准开复。其贡楚克达什等照例鞭责发落，毋庸刺字等因，题准咨行去后。今该都统咨称，前于嘉庆二十四年间准刑部咨，凡民人蒙古番子人等偷窃四项牲畜，除在内地犯事，照刑例治罪刺字外，其在蒙古地方并番地偷窃，应照蒙古例定拟之犯，概行遵例，各按窃盗本例刺字，以昭画一等因。……本院定条例内载：各案首徒贼犯应发遣者，均照例刺字，交驿当差，应鞭责者，蒙古照例鞭责，民人折责发落等语。是例意以蒙古人等向不谙悉刺字，且与内地相距甚远，若因微细罪名咨送内地刺字，徒劳往返，有失柔远之道，是以应鞭责人犯均免其刺字。刺例业经呈览，尚未颁行，兹准前因，相应咨覆该都统，即将拟以鞭责之员贡楚克达什等照依新定之例毋庸刺字，并咨刑部

---

①　（清）昆冈等修：《钦定大清会典事例》卷994，上海古籍出版社1995年影印本。

查照。①

　　该案是一起由察哈尔都统动议要求理藩院对于蒙古律例中没有相关规定的内容给予明确答复以便今后遇到类似案件一体遵行，实际上理藩院与刑部对该案件的审理结果是有问题的，经过都统的要求理藩院改变了原来的判决，其中的说辞"蒙古地方并番地偷窃，应照蒙古例定拟之犯，概行遵例，各按窃盗本例刺字，以昭画一等因"就已经很清楚地告诉我们，在蒙古地方犯偷窃罪的一律适用《蒙古律例》。

　　（二）属人主义原则

　　现代意义上的属人主义原则以人的国籍为标准，凡是本国人犯罪，不论是在本国领域内还是在本国领域外，都适用本国刑法。与属地主义原则一样，清代的蒙古地区原本已经属于清王朝的版图，是隶属清中央政府下的一个地方行政区划，只是属于非直省享有较大的自治权力而已，因此不具有现代法律中的属人主义原则基本内涵，只是在具体的司法程序上有着一定的可比性而已。有相关的史料记载如下：

　　《钦定大清会典事例》记载："国初定：边内人在边外犯罪，依刑部律；边外人在边内犯罪，依蒙古律；八旗游牧蒙古牧场人等有犯，均依蒙古律治罪。"② 以及嘉庆二十三年规定："嗣后蒙古地方抢劫案件，如俱系蒙古人，专用蒙古律；俱系民人，专用刑律。如蒙古人与民人伙同抢劫，核其罪名，蒙古例重于刑律者，蒙古与民人俱照蒙古例问拟；刑律重于蒙古例者，蒙古与民人俱照刑律问拟。"③

　　另外，《理藩院则例》中规定："边内人在边外犯罪，照内律，边外人在边内犯罪照外律。"④

---

① （清）祝庆祺等：《刑案汇览》，北京古籍出版社 2004 年版，第 622—623 页。

② （清）昆冈等修：《钦定大清会典事例》卷 994，上海古籍出版社 1995 年影印本。

③ 同上。

④ （清）伊桑阿等纂修：《康熙大清会典》卷 145，"理藩院·理刑清吏司刑例"，文海出版社 1992 年版。

由此可以看出，随着清帝国统治日益巩固，为了进一步加强中央集权，在司法管辖方面也有强烈的表现。在国家初定时采取属人主义来加强对蒙古的倾斜照顾，嘉庆、道光年间则改为属人主义与属地主义相结合的办法，甚至是无论犯罪发生地在边外还是内地，也无论是蒙古人还是民人，只要蒙古例无规定一律使用刑例的情况。清朝中期以后，随着社会的发展，蒙汉民族之间的交往日益频繁，各种冲突矛盾必然增多，中央政府的民族隔离政策形同虚设，面对客观现实清中央政府采取务实的态度，对法律冲突规范的设置是灵活的。

清朝中晚期，随着对蒙古统治的加强和司法管辖的进一步深入，中央政府认为原来的法律冲突规范不利于中央集权的加强，于是在嘉庆十七年直接由刑部定例"查强劫之案，蒙古例较轻于刑例，及至杀人始俱斩枭。……应请将蒙古例内强劫杀人伤人之条，仿照伙同杀人伤人者不分首从，分别拟以斩决枭示，其同行上盗而未帮同杀人伤人之犯仍各按本利定拟，相应声明听候部议"①。这条规定从原则上把所有蒙古人犯强劫杀人罪，不分首从一律按刑部例定拟，并且由刑部议决，这是中央集权的恶性膨胀在司法领域的表现。但是，满蒙毕竟是同盟者，专制集权的加强也不得不考虑先辈们的定制，又表现出一定的灵活性。

（三）适用先例原则

这种适用原则有点类似于英美法系判例法的适用原则，但是清代理藩院在审理蒙古地区案件所适用的先例绝不同于西方国家的判例法，因为英美法系的判例法是民主宪政条件下的产物，而大清帝国时期的这种判例适用则是皇权专制下的产物。理藩院通过案件审判形成的具有典型意义的成案要经过皇帝批准才能形成具有普遍意义的"通行"，再被编纂进相关的法典之中形成成文法，同时其也不是严格遵循先例。但是理藩院通过案件的审判确实能够形成具有普适性的法律规范是千真万确的事情，作为法律的形成形式和适用形式可以说具有

---

① （清）昆冈等修：《钦定大清会典事例》卷994，上海古籍出版社1995年影印本。

现代英美法系判例法制度的某些形式化特征当是没有问题的。现从《刑案汇览》中选取一例论证之。

> 塔尔巴哈台参赞大臣咨：托斯图与巴彦祖尔肯玩耍，用石掷打马匹，误伤巴彦祖尔肯身死案。查蒙古内因戏过失杀人与过失杀人均罚三九牲畜，此案蒙古托斯图与巴彦祖尔肯玩耍用石掷马，不期误中巴彦祖尔肯身死。既据该参赞大臣援照蒙古过失杀人律罚给三九牲畜咨部，查此等案件向由本部将原咨送理藩院核办。卷查嘉庆十三年塔尔巴哈台参赞大臣咨托霍麦被沙拉骑马踢死，将沙拉照过失杀人律罚给牲畜一案，亦系将原咨送理藩院办理在案。今该司以托斯图应否照蒙古律收赎，拟将原咨送理藩院办理，核与从前办过成案相符，应请照办。①

该案是托斯图与巴彦祖尔肯玩耍，用石掷打马匹，误伤巴彦祖尔肯致其身死，当时理藩院在审理时并没有依照《蒙古律例》，也没有依照《大清律例》而是依照"嘉庆十三年塔尔巴哈台参赞大臣咨托霍麦被沙拉骑马踢死"这一成案比照判决的，这说明理藩院在审理蒙古案件的时候是可以比照以前的判案成例的，这样的成案一旦经过皇帝批准就成为"通行"，便具有普遍的法律效力。

（四）《蒙古律例》无规定适用《大清律例》的原则

《钦定大清会典事例》中记载"乾隆七年定嗣后八旗游牧察哈尔蒙古偷盗牲畜及犯别项罪名者，皆照蒙古例，如蒙古律例所未载，再照刑部律例办理"，及"嘉庆二十二年则规定凡办理蒙古案件，如蒙古例所未备者，准照刑例办理"。②

应当说这两条规定特别是嘉庆二十二年的定例，实际上是清中央政府在极大地把大清律例推进到蒙古地区的同时弱化了蒙古律的适用

---

① （清）祝庆祺等：《刑案汇览》，北京古籍出版社 2004 年版，第 1150—1151 页。
② （清）昆冈等修：《钦定大清会典事例》卷 994，上海古籍出版社 1995 年影印本。

范围，体现出清中央集权的逐步深入，地方自治的权力相对削弱的一面。光绪年间，《理藩院则例》规定："蒙古处分例无专条，准咨取吏、兵、刑部《则例》比照引用。"①

通过这条比附援引的规定使原来的法律冲突规范受到很大限制，使依蒙古例断狱的冲突规范适用情形减少，中央集权的逐步推进昭然若揭，但也绝不如有些学者说的那样，蒙古律例形同虚设。实际上蒙古律例自产生后，在整个清代一直存在并且是适用于蒙古地区的国家立法，与大清律例的性质是一样的，只不过蒙古律例只适用于蒙古地区而大清律例适用全国。可以说理藩院则例更像是理藩院的部门规章或工作细则，与蒙古律例相比不在同一个立法层次上。

为了更加充分地说明这一问题，笔者从《刑案汇览》中选择两个案例来说明。

理藩院咨台吉达什扎布诬告伊父棍布扎布，应拟何罪一案。查向来蒙古人有犯，如蒙古律内并无治罪专条者，即照刑律办理。此案台吉达什扎布诬告伊父棍布扎布，按照刑律应拟绞决，惟该犯系在蒙古地方犯事，应由理藩院自行酌办，请交该司片覆。片文查刑律载：子孙告祖父母、父母，虽得实亦杖一百，徒三年，一事诬即绞等语。此案台吉达什扎布控告伊父棍布扎布各款，审实一款，审虚五款，按照刑律，达什扎布应照子告父母一事诬即绞律，拟绞立决，惟该犯系在蒙古地方犯事，相应咨覆理藩院自行酌办。②

理藩院咨查山东省请示抢劫拟遣之巴雅斯呼朗应刺何字一案。查嘉庆二十三年十二月内，热河都统咨：王文成等照匪徒拦抢拟遣案内，以蒙古民人偷窃四项牲畜刑律内既经指出在蒙古地方偷窃，各照本例刺字，自应遵例概行刺字等因咨部。经本部声明，嗣后偷窃四项牲畜，照蒙古例定拟之犯，概行遵例各按窃盗本例刺字等因，通行理藩院、直隶、山西、陕西、奉天、热河、察哈尔等处画一办理在案。……职等伏思蒙古抢劫之案重于偷窃，偷窃既行刺字，则抢劫断无不当刺字之理，蒙古例内既无明文，原可参用刑例。查刑例内抢夺窃盗问拟死罪，及遣军徒犯俱分别面刺抢夺窃盗字样，则蒙古抢劫人犯亦应面刺抢劫二字……此案巴雅斯呼朗系理藩院主稿之案，应咨行理藩院查明原案，照现拟刺字章程咨覆该抚遵照办理。①

以上两个案例的说辞能够很好地佐证嘉庆二十二年定例。分别有这样两条说辞"查向来蒙古人有犯，如蒙古律内并无治罪专条者，即照刑律办理"，及"蒙古例内既无明文，原可参用刑例"。这里的蒙古律内没有专条即照刑律办理，刑律实际上指的就是大清律例。

（五）从重适用法律规范原则

嘉庆二十三年规定："嗣后蒙古地方抢劫案件，如俱系蒙古人，专用蒙古律；俱系民人，专用刑律。如蒙古人与民人伙同抢劫，核其罪名，蒙古例重于刑律者，蒙古与民人俱照蒙古例问拟；刑律重于蒙古例者，蒙古与民人俱照刑律问拟。"②

清中央政府在法律适用方面一般情况下会遵守相关法的规定，但是为了保护某些特殊利益的时候会出现非常规适用法律规范的情况，即当出现某个涉及蒙古的重大命盗案件时，由于《蒙古律例》的处罚较轻不利于体现公平，同时也有损《大清律例》权威的时候，理藩院会临时制定相关的法律制度，规定《蒙古律例》与《大清律例》哪部法律处罚重就适用哪部法律。表面上看似乎很公正，实际上是《大清律例》对《蒙古律例》的进一步的侵削。为什么呢？当我们仔细研究《蒙古律例》时我们就会发现，《蒙古律例》中对于严重暴力犯罪的处罚往往都是罚畜刑，相对于《大清律例》比比皆是的死刑制度当然要轻得多。所以这种貌似公平规定的背后潜藏着事实上的不公平，因此，从概率学的视角来看这种规定的适用概率几乎全部是《大清律例》。我们同样可以用《刑案汇览》中的一个个案来解释。

---

① （清）祝庆祺等：《刑案汇览》，北京古籍出版社 2004 年版，第 792—793 页。
② （清）昆冈等修：《钦定大清会典事例》卷 994，上海古籍出版社 1995 年影印本。

热河都统咨阿萨尔图等偷窃骡马牛驴请示一案。查蒙古偷窃牲畜定例，系专指牛马驼羊四项而言，前据直隶总督以蒙古四项牲畜不及骡驴，应否将骡头照大马按匹并计，驴头照马驹折算科断，抑或计赃论罪之处，咨请部示。当经本部以偷窃蒙古牲畜科罪各条，事隶理藩院，将原咨送理藩院核办。……查蒙古例办理案件与刑律迥不相同，有蒙古例重而刑律轻者，亦有蒙古例轻而刑律重者，因地制宜，不容牵混。……如果以该处五方杂处，生齿日繁，今昔情形不同，情重法轻，不足以示惩儆，亦应由理藩院详查例案，名立专条，奏定通行。本部无凭率覆援照刑律酌量问拟，于罪名诸多窒碍，应咨送理藩院一并核办。①

该案是热河都统咨阿萨尔图等偷窃骡马牛驴请示一案，都统上报刑部后移送给理藩院审理，当遇到同一个案件既可以适用《蒙古律例》，也可以适用《大清律例》的时候，代表清中央政府的理藩院就会毫不犹豫地做出选择，两部法律哪个处刑重就用哪个法律。例如"查蒙古例办理案件与刑律迥不相同，有蒙古例重而刑律轻者，亦有蒙古例轻而刑律重者，因地制宜，不容牵混"，可以说明。当然，必须指出的是，正如前文所说，由于《蒙古律例》的规定相较于《大清律例》的规定无论如何前者也比不上后者的各种死刑制度来得酷烈，因此在实际司法实践中适用《蒙古律例》的情况是少之又少。

①　（清）祝庆祺等：《刑案汇览》，北京古籍出版社2004年版，第623—624页。

第七章

理藩院对清代回疆地区的司法

第一节 理藩院与回疆地区的司法机构及功能设置

清朝在回疆地区司法机构的设置有两套系统，即在中央理藩院的统领下于回疆地区设置了中央派驻的司法机构和具有回疆地方特色的伯克系统。可以说，理藩院是回疆地区司法案件的上诉机构，同时清代回疆地区所发生的刑事案件的司法终审权已经收归中央，在学术界已经得到认可。不仅如此，随着清政府对新疆地区的统一，该地区事务的增多与复杂，清中央政府于理藩院内部机构中设置专门办理回疆事务的部门。正如《原修回疆则例原奏》中记载："回疆自乾隆二十四年平定后，仰承高宗纯皇帝抚绥教育，共乐升平。举凡回部纳贡及大小伯克升转一切事件，俱由该处将军大臣等报部转奏。因事务繁多，专设徕远一司，承办第查，办理回疆一切事件。"[①] 由此可以看出，理藩院对回疆地区事务的管理不仅仅局限于司法审判，甚至还包括一些行政事务。

一 中央派驻回疆地区的司法机构及功能设置

（一）伊犁将军、参赞大臣、办事大臣和领队大臣

由于清代在新疆地区实行以伊犁将军为首的军府管理体制，驻回

---

① 中国社会科学院中国边疆史地研究中心编：《回疆则例》之《原修回疆则例原奏》，全国图书馆文献缩微中心1988年版，第6页。

疆各城大臣均受伊犁将军节制，"至回部与伊犁相通，自叶尔羌、喀什噶尔，以至哈密等处驻扎官兵，亦归将军兼管。其地方事务，有各处驻扎大臣仍照旧例办理。再叶尔羌、喀什噶尔等回城，皆在边陲，如有应调伊犁官兵之处，亦准各处大臣咨商将军，就近调拨"①。由于伊犁将军职权偏重于军事方面，且远离回疆各城，未免有鞭长莫及之虞，为此清廷于乾隆三十年（1765 年）就二者职权关系再次作出界定："前令伊犁将军统辖回疆各城，原为调兵等项大事而言，若事无大小，必文移商酌，耽延误事，且启推诿之渐。著传谕各回城驻扎大臣，嗣后遇有调兵等大事，一面具奏，一面会商伊犁将军，寻常事件，自行办理具奏。"② 可以说伊犁将军是清代回疆地区的司法最高审级。

清代新疆天山南路参赞大臣，又称总理回疆事务参赞大臣，肩负总领喀什噶尔、叶尔羌、英吉沙尔、和阗、阿克苏、乌什、库车、喀喇沙尔等城军政事务，为清代回疆最高军政长官，是清政府在新疆地区所建军府体制中的重要组成部分。参赞大臣原来是非常设的军事官员，清政府遇有重大军事行动，统帅之下往往派参赞大臣，以赞襄军务、分统军队，在蒙古和新疆地区则演变为负责军政事务的大员，其地位仅次于驻防将军。③ 总理回疆事务参赞大臣，又称总理各回城事务参赞大臣，因其最初设置于喀什噶尔，故又称为喀什噶尔参赞大臣。

《回疆则例》中有"驻扎叶尔羌参赞大臣衙门颁设令箭"条款。此条规定："驻扎叶尔羌大臣衙门原设令箭十二枝，遇有一切紧要事件许发令箭传调。如系寻常事件，仍用文檄咨调办理。"④ 这条规定

---

① （清）傅恒等撰：《平定准噶尔方略》续编，卷 19，全国图书馆文献缩微复制中心 1990 年版。

② 《清实录》（18），《清高宗实录》卷 748，中华书局 1986 年版，第 239 页。

③ 《中国历史大辞典·清史》（上册），上海辞书出版社 1992 年版，第 343 页。

④ 中国社会科学院中国边疆史地研究中心编：《回疆则例》卷 5，全国图书馆文献缩微中心 1988 年版，第 12 页。

了参赞大臣依军事调配的权力。其功能在《西域总志》也有记载："乌什为参赞驻节之所，总理各城，膺回疆之重任，虽受伊犁将军节制，而回疆重大机务，实为参赞专责，皆无庸会商将军而后行，犹内地督抚之分省而治也。"① 从中可见，参赞大臣虽然受伊犁将军节制，但是这种节制是有一定限度的，伊犁将军主要管理各地军事事务，参赞大臣对于回疆日常事务可以自行处理，除非是遇到重大事件，才需"会商伊犁将军"。关于参赞大臣的职能，《西域总志》亦载："参赞既住乌什，各城重大机务，均须会商办理。六大回城之三品阿奇木伯克、四品伊什罕伯克缺出，须参赞大臣定拟其人，与本城办事大臣联衔奏请。……亦参赞大臣定拟。春参赞大臣西至叶尔羌、喀什噶尔，巡查回子、布鲁特事务，秋冬至哈喇沙拉，巡查土尔扈特耕种情形，收成分数，岁以为常。"②

在参赞大臣之下，驻扎回疆各城的官员为办事大臣和领队大臣。办事大臣代表清政府管理一城所属村庄的军政事务，使用部颁银印虎钮办事大臣衙署机构主要有印房、粮饷局、回务处等。领队大臣职掌与办事大臣相似，使用部颁铜印一枚。办事大臣、领队大臣对其所辖城庄内的日常事务可以自行处理、决定，重要事务须报告参赞大臣。此外，为避免将军、都统、参赞大臣等大吏独断专行，清政府赋予了各城办事、领队大臣监督的权力，如"道光八年谕，前经大学士军机大臣议覆那彦成奏，回疆积弊请将西、南两路各城办事、领队大臣分隶统属，由该将军、都统、参赞大臣认真考察，如将军、都统、参赞大臣有不正己秉公者，亦准各城大臣据实参奏，以资维制，当降旨悉照所议。本日朕恭阅皇考《仁宗睿皇帝实录》，内载向来回疆总办大臣遇有公事会同协办、领队大臣等列名具奏，其协办、领队大臣遇有应奏之事，亦准专折密陈……该两处协办之参赞、领队大臣有应行据

---

① （清）椿园七十一：《西域总志》卷3，《新疆列传》，文海出版社1966年版，第189页。

② 同上书，第182—184页。

实密陈者，俱准于请安摺、便专摺具奏，仰见我皇考整饬边疆，豫垂成宪"①。

其司法功能为初审、复审刑案，依法定案，最后上报，他们之间的司法权力应该是伊犁将军为当地的最高审级，其次参赞大臣，最后是办事大臣和领队大臣。在司法体系方面，"总理各回城事务参赞大臣"为回疆最高的司法长官，再向上为伊犁将军，死刑案件要再审转至理藩院、刑部。按照清朝的法律，凡是死刑案件必须专案具奏，由中央有关部门送交皇帝决定。

（二）印房处

长官为印房章京，由折房、满印房、汉印房等组成，属员主要有笔帖式、委笔帖式等人员。其功能是"专办理印房折奏稿案"，"贸易商民案件词讼各案，交印房会同委员审拟，呈堂办理"。从历史档案材料来看印房处常常与粮饷局共同审理案件。如道光十六年（1836年）九月二十七日，内地前来回疆经商民人吕自林在阿尔图什回庄店内被杀，清政府署衙接到报案后"署理喀什噶尔办事领队大臣乌珍泰委派印房章京三音部、粮饷章京保定缉凶审办"②。

（三）粮饷局

长官为粮饷局章京，由满房、汉房、库房、药库、仓廒等机构组成，属员有笔帖式、委笔帖式、千总。其功能为总司收放银钱粮石、征收税课诸务。

（四）回务处

专门管理当地少数民族事务的机构，长官为回务处章京，属员为笔帖式。其司功能为："回人内遇有故杀尊长者，照内地律例审办拟罪随具奏；如有故杀及金刃他物殴毙者，拟缢，巴杂尔示众；其误伤及手足伤毙者，准其照回人例赎罪，以钱、牛、羊给予死亲，免其抵

① 《清朝续文献通考》卷138，《职官考二十四》，高健、李芳主编：《清三通与续通考——新疆资料辑录》（下册），新疆大学出版社2007年版，第589页。

② 中国第一历史档案馆藏：《军机处录副奏折·民族事务类》卷596。

偿。将一年办过案件，汇咨军机处、理藩院。"①

（五）票务处和军台处，各设有委笔帖式

其功能是巡检一般负责管理"缉捕、盗狱、课税""商民回子词讼"等事项。②

（六）城守营

其功能文献记载："管理城池、衙署、各项官房及经管街道夜巡、监狱刑具……"③ 既有公安的职能也有部分司法职能。例如，道光二十二年（1842 年）十二月阿克苏拉尔庄民人校永青被维吾尔人雅和普杀害，阿克苏办事大臣辑瑞接案后，"当即另委印房章京德廉、城守营长晋等带领书吏、尸亲人等，前往相验"④。

二　回疆地方性的司法机构及功能

（一）阿奇木伯克

《回疆则例》卷二有一个条文，"回疆各城伯克等职掌"条。此条规定："阿奇木伯克总辖城村大小事务，伊什罕伯克协同阿奇木伯克办理事务，都尔噶伯克为阿奇木伯克之首领。"⑤ 这是有关阿奇木伯克全部功能的详细记载，其功能为总辖城村大小事务，而且还有伊什罕伯克协助。实际上阿奇木是阿拉伯语的音译，意为"统治者、法官、审判官"⑥，这个词后为波斯语借用，也有"统治者"的意思。在清代回疆，阿奇木伯克统理所辖城村一切大小事务，为诸伯克之冠。《西域图志》亦称其："职繁权重，为诸伯克之冠。"⑦

---

① （清）和宁：《回疆通志》卷7，文海出版社 1966 年版，第 232 页。

② 《清朝续文献通考》卷 138，《职官考二十四》，高健、李芳主编：《清三通与续通考——新疆资料辑录》（下册），新疆大学出版社 2007 年版，第 594 页。

③ 《喀什噶尔事宜》，南京图书馆古籍部抄本。

④ 中国第一历史档案馆藏：《军机处录副奏折·民族事务类》卷 596。

⑤ 中国社会科学院中国边疆史地研究中心主编：《回疆则例》卷 2，全国图书馆文献缩微中心 1988 年版，第 1 页。

⑥ 《阿拉伯语汉语词典》，商务印书馆 1978 年版，第 292 页。

⑦ 钟兴麒校注：《西域图志校注》卷 30，新疆人民出版社 2002 年版，第 429 页。

关于其司法权限,《回疆则例》中规定:"各城阿奇木伯克等凡遇枷责轻罪人犯,准其自行办理,仍令禀明驻扎大臣存案备查;如遇有刑讯重案,阿奇木伯克不得滥设夹棍杠子,擅自受理随时禀明本管大臣听候委员会同审理。"① 这里的文献记载也有相关的档案材料佐证。如前引档案材料道光二十二年(1842年)十二月阿克苏拉尔庄民人校永青被维吾尔人雅和普杀害一案,阿拉尔庄七品伯克哈萨本向阿克苏阿奇木伯克爱马特报案,爱马特又向清官衙报案。② 经官衙门审理后认为,案情较轻的人犯由阿奇木伯克处理。

(二) 哈资伯克

哈资,阿拉伯语的意思是"伊斯兰教教法的说明官",其司法功能在《西域地理图说》中有记载:"专理刑名,兼管生谣、乱阵、脱逃、躲避等事之职。"③

必须指出的是,清王朝在回疆地区设置的多元化审判机构的上诉审判机构是理藩院和刑部,并且仅仅限于重大命盗案件特别是死刑案件,对于一般刑事案件和所有民事案件是交给地方司法机构处理的。原因是什么呢? 笔者以为,清中央政府为有效统治回疆地区,通过理藩院把重大刑事案件的审判权牢牢控制住以便实现其中央集权,同时又兼顾到回疆地区特殊风俗人情和独特的法律文化传统,把轻微刑事案件和清王朝一向认为是"细故"的户婚田土等民事案件交由地方管辖,较为合理地处理中央集权和地方自治的关系,是符合当时清帝国实际情况的。

第二节　理藩院对回疆地区的司法审判程序

清代回疆地区的司法审判程序是怎样的? 理藩院在其中起到什么

---

① 中国社会科学院中国边疆史地研究中心主编:《回疆则例》卷6,全国图书馆文献缩微中心1988年版,第18页。

② 中国第一历史档案馆藏:《军机处录副奏折·民族事务类》卷596。

③ 《西域地理图说注》卷2,《职官制度》。

样的作用呢?《清史稿》记载:"尚书掌内外藩蒙古、回部及诸番部,制爵禄,定朝会,正刑罚,控驭抚绥,以固邦翰。……徕远掌回部、札萨克、伯克岁贡年班,番子土司亦如之……理刑掌蒙古、番、回刑狱争讼……"① 这段史料告诉我们理藩院掌管着蒙古、回部、西藏的"刑狱争讼"。在我国古代,把诉讼案件分为狱、讼,前者专指刑事案件而后者专指民事案件。由此可知,理藩院对发生在上述地区的刑事案件享有管辖权力,对于民事案件则交给地方司法机构管辖。这也从一个侧面表现出清中央集权与地方自治的关系,因为封建帝制时期的法律具有强烈的政治诉求。清中央政府通过理藩院的司法功能加强对上述地区政治控制的同时又"因俗而治"地适当照顾民族地区的分权,应当说在当时是较为妥当的。笔者这里的分析采取分类学的方法,按照案件性质来考察其审判的程序,透视出当时的清王朝是如何以多元化的理念设计出多元化的司法机构和多元化的司法审判程序,从而揭示出理藩院在审判中的具体功能。

一　政治性及重大命盗案件的审判程序

这类案件发生后,一般是由地方伯克系统中的相应伯克报告给清中央派驻在回疆地区的司法机构来审理。具体是,阿奇木伯克报告给当地的办事大臣或领队大臣,再由其指派印房处和粮管处或城守营初审,然后办事大臣或领队大臣复审,后报给参赞大臣再复审,如有重大疑难案情则上报伊犁将军,如果是死刑案件必须上报给理藩院,由理藩院会同刑部核拟具奏皇帝亲自审批。如《回疆通志》卷七中记载:"贸易商民命盗案件词讼各案,交印房会同委员审拟,呈堂办理。遇有事故必须及时报给刑部、理藩院、伊犁将军等。"② 军机处录副奏折中记载的一个档案同样可以说明问题。道光二十二年(1842年)十二月阿克苏拉尔庄民人校永青被维吾尔人雅和普杀害一案,阿拉尔

---

① (清)赵尔巽等:《清史稿》卷115,中华书局1977年版,第3299页。

② (清)和宁:《回疆通志》卷7,文海出版社1966年版,第219页。

庄七品伯克哈萨本向阿克苏阿奇木伯克爱马特报案，爱马特又向清官衙报案。①

又如"各城阿奇木伯克等凡遇枷责轻罪人犯，准其自行办理，仍令禀明驻扎大臣存案备查；如遇有刑讯重案，阿奇木伯克不得滥设夹棍杠子，擅自受理随时禀明本管大臣听候委员会同审理"②。档案材料与之相吻合，刑事案件大多是由当地的阿奇木伯克报案。嘉庆十六年（1842年）五月喀喇沙尔办事大臣哈隆审办胡土鲁克莫特一案，向哈隆报案者正是库尔勒阿奇木伯克木都拉。③ 再如嘉庆十七年（1812年）十月岳普尔湖杀人一案，被害人迈玛底之父向密拉普伯克首告，嫌疑犯图尔蒂被阿奇木缉拿收审。④

《清实录》中也有类似的记载："至各城回子，如受该处大小官员朘削者，准其赴参赞将军各衙门呈控，如该衙门不为究办，即于年班进京时，复理藩院呈控，倘理藩院仍不代奏，准其赴在京各衙门控告；如所控得实，免其坐罪，其申诉不实，或未经在参赞、将军等衙门里告者，仍照例治以诬告及越诉之罪。"⑤

《清实录》中记载的这个案例，能更加清楚地说明清中央政府派驻在回疆地区的司法机构之间的案件审判程序。道光二十六年（1846年）清王朝对误审胡完是和卓后裔布孜尔罕一案，该案情是道光二十五年（1845年）回疆境外叛匪入境偷袭英吉沙尔，被清军击溃，当地伯克揭发本地无赖胡完是张格尔后妻之子布孜尔罕系主谋，叶尔羌参赞大臣弈经将胡完定案并解送伊犁将军。伊犁将军布彦泰觉察到此案有疑问，供词与案卷不符，即奏报理藩院与刑部具奏皇帝审批果系误判，随即追查责任人如下："兹据奏称，讯明胡完本名萨密斯顶，

————————

① 中国第一历史档案馆藏：《军机处录副奏折·民族事务类》卷596。

② 中国社会科学院中国边疆史地研究中心主编：《回疆则例》卷6，全国图书馆文献缩微中心1988年版，第18页。

③ 中国第一历史档案馆藏：《军机处录副奏折·民族事务类》卷596。

④ 同上。

⑤ 《清实录》（35），《清宣宗实录》卷140，中华书局1986年版，第150页。

并非布孜尔罕，亦无从逆情事，证据甚为确凿，是弈经等审办此案并不悉心研鞠，听任伯克诬拿教供，委员刑逼妄认，几至误入叛逆重罪，昏聩谬妄，莫此为甚。弈经著即革职，发往黑龙江充当苦差。齐清额以专城大臣审转不实，著一并革职，发往伊犁充当苦差。赛什雅勒泰随同会奏，并未深究案情，亦属不合，著改为降三级留用，不准抵销。英吉沙尔回务笔帖式富德浑，承审此案，率用刑求，且与迈玛特等捏添供词，并不深究，著革职从重发往乌鲁木齐充当苦差。叶尔羌回务章京西林泰、喀什噶尔回务章京和德那，委派会审，均未审出实情，俱著革职。换防参将苏芳阿、游击马忠良，虽系武职，不谙例案，究于重案未能随同详审，咎亦难辞，著一并革职，毋庸交部议覆。"①

综上，笔者可把发生在回疆地区的政治性案件和重大命盗案件的审判程序归纳为以下几个方面：

（一）立案

根据案件当事人的身份可以分为内地民人之间的案件、当地少数民族之间的案件以及民人与少数民族之间的案件三大类，不同类型案件的立案程序是不一样的。在回疆地区发生的民人之间的案件由当事人自己亲自到办事大臣或领队大臣处报案，后两类案件（只要涉及少数民族的案件）要由伯克向办事大臣或领队大臣报案，由办事大臣或领队大臣立案审理。例如前文提到的胡土鲁克莫特一案就是证明。

（二）一审

清中央政府派驻在回疆地区的办事大臣或领队大臣构成司法审判的第一审级，其司法职能是侦查、缉捕、勘验、验尸等，一般派印房处、粮饷局、城守营及回务处落实。但是，办事大臣或领队大臣本身的主要职能还是作为第一审级，根据案情并依法定罪或拟罪。

（三）二审

一起刑事案件经过前面的两道程序后就会送交参赞大臣审理，一

① 《清实录》（39），《清宣宗实录》卷432，中华书局1986年版，第411页。

般情况下参赞大臣就可以终审，只有在两种情况下例外：一种情况是一审不实发回重审，另一种情况是遇到特别重大的政治案件还要上报伊犁将军。

（四）终审

死刑案件要专案具题上报理藩院和刑部会拟奏请皇帝裁决。前面列举道光二十六年（1846 年）清王朝对误审胡完为和卓后裔布孜尔罕一案便能够很好地说明问题。

二　轻微刑事案件的审判程序

此类发生在回疆地区的案件一般是由伯克衙门单独审理，审理程序比较简易，当然并不排除轻微的刑事案件由伯克衙门与清中央派驻的司法机构共同审理的可能性。但是此种情况的史料较少，但仍然可以从松筠在回疆事宜规条的奏请中可见一斑："嗣后各城阿奇木伯克如枷号、鞭责轻罪人犯，准其自行办理，仍令禀明驻扎大臣存案备查，所有喀什噶尔、叶尔羌、阿克苏各城阿奇木伯克旧存夹棍等项刑具，应即呈交驻扎大臣衙门，如遇必应刑讯案犯，总由驻扎大臣先行委员会同阿奇木伯克审办复讯定拟，毋许该伯克擅自刑讯取供呈报，以杜滥刑之弊。"[①] 由此可知，虽然轻微刑事案件可以由伯克衙门自己审理，但是仍然要受到清中央政府派驻衙门的掣肘，不仅刑具要放在驻扎大臣衙门，而且案件的审理往往是由驻扎大臣委员与之共同审理，特别是理藩院派驻回疆地区的笔帖式，精通回疆地区少数民族的语言，对于伯克衙门的自行审理的案件起到监督作用。这种状况实际上也反映出清中央王朝处理回疆地区事务时加强集权与适当分权的态度。

第三节　理藩院对回疆地区法律冲突规范的选择

理藩院通过行使其作为回疆地区重大政治和命盗案件上诉机构的

---

① （清）松筠修：《钦定新疆识略》卷 3，《南路舆图》，文海出版社 1965 年版。

权力，并且审查清中央政府派驻回疆地区的司法机构在审理案件时的法律适用情况，以保证大清中央政府的立法在回疆地区的推行与扩张，同时通过其派驻在回疆各衙门里的精通少数民族语言的司员和笔帖式来监督伯克衙门对轻微刑事案件的审理。这样一来，理藩院就可做到从中央到地方全方位地控制回疆地区司法案件的审判，从而完成大清皇帝交给的任务，很好地从司法上控制回疆地区。正如《现修回疆则例原奏》记载："臣院综理内外蒙古、回部事务。凡蒙古、回部升降袭替、户婚田土、年班朝觐、仓粮军政以及议处议叙并命盗案件，均关紧要……"① 司法实践中，理藩院会根据清中央政府"因俗而治"的政治要求，灵活适用国家法与回疆地区的固有法。

一 适用回疆地区的国家法

我国刑法学界一般认为："刑法是以国家名义规定什么行为是犯罪和应给犯罪人以何种刑罚处罚的法律。"② 《大清律例》是一部以刑事法律规范为主的封建法典，刑法作为清帝国法律体系的重要组成部分，是其对回疆地区进行统治的重要手段，同时回疆地区又以其特殊的人文及地理环境，使伊斯兰刑法成为回疆地区固有法的一个重要组成部分。《大清律例》是清朝最重要的法典，从理论上说，其效力当然适用于清朝国家主权所及的所有领域。回疆地区自从归入清朝版图以后，《大清律例》就在整个回疆地区得到扩张，并且随着清中央政府对回疆地区统治的进一步加强，《大清律例》日益推进渗透到回疆地区。具体表现为，在清中央政府统治回疆的初期，《大清律例》仅适用于少数重大政治性案件和重大的命案，发展到后期连一般刑事案件的审理也适用《大清律例》，当然这中间有个较长的发展演变过程。

---

① 中国社会科学院中国边疆史地研究中心主编：《回疆则例》之《现修回疆则例原奏》，全国图书馆文献缩微中心 1988 年版，第 13 页。

② 陈兴良主编：《刑法学》，复旦大学出版社 2003 年版，第 4 页。

清政府在回疆地区推广国家法，主要针对那些严重危害封建皇权、政权以及封建统治秩序的犯罪，如谋反、谋叛及严重违反封建伦理纲常等刑事犯罪，严格依照大清律例惩处。而对于一般轻微的刑事案件以及民事案件则是适当地适用回疆地区的固有法，因为清朝统治者清醒地认识到"办理回众事务，宜因其性情风俗而利导之，非可尽以内地之法治也"①，在与大清律例基本原则不相抵触的前提下对回疆原有伊斯兰教刑法体系采取了宽容态度。继续沿用了伯克制度，在一定程度上准予继续适用伊斯兰教刑法。以下笔者简要阐释大清律例中相关规定是如何被推广到回疆地区的，其表现出的特点如下：

（1）严重危及清中央政权的犯罪。回疆地区的这种犯罪构成了对国家统治基础的挑战，此时清中央政府会毫不迟疑地适用国家法予以镇压。如乾隆二十四年（1759年），大小和卓兄弟叛乱失败后，逃往巴达克山，清政府强烈要求将其引渡，按大清律"明正典刑"，乾隆帝多次谕旨定边将军兆惠、定边右副将军富德等向巴达克山汗素勒坦沙交涉，"必将生者缚送，死者呈验，将首级解送方可"②。巴达克山汗素勒坦沙起初尚以"因回部经典，不便呈献"③为由，拒绝引渡，后迫于清政府的压力，最终将大小和卓兄弟处死，并"呈献霍集占首级，并看守逆尸人等，随经验看明确，驰送京师"④。根据《大清律例》，对于反逆重罪规定，"凡谋反（不利于国，谓谋危社稷），及大逆（不利于君，谓谋毁宗庙、山陵及宫阙），但共谋者，不分首从（已、未行），皆凌迟处死……知情故纵、隐藏者，斩"⑤。在大小和卓叛乱案件中，就适用了大清律例中的反逆重罪条款，除大小和卓本

---

①　《清实录》（17），《清高宗实录》卷648，中华书局1986年版，第257页。

②　（清）傅恒：《平定准噶尔方略》正编，卷79，全国图书馆文献缩微复制中心1990年版。

③　《清实录》（16），《清高宗实录》卷597，中华书局1986年版，第666页。

④　《清实录》（16），《清高宗实录》卷599，中华书局1986年版，第699页。

⑤　（清）沈之奇撰：《大清律辑注》卷18，怀效锋、李俊点校，法律出版社2000年版，第544页。

人被处死外，其亲属也受到株连。此外，清政府还对参与大小和卓叛乱的"回人"也按照大清律例严加惩处，如乾隆二十四年，乾隆帝谕旨曰："至从前克勒底雅回人玛墨里提布、哈子鄂斯瑞，为贼内应，以致城陷。此二贼当查拿正法。若已随阿布都克呼木逃去，则进剿时，亦当留心查办，不可致令漏网。"①

（2）违反"十恶"重罪。《大清律例》中体现了儒家伦理纲常，是清政府统治的基础，属于统治思想。因此，只要回疆地区发生这样有损思想统治根基的犯罪，清政府也会毫不手软地以国家法惩治。例如，乾隆五十七年（1792 年），乌什办事大臣富尼善就托虎塔殴兄致死一案，富尼善先按大清律例将托虎塔问拟立决，又请示可否按回疆旧例捐金赎罪，遭到乾隆帝的严斥："谕，据富尼善奏审明回子托虎塔，殴伤胞兄迈玛特额则斯身死一摺。著照所奏，即行正法。新疆回子，归化有年，应谙悉内地法纪。今托虎塔殴死胞兄，即应按照内地例案办理。"② 本案反映了大清律例与伊斯兰教法在人身伤害案件方面的巨大差异。依据《大清律例》"殴期亲尊长"条，"凡弟妹殴（同胞）兄姊者，杖九十，徒二年半……死者（不分首从），皆斩"③。而在伊斯兰教法中，杀人行为仅仅被视为一般民事侵权行为。由于侵犯的仅是"私人"的权利，故在被害人或其亲族的同意下，可以采取支付血金赎罪的方式加以解决。乾隆帝之所以对富尼善的做法严加申斥，一方面因为其违背了国家法制统一的原则，"摺内并称我内地之例，彼回子之例，尤不成话。回子等均属臣仆，何分彼此？"另一方面，也是由于罪犯托虎塔竟将胞兄殴打致死，实属有违伦常之罪，自然应按照大清律例加以严惩。

（3）大清律例在回疆的适用有一个渐进的过程。其适用范围逐步拓宽，起初只对"谋反""谋叛"等危及封建统治的罪名及在内地看

①　《清实录》（16），《清高宗实录》卷 586，中华书局 1986 年版，第 503 页。

②　《清实录》（26），《清高宗实录》卷 1413，中华书局 1986 年版，第 1010 页。

③　（清）沈之奇撰：《大清律辑注》卷 20，怀效锋、李俊点校，法律出版社 2000 年版，第 763 页。

来属于十恶不赦的奴仆杀主、弟杀兄等有违纲常的严重刑事犯罪也规定适用内地律例。乾隆四十一年规定：回疆奴仆杀死家主罪，"悉照内地之例问拟"，乾隆五十七年谕曰："新疆归化有年，应请悉内地法纪……回子等均属臣仆，何分彼此，……嗣后，遇有似此等紧要事件均照内地成例办理，并饬新疆大臣等，一体遵办"①。至咸丰、同治朝，清政府进而废止按伊斯兰教法处理死刑案件，同治元年正式规定："办理斩绞各犯，……均着照律定拟，所有查经议罪一节，着永远禁止。"② 大清律例的适用范围也逐渐扩大到其他严重危害封建统治秩序的刑事犯罪。

　　道光二十三年（1843 年），阿克苏阿奇木伯克爱玛特向清官衙呈报，阿拉尔庄七品伯克哈萨本报称，本庄长住贸易民人校永清于十八日夜间不知被何人害死。接到报案后，清署衙即派印房及城守营官员前往调查，捕获罪犯回子雅和普。其案情为雅和普图财害命杀死校永清。此案的量刑及判决为："新疆重地，民回杂处，应从重惩办，以示儆戒。雅和普一犯合依图财害命得财而杀死人命者斩立决例，拟斩立决，从重加以枭示。"③

　　清代回疆地区的国家法重点在于对回疆地区的控制，因而在刑事案件中，主要是针对严重危害封建皇权、政权及封建统治秩序的严重刑事犯罪行使司法管辖权。但是，这并不意味着在回疆地区完全不再适用伊斯兰教法。如前所述，清朝在统一回疆后，仍然沿用了当地原有的伯克制度，各城大小伯克在处理一些轻微刑事案件中，被赋予相当的自主权。《回疆则例》规定："各城阿

---

① 《清实录》（26），《清高宗实录》卷1413，中华书局1986年版，第1010页。
② 《清实录》（45），《清穆宗实录》卷25，中华书局1986年版，第687页。
③ 《军机处录副奏折·民族类》（微缩胶卷596卷）。

奇木伯克等，凡遇枷责轻罪人犯，准其自行办理。仍令禀明驻扎大臣，存案备查。"① 另据《回疆通志》载："回人内遇有故杀尊长者，照内地律例审办，拟罪随具奏；如有故杀及金刃他物殴毙者，拟缢、巴杂尔示众；其误伤及手足伤毙者，准其照回人例赎罪，以钱、牛、羊给予死亲，免其抵偿。将一年办过案件，汇咨军机处、理藩院。"② 因此，回疆伯克在遇到一些轻微刑事案件时，很有可能采用伊斯兰教法审理。不过由于这些轻微刑事案件在审理时，依照《回疆则例》的规定，无须本管大臣以上机构的复核，因此也就难以在大清军机处的档案和《清实录》中见到。③ 直至光绪十年（1884 年），新疆建省、废除伯克制后，回疆地区的法制也未做到完全与内地划一。新疆巡抚刘锦棠曾向清廷奏请："新疆人命重案碍难遽复旧制，仍恳天恩暂准变通办理。"④ 因此，诚如李兴华先生认为，在维吾尔社会中，伊斯兰教法与国家法律的冲突，到民国时期方得以解决。⑤

要说明的是，针对以上重大刑事案件，清中央政府是把司法终审权收归中央的，而收归中央的表现往往是皇帝亲自处理案件。但是，此类案件事关重大，有时专业性很强，又加之属于非直省地区，皇帝往往会把案件交给刑部与理藩院议覆来获得较为合理的依据，理藩院的司法管辖权和监督权由此得到彰显。

---

① 中国社会科学院中国边疆史地研究中心主编：《回疆则例》卷 6，全国图书馆文献缩微中心 1988 年版，第 18 页。

② （清）和宁：《回疆通志》卷 7，文海出版社 1966 年版，第 232 页。

③ 杜文忠：《边疆的法律——对清代治边法制的历史考察》，人民出版社 2004 年版，第 152 页。

④ （清）刘锦棠：《刘襄勤公奏稿卷》卷 11，载马大正等主编《清代新疆稀见奏牍汇编》，新疆人民出版社 1997 年版，第 370 页。

⑤ 李兴华：《关于历史上伊斯兰教与中国社会相适应问题的思考》，载《世界宗教研究》1995 年第 4 期。

二　适用回疆地区的固有法

(一) 主要指回例——伊斯兰法①

理藩院作为管辖非直省地区民族事务的中央机构,在案件的审理中是回疆地区案件审判的上诉机构。《回疆通志》记载:"回人内遇有故杀尊长者,照内地律例审办,拟罪随具奏;如有故杀及金刃他物殴毙者,拟缢,巴杂尔示众;其误伤及手足伤毙者,准其照回人例赎罪,以钱、牛、羊给予死亲,免其抵偿。将一年办过案件,汇咨军机处、理藩院。"② 这说明理藩院对回疆地区的法律适用有最终的审查权。

伊斯兰教法在回疆地区得到了广泛的传播和适用,但是伊斯兰教法在总体上征服了当地民众的同时,又在局部受到一些当地民族习惯的影响和改变,从而使二者杂糅在一起,形成具有地方特色的法律体系。以刑法为例,成书于乾隆年间由傅恒等撰修的《西域图志》记载:"回人有小罪,或褫其衣,墨涂其面,游行以徇。次重者击之,又重者枷之,最重者至鞭腰而止……"③ 从这条史料明显可以看出伊斯兰教法中的"同态复仇"原则,又带有浓厚的民族地方特点,而这也正是一个地方固有法所具备的特征。回疆固有法也不能完全等同于伊斯兰教法,如在《西域图志》和《新疆回部志》中所载的"地牢"设置问题上,应非伊斯兰教法固有内容,《西域图志》中亦载:"《唐书·西域传》称,土蕃掘地深数丈,内囚于中,二、三岁乃出

---

① 在学界一般人认为清代回疆地区的"回例"是指清代的伊斯兰教法。例如,王东平先生认为"回疆旧时判案的法律依据是伊斯兰教经典,换言之,回疆遵行的是伊斯兰教法"(王东平:《清代回疆法律制度研究》,黑龙江教育出版社2003年版,第167页)。日本学者佐口透在《18—19世纪新疆社会史研究》一书中对清代回疆地区的抢劫、盗窃、杀人、强奸等判例的研究,认为维吾尔社会的"回法"实际上是传统土著伊斯兰教刑法(佐口透:《18—19世纪新疆社会史研究》下册,第644—684页)。

② (清)和宁:《回疆通志》卷7,文海出版社1966年版,第232页。

③ 钟兴麒等校注:《〈西域图志〉校注》卷39,《风俗一》,新疆人民出版社2002年版,第516页。

者，应即今回部纳囚地牢之法，土蕃地近回部南，是以其法相符耳。"① 其他如"以墨涂面"、倒骑驴、刑讯逼供等内容，也都非伊斯兰教法所固有，这种情况的出现是与回疆地区特定的民族、宗教、地域、历史等因素相关联的。在接受伊斯兰教后，尽管伊斯兰教成为回疆乃至整个新疆地区占据主导地位的宗教信仰，但其在实践中也受到当地民族原有传统习俗的影响，发生了一些微妙的变化。应当说，这是多元文化相互融合的必然结果，也是伊斯兰教"地方化"的一种表现。②

（二）地方政府的判案成例

清中央政府派驻在回疆地区的各种管理机构既有行政权，同时也拥有司法权，在实际的司法审判中形成的具有典型意义的判案成例，经皇帝批准可以作为具有普遍性效力的法律又称为"通行"，为司法机关审理案件时的审判依据。《刑案汇览》中就有这么一个案例：

> 陕西司查例载：私通土苗，互相买卖借贷，诓骗财物，引惹半衅，或潜住苗寨，教诱为乱，贻患地方者，除实犯死罪外，俱问发边远充军。……又律载：断罪无正条者，援引他律比附定拟各等语。又道光九年喀什噶尔参赞大臣奏：拿获私越开齐之布鲁特绰齐，应请照伊犁哈萨克私越开齐发往烟瘴地方安置之例办理等因。八月处七日奉上谕：武隆阿等奏喀什噶尔私越开齐之案，请照伊犁一律办理等语。喀什噶尔卡伦外私越开齐，与伊犁越开齐之案情罪相同，着准其照案拟罪，一面咨明陕甘总督定地发遣，一面咨报刑部、理藩院，以归画一。③

---

① 钟兴麒等校注：《〈西域图志〉校注》卷39，《风俗一》，新疆人民出版社2002年版，第516页。

② 笔者参考了杨军博士相关研究成果，见其《清代新疆地区法律制度及其变迁》，博士学位论文，云南大学，第20—30页。在此表示感谢！

③ （清）祝庆祺等：《刑案汇览》，北京古籍出版社2004年版，第423—424页。

这是一起私自越境贩卖茶叶案，陕西司在审理时找不到相关的律条，只能从回疆地区的地方立法中查找，但是没有适用回例而是适用了伊犁将军审判案件形成的成例，这个成例是经过皇帝批准而成为通行的判例，具有法律的效力。另外，从该案件中我们还可以看出，即使是成例的使用，最终依然要上报理藩院审查，这也印证了理藩院掌管着回疆地区的司法权，成为清代回疆地区司法审判的上诉机构。

当然，对于什么时候适用国家法抑或是固有法，清统治者形成了一条适用民族地区固有法的底线，这条底线就是，在涉及法律中重大的伦理问题时，国家法似乎比民族地区固有法有更强的适用效力。为了"因俗而治"的需要，统治者对上述的限制又形成了一个限度，或者说存在某种协调，有时并不是全然用国家法或全然用固有法，但是在重大的伦理问题上清统治者并不让步。清统治者似乎也在寻求这样的平衡，这样的平衡当然最后是要被统一到使边疆稳定的政治全盘考虑当中去的。

三　准据法的适用

另外一部适用于清代回疆地区的清中央政府立法是《回疆则例》，虽然名义上是清中央政府立法，但实际上是理藩院具体负责编纂后经皇帝批准而生效。可以说，这部法律从生效以来一直是清中央政府在回疆地区推行的最基本法律。但是，值得注意的是，如果从现代刑事实体法的视角来看，这部法律不是一部完全意义上的实体法律，更像是一部法律冲突法。法律文本不是清代民族法律的核心。清代法律中的《蒙古例》《回疆则例》《苗例》等在法律上多是指一种法律适用中的准据法，而不是一种具体的法典，当然由于蒙古族的特殊地位，在《蒙古律例》中比其他几部则例的内容更加实体化，倒也是事实。

乾隆二十五年，乾隆帝发布上谕说："舒赫德拿获阿克苏盗马回人拜密尔咱，因系积匪，照回人例斩决枭示等语。回地新经平定，拿获匪犯自应从重办理，但内地或间有无耻兵丁仆役等偷盗回人马匹，若仍照内地之律办理完结，非所以昭平允。着谕办理回部事务大臣等

嗣后回人盗本处及内地人盗回人马匹俱照回疆例办理。"① 这里讲的
"回例"指的应当是回疆地区的固有法。而现在所见到的《回疆则
例》都是关于官制、职掌等行政管理以及贸易、税收、卡哨及度量衡
等方面的规定，部分条款涉及司法管辖和禁令。如《回疆则例》卷6
列有"禁止换防绿营弁兵及发遣为奴人犯擅娶回妇"和"阿奇木伯
克不得私交外藩"以及"阿奇木伯克不得私理刑讯重案等条款"，②
这些条款不具有实体法的内容，而是仅仅规定不得怎么样，没有实际
的处罚结果。如果从现代法律规范的逻辑结构理论来看，这些条款缺
少了处罚后果的规定，因此很难说是刑事实体法的内容。因为这仅是
清代回疆法律适用中的一部分，其本民族的固有法律在当时看来是明
确的，没有必要特别规定的，而且这些内容就是当时清代《回疆则
例》的一个重要组成部分。

---

① （清）伊桑阿等：《光绪初朝大清会典》卷739，文海出版社1992年版。
② 中国社会科学院中国边疆史地研究中心主编：《回疆则例》卷6，全国图书馆文献
缩微中心1988年版，第2页。

第八章

理藩院对清代西藏地区的司法

第一节　理藩院与西藏地区的司法机构及功能设置

综观清代两百多年的治藏历史，不难发现西藏地区在清朝所有的行政区划中地位是最为特殊的，它与蒙古地区和回疆地区都属于少数民族地区，但西藏地区由于特殊的历史文化背景，清政府采取的治理方法及力度都有别于其他两个地区。具体表现在对这些地区的中央集权和地方自治的处理不同，对西藏给予了较大的自治权①，表现在具体司法审判制度上的遵循法律多元化的理念，设置出多元化的司法审判机构、多元化的审判程序以及多元化的法律适用。

必须指出的是，鉴于刑部与理藩院的机构及功能在前文已经有较为详细的介绍，本节只是介绍西藏地方性的司法机构及其功能的设

---

① 这里讲的地方自治不同于民主宪政制度下的地方自治，也不同于我国目前实行的民族区域自治，更不同于西方国家的集权与分权理论。笔者以为中国历史上的治藏策略在元代以前都是十分松散的羁縻政策，至于司法制度的建设更是交给西藏地方自己管理，有自己的司法机关也有自己的地方固有法律。至元朝开始把西藏纳入中央版图，元政府在西藏设官建制，派驻军队，征收赋税，把很多原本属于西藏地方的权力收归了中央，直到明清时期，随着中央集权的逐步加强，对西藏地区的治理也在逐步加强，具体表现在司法管辖权上就是直接派驻司法机构，把原本属于西藏地方政府管辖的案件收归中央管辖，从而进一步加强中央集权，弱化地方的权力。这些在历史的变迁中原本属于西藏地方的权力笔者称为自治权力。可以这么说，历代中央政府治理西藏，都离不开正确地处理中央集权与地方自治权力的博弈，此消彼长，中央集权的逐步加强和地方自治权力的逐步弱化是相伴存在的。

置。当然，对这个问题的考察要从历史变迁的视角来观察。有清一代，对于西藏的治理有一个逐步加强的过程，在雍正朝设置驻藏大臣以前，清中央王朝对西藏的治理是间接统治的，在这种情况下，清中央政府的司法审判制度基本没有介入。驻藏大臣设置以后，中央的司法审判制度才逐渐扩张到西藏地区，于是中央政府便结合西藏的特殊情况，遵循司法统一之下的多元化理念"因俗而治"地设置了西藏的地方司法审判机构，体现出一种统一与多元的结构体系。

《清代全史》第五卷第五章①阐述了地方社会共同体的演进，它们各以地缘、血缘或利益纽带凝结而成，这类可笼统称为"乡族组织"。共同体职能的强化，与国家权力控制基层社会方式的改变是互为因果的。从明中叶开始至雍乾时期的财政赋税改革，既是对这一趋势的适应，又使这一趋势得以整齐划一起来，促成了新秩序的确立。特别是随着士绅在共同体中扮演着愈来愈重要的角色，原来属于国家行政机构的许多职能，都转由地方共同体担负。地方共同体的规模明显扩大，并具有更强的社会整合力，这是由清代社会经济各个方面的发展促成的，这一发展趋势奠定了清末地方自治体制得以广泛建立的基础。在藏族地区，地方社会共同体与国家权力之间在矛盾中达到了更高程度的统一。清政府对民族地区实行"因俗而治"的民族统治政策，承认了喇嘛在藏族地方上的权力，并利用其来作为维持统治秩序的基础，而宗教的势力则在维持地方秩序、推行教化、培养官僚队伍后备军、征收赋税等方面，扮演着国家政权的基层组织的角色。文化上的相互渗透是整合国家权力与地方基层社会的一个重要途径，逐步反映了官方对基层社会自治组织的倚重。

清朝时期建立了达赖和班禅系统，但是从整个政治体系和管理体制上，清朝仍沿用了明朝的僧寺制度下的基层组织。同时差乌拉制度在驻藏大臣的监督下，除日常不断地纠正偏差、补充新规外，共进行了三次较为集中的整改，遵循的基本原则是既照顾西藏习俗和旧规，

① 参见韦庆远、叶显恩《清代全史》（第五卷），辽宁人民出版社1991年版。

又以全国统一的税制做参考，降低贫苦农牧民的负担，严格控制对寺庙及贵族的税收减免。① 我国的少数民族文化传统决定了中央王朝治理少数民族地区的制度变迁应以循序渐进的模式为主，辅之以强制性制度变迁。打破了藏区原来单一的社会组织制度形式和以前中央王朝对藏区松散的象征性治理，逐渐从政治上把藏区纳入了中央政府有效的管辖范畴。

果洛藏族部落组织中呈现高低层次的结构即红保、伦保、措红。红保是最高掌权者，主宰部落一切事务的统治者，多为世袭。伦保辅助红保管理部落。措红受伦保直接管理，是果洛社会官位权力最低者。措哇、科尔成为部落基层组织，具有一定的属民，一般执行红保和伦保分派的任务，包括差役、收税、行刑等，在部落里没有自行收税、立法和裁决权。

在安多地区，以家族为核心的政教合一制为形式的卓尼政教合一制度，是藏族早期政教合一制的特点。卓尼政教合一制则是宗教依赖于世俗家族统治，其形式为"政属于土司，教属于僧纲，兄任民长，弟任寺主，主持宗教；土司长子例袭土司，次子例袭僧纲，遇独子时，土司得兼僧纲，政教合而为一"②。

在安多藏区寺院，"关于寺院与所属部落的隶属关系……其具体隶属关系如下：活佛—襄佐……—千户（或官人）—百户（或郭哇）—百长（小官人）—干保什长"③。青海地区的藏族部落分千户部落和百户部落两级，千户部落之间不相互隶属，1 个千户部落一般辖3—7 个百户部落。康区藏族社会也长期处于土司、千户百户以及部落制度并存的特殊的社会形态之中。清道光二年（1822 年）十一月，"赴西宁查宁办番案"的钦差大臣那彦成将贵德厅、循化厅的千

---

① 朱文莉、毛阳海：《简析西藏噶厦时期的差乌拉制度》，载《中国藏学》2002 年第1 期。

② 杨复兴：《安多藏区卓尼四十八旗概况》，《卓尼文史资料选辑》（第一辑）。

③ 吴均：《论安木多藏区的政教合一制统治》，载《青海民族学院学报》1982 年第4 期。

百户进行重新编制，规定 300 户设千户 1 员，千户之下设百户、百总、十总。百户 1 人，管 100 户；百总 1 人，管 50 户；十总 1 人，管 10 户。① 这些都与吐蕃统治敦煌等地时部落中的千户长、五十岗或百户长、五岗非常相似，它们之间存在一定的传承关系，由此可见吐蕃政权时期的部落组织制度对后世产生了深远影响。根据《番例》规定，藏族社会中平民之上的头目有千户、百户、百长、小头目和十户长五级，连同平民、家奴，藏族社会成员可细分为 7 个等级。

　　西北藏区，洮州禅定寺以三十六寺而形成统治体系，这些寺院小仅有一定数量的僧众和寺院财产，有一套等级森严的管理系统，而且还管辖数目不等的族民，甚至拥有自己的武装力量（士兵或僧兵）。垂巴寺"管寺院三处，番僧四百一十名，番人十族，共计六十三户"。着洛寺"现管番族二十三族，共计一百二十户，把守红腰岘隘口一处，派兵五名……"麻尔寺"现管番人二十一族，共计一百二十户，僧人一百八十三名，把守达加暗门一处……"禅定寺"所管寺院三十六方处，与杨土司同字。辖地四百余里，共属五百二十六族，一万一千五百九十九户，内应报土兵二千名……"② 并且订立了寺院花名册中要写明寺院所驻州县、始建年代、启建人及现有僧众、住持等，又要附住寺与僧舍及掌住寺产数。③ 卓尼杨土司家族的禅定寺寺主就被封为都纲，禅定寺当时"所管寺院三十六处……辖地四百余里，共属五百二十族，一万一千五百九十九户，内应报兵二千多名……"④ 对安多藏区采取招降其首领，封授官职；实行"因俗以治"的方法；同时推行"进贡制度"，注重贡赐及控制贸易的经济方法；采取各种方式把周边地区的统治者纳入尊卑等级，试图将内地保

---

① 青海科学研究院藏学研究所编：《中国藏族部落》，中国藏学出版社 1991 年版，第 125 页。

② 参见《洮州厅志》。

③ 参见《明实录藏族史料》，西藏人民出版社 1982 年版，第 247 页。

④ 参见王继先《安多藏区僧职土司初探》，载《西北民族研究》1994 年第 1 期。

持的儒家社会制度向外部世界扩张。①

有关西藏地区的基层司法机构的设置情况，在《大清会典理藩院事例》中记载："驻藏大臣二人。所属前藏唐古特官。三品总理大小事务噶布伦三人。喇嘛噶布伦一人。四品总理兵丁戴琫六人。稽查商上出纳仔琫三人。总理库务商卓特巴二人。五品官兵如琫十二人。管粮业尔仓巴二人。管理拉撒番民朗仔辖二人。管理刑名协尔帮二人。管理布达拉番民硕第巴二人。六品管兵甲琫二十四人。管马达琫二人。噶厦办事大中译二人。卓呢尔三人。七品管兵定琫一百二十人。噶厦办事小中译三人。管门第巴三人。及其他管理草场、账房、牛羊场等第巴，另外还有大量的各种基层的管事营官。"②

围绕这段史料以及其他相关材料，笔者对清代西藏地区的基层司法机构及其功能设置做一简单的整合。

一　驻藏大臣

雍正五年设立③，对皇帝负责，是西藏地方政府的最高首脑，全面负责西藏的地方事务，与达赖班禅在法律地位上是平级的。拥有西藏地方案件纠纷处理的最高司法权力。清朝在西藏地区设驻藏大臣与达赖喇嘛和班禅共同管理地方事务时，强化驻藏大臣权力上的优先性，加强中央政府的治理度。因为乾隆年间《钦定西藏章程》中明确规定"驻藏大臣督办藏内事务，应与达赖喇嘛、班禅额尔德尼平等，共同协商处理政事，所有噶伦以下的首脑及办事人员以至活佛，

---

① 这里再次要说明的是，鉴于理藩院在清代青海地区的立法与司法的相关材料及研究很不系统，又加之《番夷成例》近乎完全脱胎于《蒙古律例》，笔者在文中没有将理藩院在青海地区法制问题独立成章，而是在相关章节有少许的涉及。为此，笔者在"绪论"以及"理藩院对清代蒙古地区的立法"中都有交代。

② （清）昆冈等撰，中国藏学研究中心编辑：《大清会典理藩院事例》（线装十二册两函）第六册，中国藏学出版社1991年版，第16—19页。

③ 关于驻藏大臣设立的时间各家说法不一，笔者采纳吴丰培先生的观点，参见吴丰培、曾国庆《清朝驻藏大臣制度的建立与沿革》，中国藏学出版社1989年版，第15页。

皆是隶属关系，无论大小者得服从驻藏大臣"①。这里驻藏大臣地位上与达赖喇嘛、班禅额尔德尼平行，但在权力上，特别是治理事务上驻藏大臣体现出优先性。

特别注意的是，驻藏大臣所属随同办事的理藩院司官一人，其虽然隶属驻藏大臣，但是要对理藩院负责，理藩院又只对皇帝负责，因此从某种意义上看，理藩院的司官对驻藏大臣是一种有效监督。

二　噶厦

是西藏地方政府中发布命令的机关，隶属驻藏大臣和达赖、班禅。乾隆十六年（1751 年）珠尔默特那木札勒之乱被平定后，清廷废除原封郡王、贝子办理藏事制度，该设噶厦，由噶伦（三品官）四人（三俗一僧）主持，形成政教合一制。下设仲益（秘书）二人，传达官四人，侍卫四人，埃仲（公差）两人，组成西藏僧俗农奴主阶级专政的统治机构，秉承驻藏大臣和达赖喇嘛意旨，共同处理西藏地方事务，遂成定制。噶厦下设仔康（审计处）和译仓（秘书处）两个机构及诸勒空（办事机构），分别管理不同事务。1959 年 3 月国务院下令解散噶厦，由西藏自治区筹备委员会行使西藏地方政府职权。1965 年正式成立西藏自治区人民政府。

三　基巧

相当于汉语的"总管"。西藏地方政府属下的地方行政机构，相当于内地的专区。多设四品以上僧俗官员各一人，上对噶厦负责，下领所属各宗谿。其职权主要是监督和指挥下属各宗政府的一切行政事务，在辖区内可派收日常所需差物，判处各宗谿不能解决的纠纷。

四　宗本

也称营官。据《钦定藏内善后章程二十九条》记载，清代的宗本

---

① 五洲传播出版社：《清朝治藏行政法规》，五洲传播出版社 1999 年版，第 19 页。

由噶厦从贵族中提名，经驻藏大臣审查委派，受基巧节制。分大中小边宗诸等次，由五至六品僧俗官员各一充任，掌管宗内行政、差税、诉讼等事务，任期三年。

五　宗谿

是宗和谿卡的合称。宗是西藏地方政府下属的一级地方行政机构名称，位于基巧之下，相当于内地的县。每宗设宗本一人到两人，僧俗并用，管理全宗的行政、司法、粮赋、差税等事务。谿是谿卡的简称，即庄园。谿卡是农奴主农区经营管理的组织形式，具体表现为庄园，而庄园管理人称为谿堆，多为农奴主委派的代理人，常住宅内。每个庄园都是一个自然经济单位，牧业、手工业等生产、生活用品均由庄园内自给自足。大庄园内各领主私设有监狱、刑具。庄园既是经济组织，又是行政组织。庄园经营管理人遂成为类似于县、区的乡级官员。谿卡的主要职责是负责管理谿卡各方面的事务，管理农奴，办理农奴交换，生死登记等手续，征收役税，处理庄园内的案件、纠纷及镇压农奴，为领主经营自营地和其他生产，太派内差乌拉，征敛贡赋，为各级地方政府催征差税等。

六　根保

其地位在谿堆之下，是西藏农牧区传达差役通知或直接分派乌拉差役的头人，由宗本或所属领主委派及差巴轮流担任。管理庄园百姓，主要负责分派乌拉差役，接待过往官兵，调节民事诉讼等，多享有免差或使用专用草场、役使乌拉、向农牧奴敲诈勒索等特权，可世袭也可轮任。[1]

---

① 扎西旺都编：《西藏历史档案公文选·水晶明鉴》，王玉平译，中国藏学出版社2006年版，第5页。

七 理藩院司员及笔帖式

理藩院对西藏事务的管理主要是通过其派驻的司员管理蒙古和三十九族番民事务。例如,《卫藏通志》所载"条例":"一、理藩院司员一员,管理达木蒙古八旗官兵、三十九族番民事务,承办驻藏大臣衙门清文稿案,三年更换。一、理藩院笔帖士一员,专司驻藏大臣衙门文移翻清译汉,三年更换。"① 由此可知,理藩院派驻在西藏地区的机构不仅有权管理蒙古官兵,更重要的是还能管理番民事务,这样一来代表中央政府的理藩院就顺理成章地把中央权力渗透到西藏地区,同时也可以对地方司法机构进行监督。

理藩院对西藏事务的管理主要是通过其派驻的司员管理蒙古和三十九族番民事务,当然也包括司法审判事务,这些司员和笔帖式隶属于驻藏大臣,但是,其升降不受驻藏大臣节制而是直接由理藩院决定。司员不仅直接管理达木蒙古八旗官兵,而且还负责管理三十九族的番民事务,而笔帖式都是一些精通藏族少数民族语言的专业人士,在各种事务的管理以及案件的审理中充当翻译,从而间接地行使着对案件的管辖权力,同时也潜在地行使着对驻藏大臣的监督权力。

第二节 理藩院对西藏地区的司法审判程序

专制时期的法律是政治的婢女,具体法律制度的设计是为实现一定政治目的服务的。西藏在清代非直省民族地区中具有特殊性,没有明确的相关史料记载理藩院是西藏地区司法审判的上诉审级,我们只能主要通过司法案件的审判来解读理藩院对西藏案件的管辖。驻藏大臣的设置在一定程度上弱化了理藩院对西藏事务的管理力度,但是,理藩院仍然是管理西藏民族事务的中央最高机关是肯定没有问题的。因此,当我们探讨理藩院对西藏地区的司法审判程序的时候,不可避

---

① (清)和宁:《卫藏通志》卷12,文海出版社1965年版,第536—537页。

免地要涉及其与驻藏大臣的关系问题，同时也会面临如何理解西藏地区司法终审权的问题。有鉴于此，笔者在本节不仅涉及理藩院的司法审判程序，还要涉及驻藏大臣的司法审判程序，通过这样分析比较，试图解决在绪论中设计的两个问题：理藩院在司法实践中如何处理与驻藏大臣的关系；从理藩院的视角来理解清代西藏地区的司法终审权问题，同时也为本章最后一节"清代西藏地区的司法终审权问题"做一个铺垫。因此，本节的案例选择既有驻藏大臣审理的案件，也有理藩院审理的案件。必须指出的是，虽然在驻藏大臣审理的案件中没有明确理藩院的具体作用，但是，只要案件上报到皇帝时，皇帝的决策中往往渗透着理藩院的处理意见。对此《大清会典则例》记载："院属五司内柔远一司，原系承办西藏、喀尔喀、青海、厄鲁特及各喇嘛，哈密、吐鲁番回子诸部事，后有军机以来，因事务益繁，一司不能承办，立有柔远后司。查议喀尔喀、厄鲁特、西藏等事及事军机者，皆隶后司办理。"① 理藩院管理西藏地区的事务，主要是由柔远司负责。既然理藩院的柔远后司查议西藏事务，对案件审判的查议也应包括在内。

要说明的是，有清一代，《大清律例》有关民事的规定几乎没有适用于西藏地区，因此笔者这里仅就非民事案件而言。由于清政府对西藏遵循"因俗而治"的政治原则，体现在法律上就必然是统一与多元的并存，这就决定了其司法审判程序的设置具有鲜明的特色。具体表现为，根据涉案当事人的不同身份而设置不同的司法审判程序，同时还有特定时空下的特殊司法审判程序，呈现出多元化的程序结构体系。笔者在本书没有单一按照一审、二审和终审的方法来分类讨论，而是结合案件的性质来分类考察。

一　普通刑事案件的司法审判程序

（一）汉藏民案件的司法审判程序

发生在西藏地区的汉人与藏民之间的案件审判程序是由当地的粮

---

① 《大清会典则例》卷143。

员启动，该粮员由汉人充任。当然，如果是藏民在逃还要由商上出面缉捕归案，商上会与当地的番官联合缉拿。这里的番官一般指的是遵照藏民族的风俗习惯得到清中央王朝认可的头人，如千总、外委等。因为他们都是当地的头人，不仅在当地有威望，更重要的是这些人熟悉当地的风俗人情及当地的环境，从而便于缉拿案犯。然后上报驻藏大臣审理，当然还要征求达赖和班禅的意见。至此，如果是一般刑事案件，其审判程序就终结了，如果是重大刑事或政治、宗教案件还要上报皇帝，因为驻藏大臣只对皇帝负责，只不过驻藏大臣上报的案件奏折是经过军机大臣转给皇帝，皇帝接到奏折后有时会转给理藩院和刑部议覆，甚至通过会审来解决。《清代藏事奏牍》中记载有这么个案例：

【案例一】据察木多粮务童沛霖详称：咸丰十一年八月内有陕西雩县人朱元，往来察、硕贸易，至边坝二道桥，路遇博番三人，将朱元杀毙，劫去鹿茸、骡马、行李等物。……经粮务陈堉汛明该犯实系为首凶犯，惟同伙凶犯二名尚未拿获，当将各供抄录秉请在案，经前任驻藏大臣严饬商上，务将凶犯二名缉拿到案，并将此案情形咨明刑部，俟将凶犯全数获齐，再行定拟。

奴才查例载白昼抢杀人者，斩立决。该凶犯噶丫既经拿获，追出赃物，又复当堂供认，岂容久羁显戮。奴才照例将该犯噶丫就地正法，并严饬商上查拿在逃凶犯。兹据诺门罕噶布伦等禀称，前次派去番官，现已回藏。据称博窝地方，查明该凶犯翁鸡实系中风，因病身死，倘嗣后查有隐匿等情，该番官头目等情甘认罪，均各出具图记夷结。惟凶犯噶玛一名，本系乍丫人，闻风已逃遁远飏。但查草地毗连外洋野番之处极多，又未设有捕役，惟有严饬各路营官上紧查拿，候缉捕到案审明定拟，再为恭折奏闻。……军机大臣奉旨：知道了。钦此。①

---

① 吴丰培编辑，赵慎应校对：《清代藏事奏牍》，中国藏学出版社1994年版，第376页。

本案当事人系汉人朱元和藏民噶丫等，涉及的司法机关从最基层的番官、营官到汉人充任的粮务，再到驻藏大臣，最后到皇帝。启动该案审判程序的是粮务，实际上还包括藏民充任的番官和营官，因此是由汉官和藏官共同启动该案审判的第一审级；到驻藏大臣是第二审级，一般情况下此类案件的审判程序到此就可结案，也就是说西藏地区发生的一般案件实际上是二审终审。值得注意的是，本案涉及清代晚期的"就地正法"这种特殊程序，虽然要上报皇帝，但从实质意义上并没有改变它的二审终审性质。

这个案例还告诉我们，驻藏大臣直属于皇帝，有很大的管理西藏事务的权力，其有权力独立决定一般案件的终审，但是对于重大案件必须报皇帝决定，这时候理藩院与军机处都会参与对案件的审理。就是一般案件的审理中也会受到理藩院的制约，因为理藩院派驻在驻藏大臣衙门的笔帖式是隶属于理藩院的，这点笔者在前文已有交代。

（二）藏民之间案件的审判程序

这种案件的审判启动程序是由西藏地方政府的噶伦与当地的番官启动的，经过番官的审理如果没有疑难问题即可结案，然后上报驻藏大臣与达赖、班禅复审即可。如果有疑难则转给汉人充当的粮员审理，粮员审理时一般会召集番官到场，审理完毕上报驻藏大臣复审，对于一般案件到此就可终结。如遇重大命案或政治性案件或宗教案件要通过军机大臣奏皇帝裁决，因为驻藏大臣对皇帝负责，一般皇帝都会转给刑部审议。值得一提的是，咸丰年间的太平天国起义后，为镇压全国各地的起义军，以打击盗匪为名把死刑的核准权下放到地方，便产生了"就地正法"之制度。所谓"就地正法"是为打击劫盗、土匪的需要，达到迅速镇压之效果而定的，各地的封疆大吏遇有此类案件可以先斩后奏，实际上应该是一边执行同时上请中央，只是由于各地离京城的距离问题导致现实生活中此类案件往往是先斩后奏之实际。①《清代藏事奏牍》中有案例可以解释：

【案例二】据署理西藏夷情怀唐武详称：据霍尔族总百户专差番目朗穷杂吗、扎里等二名禀称：于同治五年十月内由该族来藏商纳正赋银两，因将随带驮牛雇与果洛克番顺便驮脚回族，当令属下番民结噶、布穷二名，赴偏坡地方，与果洛克交代牛只。于十二月十五日天明时，该番民等行至扎什城老坟园被贼将该番民二人杀毙……

奴才以劫财戕命，案情重大，当饬噶布伦同该管地方番官硕第巴等，勒限务将该犯严拿到案，以凭按律定拟。兹据该番官等回称：奉谕之下，当即派人四处昼夜查拿，于藏属地面拿获盗犯协饶曲批、协饶桑垫等二名，经该番官审询，供词闪烁，情形可疑，恳请饬交汉员审办等情。

奴才当委署夷情怀唐武、粮员许觐光传集该番官等，会同严讯，务得实据，以凭定拟。嗣据该员等会详，卑职等连日会同审讯拿获杀毙霍尔族番民志雄犯协饶曲批、协饶桑垫等二名，当堂研讯……恳请查照新疆拿获劫盗之例，审实追出赃据，一面即请就地正法，一面具折奏闻各情，详称前来。

奴才于本年二月十七日传集汉番各官，亲提该犯协饶曲批、协饶桑垫等二名，当堂审据，所供一切，核与原供无异……奴才是以遵照新疆拿获劫盗之例，当于是日恭请王命，立将该二犯就地正法，悬首示众……军机大臣奉旨：知道了。钦此。②

本案当事人结噶、布穷及协饶曲批、协饶桑垫都是藏民，与上面

---

① 这种特殊的司法审判程序是特定时代的产物，关于死刑核准权力的下放所带来的严重后果将在法律的适用部分详细讨论。

② 吴丰培编辑，赵慎应校对：《清代藏事奏牍》，中国藏学出版社1994年版，第376—377页。

汉藏民一案的最大不同是第一审程序的启动不是由汉人充任的粮务，而是由番官自己启动，汉官并不主动介入。"经该番官审询，供词闪烁，情形可疑，恳请饬交汉员审办"，但是，由于案情复杂，由番官恳请汉官介入审理。这样，我们可以得出藏民之间的案件的第一审程序应该是有两种情况：一种是案情简单的案件由番官自己启动一审程序，再进入二审即可；另一种情况是藏民之间案情复杂时，由番官请求汉官介入启动一审程序。这种一审程序的启动模式本身说明清政府的"因俗而治"和审判程序多元化的特征。

（三）汉民之间案件审判程序

在西藏的汉民之间的刑事命案的审判程序与内地直省地区并无二致，即先由当地的知县启动初审，然后上报驻藏大臣复审，再报到刑部复核交皇帝裁决。

现从《清代藏事奏牍》中选取一案例佐证：

【案例三】窃据管理西藏粮务即补知县觉罗宝钺详称：道光二十二年七月初七日据乡约虎定国灯具报：民人马金潮戳死民人麻成玉，理合报乞验究等情。当即带同书役，亲诣尸所，将尸体放平明地面，对众如法相验。验得已死民人麻成玉约年三十余岁……由该粮务讯取犯证亲供，拟议详报前来。臣等亲提研讯……反复研鞫，矢口不移，案无遁饰。查律载：凡斗殴杀人者，不问手足他物金刃，并绞监候等语。马金潮合依斗殴杀人，不问手足他物金刃绞监候律：拟监候……除全案供招，咨送刑部，为此谨奏。十二月初四日奉到朱批：刑部议奏，钦此。①

该案中的当事人都是汉人，在适用法律的时候考虑适用大清律例，同时司法审判程序与内地汉人之间的案件没有太大区别，程序相

① 吴丰培编辑，赵慎应校对：《清代藏事奏牍》，中国藏学出版社 1994 年版，第 226—227 页。

对于汉藏民之间或藏民之间的案件要简单得多。一般是由粮员初审再报驻藏大臣，重大命盗案件由驻藏大臣上奏皇帝，皇帝转给刑部议覆结案。这里值得注意的是，内地发生重大命盗案件是由巡抚或督抚上报刑部而不是直接上报皇帝，为什么呢？因为非直省地区的封疆大吏直属于皇帝，因此，本案中驻藏大臣把本案直接上奏皇帝的道理就在这里。

二　政治性案件的司法审判程序

重大政治性案件因为极大地挑战了皇权，对国家的安定构成重大损害，一般是由皇帝下诏亲自审理或责成有关机关审理。但是，这样的案件审理程序往往较为简单。《清实录》中记载有一案例：

【案例四】乾隆五十七年……现令阿哥等同军机大臣，将普福严加询问……鄂辉亦即日可到，著福康安、孙士毅、惠龄、和琳，即将鄂辉革职，同俘习浑、雅满泰严切刑讯，令其据实供吐，是何意见，迅速具奏，毋任稍有遁饰……又据和琳奏，查办沙玛尔巴亲属，请将其亲侄乐伞、建本等犯，照大逆缘坐律拟斩，其堂侄阿里等男女大小七名口，应否发往烟瘴地方安插，抑赏给功臣为奴等语。藏内人等不谙缘坐条例，所有沙玛尔巴亲侄乐伞、建本等三犯，著解京交部治罪；其阿里等七名口，即交四川总督分发两广福建烟瘴地方按插，不必解京。①

沙玛尔巴是六世班禅的兄弟，因怀恨勾结廓尔喀人入侵西藏后被清政府镇压。乾隆五十七年（1792 年）传谕"至此次廓尔喀滋扰后藏，沙玛尔巴挑唆起衅，实为罪魁。现据贼猷将该犯骨殖送出，著富康安不必解京，分悬前藏之布达拉、后藏之扎什伦布……"这类案件的审理也是一种非常规的审判程序，是皇权对司法的介入，为实现某

---

① 《清实录》（26），《清高宗实录》卷 1415，中华书局 1986 年版，第 1028 页。

种政治目的打乱了清代正常的司法审判程序，更加体现出皇权的至高无上性和专断性。通过皇权的彰显能清楚地告诉人们这类案件的司法终审权是毫无疑问收归中央的。从这个意义上，咸丰年间的"就地正法"程序的实施也是一种非常时期的特殊程序，只不过"就地正法"程序体现的是一种分权的态势，即把原来属于中央的死刑核准权下放给各地的封疆大吏。

三　宗教性案件的司法审判程序

一般情况下，西藏宗教事务的日常管理交给西藏宗教界自己管理，遇有需要清中央政府干预的事件是由理藩院主管的。理藩院承办理应由中央政府管理的西藏和周围藏区的宗教事务，例如，制定有关喇嘛教的行政管理制度，大喇嘛封赠名号和犯法的处罚；呼图克图转世的金瓶掣签事宜；发放额定喇嘛的钱粮以及度牒、札付等。但是，出现宗教界的纷争或是案件的审理驻藏大臣也可以直接审办，然后直接上请皇帝裁决，以体现清王朝对西藏宗教事务的高度重视。因此其程序非常简单，即先由驻藏大臣审理，再上报皇帝裁决，理藩院只是抄录传谕的作用。这体现出宗教案件司法终审权的上收态势，因此西藏宗教案件的终审权是收归中央的。《清代藏事奏牍》中有一个案可以例证：

【案例五】再查西藏向遵黄教，奉佛念经，惟后藏之西萨迦呼图克图，本系红教，而其所属素习皆然。虽奉佛相同，而其经不一，并皆养妻生子，迥异黄教。不意班禅额尔德尼被人愚惑，兼习红教，遂致两藏物议沸腾，众心不服。体制攸关，诚恐滋事。奴才巡至后藏，会见班禅额尔德尼数次，当即面谕，仰蒙圣恩……如或执迷不悟，妄知痛改，立即严参，从重惩办，勿贻后悔，惟希自裁。……如其痛改前习，则阖藏人心自定，即可毋庸置议，抑或阳奉阴违，始终不悛，自当再行据实严参，请旨办理。……现令具结悔改情形，先行据实附片谨奏。①

　　事关西藏地区的宗教案件往往是由理藩院直接管辖的，如果驻藏大臣审理后的重大宗教案件上奏皇帝以后，皇帝也会转给理藩院议覆。

四　"就地正法"程序

　　按照清朝法律的规定，京师以外全国各地的死刑案件，都由案发地的州县进行初审，然后层层转解。经各级审转复核，最后由巡抚总督以结案报告形式向皇帝专案具题，由皇帝作出终审裁决。这种死刑复核审判制度，既保证了皇帝手中握有对臣民的生杀大权，维护了皇帝的绝对权威，也是中国千百年来"慎刑"思想的体现。但是，它也存在弊病。一是层层审转递解人犯，结案时间长，耗费资财大；二是转解途中囚犯安全没有保障。这种费时耗资的制度，适于和平安定时期。1851年，太平天国运动爆发，农民军席卷全国，各地匪盗随之猖獗，使本已失序的社会更为混乱。在太平天国革命爆发，全国性的大动乱年代，显然不能有效地为维护封建统治服务。以快速、省事、严厉为特征的"就地正法"，正好弥补了这种死刑复核制度的缺陷。但是，它造成了另一恶果，即原有的封建法制由此而被打乱。为应对政治危机，恢复统治秩序和社会治安，作为一种死刑程序的"就地正法"应运而生。

　　咸丰三年（1853年）三月，即太平天国革命爆发后的第三年，"就地正法"以清朝皇帝诏旨的形式宣布实施。它授权全国各级地方官，对抓获的"土匪"即行"就地正法"；授权各地团练绅士缉拿"土匪"，可以"格杀勿论"。②清代的死刑案件，以命、盗为主。"就

---

　　① 吴丰培编辑，赵慎应校对：《清代藏事奏牍》，中国藏学出版社1994年版，第422页。

　　② 北京大学图书馆稿本《刑部奏案》。

地正法"的"土匪"，无一不与命、盗相连。因此，允许地方官对土匪即行"就地正法"，也就等于宣布废弃原有的死刑复核审转制度。命盗案件的死刑裁决权，由高度集中走向高度分散，这就是"就地正法"实施后所带来的审判制度上的变化。

"就地正法"本意是指"于所在地执行死刑"，但到了晚清，这一用语成为特定死刑程序的代名词。"就地正法"有效地配合了清王朝的军事围剿，镇压了太平天国农民的反抗。封建地主阶级用反抗者的头颅验证了维护封建统治秩序的真理。但是，法制的破坏毕竟不利于封建统治的长远利益。因此，封建统治阶级中的一些人，为消除因农民起义而造成的封建统治集团内部的内轻外重，从削弱地方权力以加强中央皇权出发，屡次倡言取消就地正法，恢复旧有法制。然而，出于维护统治秩序的需要和地方督抚的反对，直到清末也未能取消。《清史稿》记载"惟就地正法一项，始自咸丰三年。时各省军兴，地方大吏，遇土匪窃发往往先行正法，然后奏闻。……自此章程行，沿及国变，而就地正法之制，讫未之能革"①。在本书前面提到的【案例一】和【案例二】就是这种特殊司法程序的反映。

五　理藩院直接参与案件的审判程序

早在清朝入关以前，清政府和西藏关系中的一些问题，就是由理藩院处理的。入关后的情况依然如此。如前所述，顺治十年（1653年），清政府对五世达赖的册封，就是派遣包括理藩院侍郎在内的官员，前往代噶完成的；顺治十四年（1657年），清政府就在理藩院内设立了唐古特学，设教习、助教等职，并在满洲八旗中选派子弟若干人，前来学习唐古特字义（藏文），唐古特学正式成为理藩院内部的一个机构。其主要任务就是翻译清朝皇帝颁赐给达赖喇嘛的圣旨以及西藏地方送报清政府的文书。康熙三十六年（1697年），清政府处理第巴桑结嘉措在五世达赖圆寂后秘不发丧的事件，也是派理藩院侍郎

① （清）赵尔巽等：《清史稿》卷143，中华书局1977年版，第4203页。

赫寿前往西藏办理的。清朝驻藏大臣正式设置后，清政府对西藏事务的处理主要通过驻藏大臣实现，同时，亦以理藩院协助驻藏大臣加强对西藏事务的管理，主要体现在以下几方面：派出专门人员去西藏办理具体事务①；负责查核噶布伦、戴本的俸禄和升革；戴本、碟巴、堪布要由理藩院发给执照，才算合法地管理西藏事务；理藩院对西藏地方官员的任免起着一定程度的决定作用，并负责西藏地方的贡马、银两诸事。②

必须指出的是，理藩院对于西藏一般案件并不直接审理，直接审理的案件往往是影响较大的宗教案件。

（一）直接审理案件的程序

笔者以《清代藏事辑要》中的个案来解释：

【案例六】康熙三十六年七月辛巳，理藩院奏："臣等会同大学士阿兰泰、尚书马齐遵旨往旃檀寺，召集默尔根绰尔济各寺庙喇嘛，一一取供。查丹巴色尔济、阿齐图格隆、巴咱尔喇木扎木巴系大喇嘛，奉皇上差遣，往达赖喇嘛处，乃知其已故，而谓之尚在，通同第巴诳奏，殊为可恶。应将丹巴色尔济、阿齐图格隆、巴咱尔喇木扎木巴拟绞，监候秋后处决，家产人口入官，以丹巴色尔济、巴咱尔喇木扎木巴之徒交默尔根绰尔济安置京城各寺庙，以阿济图格隆之徒，交归化城彭苏克喇嘛安置彼处寺庙。"得旨："丹巴色尔济从宽免死，革去住持大喇嘛，抄没家产，单身发往盛京，任栖一庙，阿齐图格隆各处差遣效力，从宽免死，并抄没，革去主持大喇嘛，准住其本庙。巴尔拉木扎木巴亦从宽

---

① 这主要指的是，委派理藩院司员一人，专门管理达木蒙古八旗官兵三十九旗事务，承办驻藏大臣衙门的满文稿案，三年更代。另外，理藩院还派出笔帖式一员，专司驻藏大臣文移，译成满文或汉文。

② 这里参考了赵云田先生的研究成果，具体参见赵云田《清代治理边陲的枢纽——理藩院》，新疆人民出版社1995年版，第44—46页。

免死，并抄没，革去大喇嘛。"余依议。①

一般情况下，理藩院直接审理的案件是发生在西藏地区有重大影响的宗教案件，这样的案件具有较大的政治影响，引起最高层的关注，往往受皇帝谕旨联合会审，结果由皇帝亲自定夺。如本案就是一起非常严重的宗教案件，五世达赖病逝后被西藏当地势力控制秘密不予发表，以此欺瞒中央，理藩院的具体审判程序是：首先，由皇帝指派理藩院联合大学士会审此案；其次，经过事实审理后草拟出具体的处理办法上奏皇帝；最后，皇帝结合理藩院等会审的结果做出最后的决定。

（二）理藩院的议覆程序

议覆程序是指全国各地的封疆大吏在处理地方发生的重大疑难案件的时候，会草拟对案件的审理结果上报皇帝，而皇帝往往会把这样的案件交给相关部门审拟，得出相关结果供皇帝参考的一种审判程序。

理藩院对于发生在西藏的重大宗教案件要么直接审理，要么议覆驻藏大臣对宗教案件的审理，具体表现为两种情况。

1. 单独议覆程序

例如，道光二十四年十月，先是驻藏大臣琦善两次覆奏，会同班禅额尔德尼，督率各该呼图克图及噶布伦等先后查明噶勒丹锡呼图萨玛第巴克什被控各款，讯取确供，拟议奏闻。均得旨："理藩院议奏。"只不过属于理藩院被动奉旨议覆："臣院议得噶勒丹锡呼图萨玛第巴克什、额尔德梦诺门罕阿旺扎木巴勒错勒齐木，本系不如册档微末喇嘛，自伊前辈起，历受三朝重恩……乃不知守分，胆敢需索番属财务，侵占百姓田庐，私拆达赖喇嘛所建房屋……查臣院例载：'凡喇嘛等因事拘审，先行革退喇嘛，罪犯应抄财物者，将所抄财务送院收存，作为赏给寺庙喇嘛之用。如讯明无罪，仍复其喇嘛'等语。……以上事宜，并请敕下驻藏大臣琦善会同班禅额尔德尼，缜密

---

① 张其勤原稿，吴丰培增辑：《清代藏事辑要》，西藏人民出版社1983年版，第55页。

镇静，妥为经理，迅速结案，无任另生枝节……是否有当，恭候命下，钦遵办理。"①

　　该案就是一起典型的理藩院奉旨议覆驻藏大臣等联合审理噶勒丹锡呼图萨玛第巴克什被控侵占财产一案，由于审理案情不清楚，皇帝责成理藩院议覆。理藩院"查臣院例载：'凡喇嘛等因事拘审，先行革退喇嘛，罪犯应抄财物者，将所抄财务送院收存，作为赏给寺庙喇嘛之用。如讯明无罪，仍复其喇嘛'等语"。这里的"臣院例载"当指《理藩院则例》中有关喇嘛例的相关规定，从审判程序上，大概相当于今天的法律审程序而不是事实审程序，最后由皇帝决定。

　　2. 联合议覆程序

　　例如，道光二十五年四月，军机大臣会同理藩院议覆："驻藏大臣琦善等奏：'拟定阿旺扎木巴勒楚勒齐木等罪名，请旨办理'等语。臣等会议得此案，已革诺门罕阿旺扎木巴勒楚勒齐木，以一介回番，受两朝豢养，乃自甘堕落，负恩昧良，与改桑拉木结等狼狈为奸……臣等公同酌拟，可否将该犯阿旺扎木巴勒楚勒齐木发往黑龙江，给披甲人为奴之处，伏候圣裁。……改桑拉木及噶布伦罗桑策旺等十一犯，均如该大臣等所拟，发往伊犁，给种地官兵为奴。犯侄降百官却等交土司安插，严加管束，毋许复出滋事。喇嘛称勒牙尔批等十八犯，发两广极边烟瘴地方充军。番民罗桑旺结等一百七十二犯勒令还俗，革去喇嘛。……余均如该大臣等所拟完结。"得旨："已革诺门罕阿旺扎木巴勒楚勒齐木，著发往黑龙江交该将军严加管束，毋许外出滋事，并不准与外人交接。余依议。"②

　　这种程序的发生主要是因为案情十分重大，驻藏大臣难以审理清楚，上报中央后，皇帝认为理藩院自身的力量也难以胜任，或者是出于相互掣肘的考虑往往会责成军机处联合理藩院共同议覆，得出初步

---

　　① 张其勤原稿，吴丰培增辑：《清代藏事辑要》，西藏人民出版社 1983 年版，第 415 页。

　　② 同上书，第 440 页。

的意见，最后由皇帝决定。

（三）把皇帝裁决传谕给驻藏大臣

《清代藏事奏牍》有个案可以佐证：

【案例七】为博窝野番出巢牧放，盘踞大道，掳掠村庄，伤害行人，胆敢擅劫折匣，砍伤赍折塘兵，经奴才派员查办，生获为首滋事凶犯，讯明就地正法……地方一律肃清，并吁恳天恩各情，理合恭折据实具奏，是否有当，伏乞两宫皇太后、皇上圣鉴训示。理藩院为咨行事，内阁抄出，同治六年正月二十七日内阁奉上谕：……钦遵抄出到院，相应恭录谕旨，咨行驻藏大臣遵照办理可也。须至咨者。①

本案显然是由驻藏大臣审理后上奏皇帝最终决定的，理藩院在本案中仅仅是从内阁处抄录后咨行驻藏大臣遵照办理。

（四）审判监督程序——理藩院监督驻藏大臣对案件的审判

这里类似于现在的审判监督程序，又表现在两个方面：一方面，通过派出的司员常驻西藏，伴随在驻藏大臣身边，所有文书的翻译工作都是由理藩院派出的司员翻译，以达到对驻藏大臣的监督作用；另一方面，接受案件当事人的举报后直接上报皇帝，由皇帝以谕旨的形式督促驻藏大臣及时办案不得拖延，同时也对驻藏大臣是否秉公办案进行监督。《清代藏事奏牍》中有这样一个案例：

【案例八】再承准军机大臣字寄光绪元年十二月初九日奉上谕，理藩院奏：前藏囊素呈诉包物及堪布被掠无获，恳请办理一折，著魁玉、吴棠、松湘、希凯即将被裹之前藏堪布及所带包驮各物速行查明，认真究办，务使人赃并获，毋再迟延。现在查办

---

① 吴丰培编辑，赵慎应校对：《清代藏事奏牍》，中国藏学出版社1994年版，第368—370页。

若何，并著先行具奏。原折均著抄给阅看，将此各谕令知之。等因，钦此。遵旨递寄前来。①

从本案可以知道，前藏囊素的包物以及堪布被抢劫一案并没有引起驻藏大臣的及时关注和审理，"毋再迟延"便是明证。正因为当事人的权益没有得到及时的救济，才会出现呈请理藩院督促，由于理藩院是管理西藏地区民族事务的中央最高机构，其尚书又是皇帝任命的亲信，其只对皇帝负责，所以才会出现光绪帝以谕旨督促办案的情形。

总之，无论是驻藏大臣审理的案件还是理藩院审理的案件，透过多元化的程序的分析我们可以得出以下几点：

第一，理藩院是管理西藏地区民族事务的中央最高机关，由其审理案件本身就说明此类案件的司法终审权属于中央。对这个问题的认识，我们要打破传统的单独从刑部审理案件的视角考察司法终审权问题。

第二，驻藏大臣审理的案件，单从直观的审理程序来看似乎与理藩院无关，甚至也看不出此类案件的终审权已收归中央，实际上，当我们透过程序设计的表面现象就可以发现问题的实质。从前文驻藏大臣审理的所有案件中我们可以发现，审理结果都要上报皇帝，而皇帝在决策时往往会转给刑部、军机处和理藩院议覆，特别是理藩院作为专门管理非直省地区民族事务的机关，精通少数民族的语言，了解少数民族地区的历史文化及风土人情，有能力为皇帝决策时提供妥适的建议。因此，从实质意义上来看，司法终审的权力仍然在中央。

第三，即使是一般性的案件由驻藏大臣终审，但是仍然摆脱不了理藩院的监督与制约。因为理藩院在驻藏大臣衙门里派驻一些精通藏语的笔帖式及司员，工作上听候驻藏大臣调遣，但是这些笔帖式及司

---

① 吴丰培编辑，赵慎应校对：《清代藏事奏牍》，中国藏学出版社 1994 年版，第415 页。

员升降调动的人事权力仍然属于理藩院，相当于理藩院的派出机构，能够有效地对驻藏大臣进行监督，及时把西藏地区的信息反馈给理藩院。

第三节　理藩院对西藏地区法律冲突规范的选择

为了全面考察清代西藏地区的法律适用全貌，也为了克服研究视野与研究方法上的狭窄，笔者借助了"国家法/固有法"① 的二元法制模式作为研究的视角和分析框架。法律多元主义认为，法律多元根源于文化的多元。由于不同地区、不同国家之间不同的宗教、习惯、生活方式以及不同的地理环境，使文化具有多元性，在法律上则表现为不同国家、不同地区有不同的法律；而在一个国家内部，由于历史发展阶段的不同，法律也是不同的，甚至在历史发展的同一时期，也存在不同层次的法律。需要说明的是，本节中对于国家法和固有法的适用，有的直接体现在理藩院审理的案件之中，有的反映在史料的记载里。特别需注意的是，理藩院通过行使其作为非直省民族地区事务管理的中央最高机关的权力，可以对各级司法机关审理西藏案件时适用法律规范进行监督，从而实现清中央对西藏地区政治控制的目的。

---

①　关于固有法的概念在学界争论不休，笔者以为固有法实际上是指一个地区或者国家根据本地区或国家的民族精神自己创制的法律，它与法律的移植是个相对应的概念，就是没有受到外来因素特别是国家权力的干预下的产物。也有学者把它称为习惯法、民族法、非官方法以及民间法等。而在国内，民间法这个概念很有影响，但其相比国家法更为模糊。梁治平先生在《清代习惯法：社会与国家》中，把凡是出自"民间""民人"创造的法都划归"民间法"，并认为在中国传统语境中，与"官府"相对的正是"民间"，而"官"与"民"这一对语言范畴，恰好表明了中国传统社会结构的特殊性。他把民间法分为民族法、宗族法、宗教法、行会法、帮会法和习惯法，在他看来，民间法是包括习惯法的。笔者在这里之所以没有采纳梁先生的观点，是因为这种观点不能很好地解释地方政权机关制定的法律，特别是其忽视了中国历史上曾经存在过的地方政权立法的相对独立性，这样容易导致对地方立法的歧视。

一　适用西藏地区的国家法

清代适用于西藏地区的国家法主要指《大清律例》《钦定藏内善后章程二十九条》《钦定理藩院则例》《酌拟裁禁商上积弊章程二十八条》。《大清律例》是清代的国家基本法典，从其问世以来就当然适用于大清帝国所统治的任何地方，这点从理论上说应当是没有问题的。只是清代存在部分非直省地区，在这些非直省地区对于《大清律例》的适用和直省地区的适用情况是不同的，可以说在直省地区是不折不扣地适用而在非直省地区则是有条件地适用，当然，随着清帝国对这些非直省地区统治的不断深入，越来越多地使用《大清律例》倒也是事实。

《大清律例》在西藏地区的适用有个历史的发展过程。清军入关前的满族统治者就开始与西藏的宗教领袖五世达赖有过亲密接触，1639 年清王朝派人入藏迎请高僧，到 1642 年西藏地方朝清团到达盛京，受到皇太极的热情招待。清政府就确立了利用藏传佛教统治藏族的政治策略。1644 年清军入关后不久，顺治帝获得统治大权，继续沿袭其祖先的策略，进一步笼络西藏的宗教上层人士。1653 年，五世达赖进京受到顺治帝很高的礼遇，不仅赏赐金银礼品，还册封五世达赖。当然，清政府没有忘记笼络西藏地方政权的实际持有者和硕特蒙古部首领顾实汗，封其为"遵行文义敏慧顾实汗"以及"作朕屏辅，辑乃封圻"。① 因此，雍正朝设驻藏大臣以前清政府对西藏的治理是一种间接统治，对西藏的基层社会不插手、不干预。但是，随着五世达赖的圆寂，西藏地方的僧俗势力的斗争风起云涌，康熙帝高瞻远瞩派军入藏恢复秩序，同时在西藏初步派驻藏大臣，从而使清政府的统治势力渗入西藏的基层社会，进而加强对西藏的治理。清政府开始设立驻藏大臣，就表明清中央王朝对西藏的治理逐步深入，中央集权也在不断加强，表现在司法制度上就是不断在西藏地区推广《大清

---

① 《清实录》(3)，《清世祖实录》卷 74，中华书局 1985 年版，第 587 页。

律例》的适用，同时不断减少西藏地方特色的法律或者说番律的适用
范围。

就具体的司法实践来说，大体上遵循两条路径发展：一条路径
是，《大清律例》刚开始只适用于西藏地区的汉人之间的案件逐步发
展到汉藏民之间的案件再到藏民之间的案件；另一条路径是，《大清
律例》开始仅仅适用于重大政治性案件和影响较大的宗教案件发展到
重大刑事案件到普通刑事案件。当然，这里必须指出的是，有清一
代，对于西藏地方的民事问题基本不予干涉，因此《大清律例》中
的有关民事规定部分基本不适用于清代西藏地区，所以笔者这里仅是
就刑事案件、政治案件及宗教案件而言。这样的案例不胜枚举，在前
面所使用的案例中也不难发现。

另外一部适用西藏地区的国家法是《理藩院则例》，它是清朝治
理边疆少数民族地方的行政法规之大集，又是处理少数民族事务的法
律依据。《理藩院则例》中有关处理西藏地方事务的种种规定，不仅
是清朝在西藏地区完全行使主权之法律依据，也是我们研究清代西藏
与中央王朝之间各种隶属关系的宝贵资料。① 特别是《理藩院则例》
中《西藏通制》和《喇嘛例》是清朝有关西藏事务的行政法令和规
章制度汇编，也是理藩院主管藏政的法律依据和对西藏施政的行为
准则。

还有一部适用西藏地区的国家法是《钦定藏内善后章程》，它是
清王朝结合藏族地区的固有法而制定的专门适用于西藏地区的国
家法。

二　适用西藏地方的固有法

在萨迦政权时期，西藏虽然实现了与祖国的大统一，但在意识形
态方面又出现了教派之争，加之蒙古各政治势力的介入，教派斗争日
趋加剧。到13世纪90年代，以降曲坚赞为首的帕竹噶举乘机于1349

---

① 苏发祥：《清代治藏政策研究》，民族出版社2001年版，第194页。

年攻取萨迦占领前藏，1354 年占领后藏推翻萨迦政权，形成了政教合一的帕竹地方政权，帕竹地方政权注意发展生产，加强经济实力，在西藏部分地方推行"溪卡"（庄园）制度，建立了 13 个基层行政单位，称为"宗"；并依据吐蕃时期的"十善法"，即《十五法典》，结束了萨迦时期的法令无常，"留于欺诈，或范宽严不均等弊端"的状态。可以说，家庭、家族、寺院、属民是藏族地区基层社会的实体。中央对它们多行支持政策，它们可独断地方争讼，可以施用刑法，极具独立性和自治性。在藏族社会内部起到一定的社会控制作用，并且很多时候部落头人的旨意相应成为部落法律。例如，公元 1361 年，赏竹监藏在自己担任万户长之职 40 年的总结发言和对伯木古鲁万户各项事业发展策略的嘱咐中，谈到任命管家桑结软奴为觉普的百长。同时告诫属下，要遵守旧制，在降章以上各百户地区据守要地，防止变乱。同时赏竹监藏召集官员开会讨论伯木古鲁万户之什长桑哥班遭萨斯迦本钦旺尊非礼之事。并且赏竹监藏要求将该万户管内百姓的差役负担减半，而传递命令的使者、村落中的萨巴、什长串通一起，密谋敲诈百姓，拒绝将差税减半，胡作非为的情况也进行讨论处理。① 可见，千百户制度对于部族内部的秩序维持起到了重要的作用，万户长、千户长、百户长召集的会议对管辖范围内的纠纷进行讨论解决，并提出相应的规范措施。

同时，藏族地区制定的法律法规也对基层社会制度的相关内容设立了法律层面的约束。例如，在藏族部落中实行的《番例》中就有：部落人逃走、聚众携械同逃、追赶逃人等条目。其中对千百户、百长等不履行其管束、追赶之职责，进行处罚。②《番例》中还明确规定：不允许犯罪私完即不通过部落头人等私下解决纠纷，"凡犯罪发觉，二犯不得私议，如私议完结者，千户等罚三九，百户等罚二九，管束

---

① 参见降曲坚赞《朗氏宗谱》，西藏人民出版社 1986 年版。

② 参见张济民主编《青海藏族部落习惯法资料集》附录《番例条款》，青海人民出版社 1993 年版。

部落之百长等罚一九，小百长等罚牲畜七件，小头目等及平人罚牧畜五件"①。这些规定都加强了千百户等部落首领的司法管辖的强制性。

总之，法律是一定经济基础所决定的统治阶级意志的体现，也是阶级社会特有的一种产物。有清一代，除沿用了吐蕃王朝的王法和佛教的教法外，还参用了元朝的法律规范以及明清时期制定的法律。旧西藏不同历史时期有数十种法典。而安多、康区也有相应的区域法规——《番例》，还有存在的部落法律法规，如玉树部落法规、千卜录法规、黄科部落法规、阿曲乎部落法规、果洛阿将三部落法规、阿哇铁吾部落法规、浪加部落法规、莫壩部落法规等。② 不论是西藏地区还是安多、康藏地区，其内部基层社会组织在发生着变化，相应的法律法规也在随之改变。明清基层社会组织研究的历程显示出一个逐渐深化的局面。乾隆后期出现这样一种局面，中央高度集权，但对基层社会的控制日感困难，经济发展尚处于清代的高峰，而社会的动荡又日渐加剧，然而，中国社会是一种多元结构社会，从经济基础、社会控制体系、司法系统到思想文化，都存在"公"与"私"两大部分。多种生产方式，国有经济、乡族共有经济和私有经济的长期并存；高度集中的国家权力与僧俗势力的互相补充，国家法律、司法机构与部落法规等私法、私刑审讯、私设公堂并行。

西藏地区的固有法主要是指西藏地方政府制定的番律。《大清会典》中也有记载"凡定例，有边腹之异。凡边外与腹地立法不同。……西藏治以番律，各回城治以回律，俱各从其俗"③。这里的番律主要指西藏地方的固有法《十三法典》，它是五世达赖罗桑嘉措时期制定的，借鉴吐蕃、元代及帕木竹巴等时期的法律制度而形成具有宗教性的一部诸法合体的基本法典，是民族习惯与民族宗教的结

---

① 参见张济民主编《青海藏族部落习惯法资料集》附录《番例条款》，青海人民出版社1993年版。

② 参见杨一凡、田涛主编《中国珍稀法律典籍续编》（第九册），黑龙江人民出版社2002年版，第143—227页。

③ （清）伊桑阿等纂修：《大清会典》卷53，"刑部"，文海出版社1992年版。

合。它的形成主要是将藏巴第悉噶玛丹迥旺布时期制定的《十六法典》进行综合调整删节成"法律十三条"，后经第五任第悉桑结嘉措的修改而成《十三法典》。该法典充分体现了佛教的教义性，具有典型的宗教性。正如该法典的制定者所说，法律制定的目的是满足人们自我修行的需要，是实现功德圆满的工具。该法典更加强调，人们居于崇佛藏界，必须通过自身修行达到最高境界。在法典的序言中这样说："人间涅槃圆满路宽广，稀有福德、智慧俱圆满，赐法与僧伽具妙善、吉祥。如同光明之劫来临。供施宛如日月，转动法律之轮……"[①] 另外一部重要的清代西藏地方的固有法是《法典明镜二十一条》，也是五世达赖时期制定的，它是在继承萨迦政府时期的 13 个行政部门的编制基础上有所损益的结果。它是清代西藏地方政府的一部行政法规，可以说直到 1751 年西藏地方政府噶厦制的建立以及 1793 年《钦定藏内善后章程二十九条》的颁布，它们的影响和适用在整个清代都没有停止过。上文提到的西藏沙玛尔巴案的结尾就很好地说明了问题。该案表明在法律适用方面，原则上适用大清律例，但按照清代对边疆民族地区实行因俗而治、因地制宜的方针，则要适用民族地区的法律和习俗，也就是笔者说的西藏地区的固有法。如案例中乐伞等三犯原本适用大清律照大逆缘坐律拟斩，但因为他们是藏族人，所以不适用缘坐条例。

另外，在《清代藏事奏牍》中记载一案："定日守备与番官戴瑝互相禀讦审系虚诬折：窃奴才等于上年九月间接据定日守备刘瀛禀报……守备刘瀛与番民任增夤夜进城至兵丁冯友家与番妇通奸，辄据兵丁等禀报，率以任增越城抢夺，并戴瑝聚众夺犯等情具禀，虽事由误听，并非有心诬陷，究属不合。又失察兵丁私娶番妇，应请交部议处。……通事骆宽因戴瑝惧干咎戾，与之相商，辄令戴瑝出银助修武庙，并令中译将奸犯任增带走，罪有应得。系番民，应与犯奸之番民

----

① 周润年、喜饶尼玛译注：《西藏古代法典选编》，中央民族大学出版社 1994 年版，第 83 页。

任增、番妇边坝竹玛，勾引奸犯之番民长寿，及将任增带走之中译鲁垫，均交诺门罕查照夷例办理。……除将全案供招咨送兵部刑部外，所有审拟缘由，理合恭折具奏，伏乞皇上圣鉴，敕部核复施行。谨奏。"① 从此案中非常清楚地看出，汉藏民之间的争讼所适用的法律是不一样的，汉人适用国家法——《大清律例》，藏民适用西藏地区的固有法——《十三法典》。

笔者还可以用"鄂辉等奏酌筹西藏善后章程"来进一步佐证西藏固有法的适用情况。《钦定巴勒布纪略》中记载："乾隆五十四年（1789 年）六月十三日，查，西藏遇有鼠牙争讼之事，向设有管理刑法头人，番语呼为郎仔辖。凡犯罪者俱照夷例分别重轻，罚以金银、牛、羊，即行减免。查，唐古忒番人自相构讼，原不妨听其照夷例完结，若事有关系，亦当究办，不可听其罚赎了事。至番人与汉民并外番、西宁等处回民争讼，尤当秉公剖断，方为允当，若概交郎仔辖照本处番例议以罚赎，难保无偏护高下情弊。或办理稍有不公，必致滋生事端。是以臣等告知达赖喇嘛及噶布伦等，嗣后除唐古忒番人所犯私罪，仍照旧发郎仔辖按情妥办外，至有关涉汉、回、外番及别项公罪之事，无论大小重轻，均令该郎仔辖呈报驻藏大臣拣派妥干文武，会同审理，秉公剖结存案，毋许仍听郎仔辖任意议罚，致滋枉纵。"②

这段材料清楚地告诉我们，清代西藏地区发生不同民族间的争讼案件应当区别对待，不能像从前那样无论是汉人和番人之间的案件，还是番人之间的案件，抑或是涉及回人的案件，一律都是由郎仔辖管辖审判，并且适用西藏地区的固有法。如"查，西藏遇有鼠牙争讼之事，向设有管理刑法头人，番语呼为郎仔辖。凡犯罪者俱照夷例分别重轻，罚以金银、牛、羊，即行减免"，即是证明。这样容易使案件审理非常不公正，因此，清中央政府加强对此类案件的审理管辖权以

---

① 吴丰培编辑，赵慎应校对：《清代藏事奏牍》，中国藏学出版社 1994 年版，第318—320 页。

② 《钦定巴勒布纪略》卷 22。

及法律适用进行干预。强调今后只有番民之间的案件才可以继续由郎仔辖审判，并且适用西藏地方的固有法；涉及汉、回及番民之间的案件，则一律责成郎仔辖上报驻藏大臣委员与郎仔辖会同审理。这一做法表面上看是在加大驻藏大臣的权力，削弱西藏地方的审判机构郎仔辖的司法权力，实际上是清中央政府加强中央集权的同时逐步弱化地方自治权的一种表现。

这种情况还表现在道光年间理藩院议覆驻藏大臣琦善的奏稿之中：

道光二十五年五月，理藩院议覆："驻藏大臣琦善奏：'查五辈达赖喇嘛所立条规，虽未注明，如有遇犯打死毋论之言，而既立铁棒，且称一切僧众倘有不遵清规，听从格斯贵惩治'等语。原以西藏地处极边，番情蛮野，各大寺喇嘛动辄以千万计，迨至攒招，麕集尤众，非严设科条专人约束，实不足以资弹压，喇嘛自有僧规，自应因地制宜，庶愚番遵守定章，不致纷纷多事。其五辈达赖喇嘛所立条规，现据班禅额尔德尼咨称，历同护法供奉，未便勒令启拆。此案格斯贵、改桑汪青打伤喇嘛曲觉尔身死一案，可否即照班禅额尔德尼来咨，准其按照五辈达赖喇嘛所立条规，既已罚服，免其置议之处，出自圣主天恩等情，具奏前来。臣等查前奏，所以议驳复查者，诚以人民至重，既经殴人致死，无论立决监候，法当议抵，既今据驻藏大臣琦善等转据班禅额尔德尼分析声明前情具奏，系属视俗立法，因地制宜，不惟难律以内地科条，亦非蒙古例案所能比拟，所有布赍绷寺格斯贵争殴致伤，卡尔冻寺蒙古教习喇嘛曲觉尔身死一案，可否即如该驻藏大臣琦善等所请，按照五辈达赖喇嘛所立条规，免其置议之处，伏候圣裁。"得旨："依议。"①

该案中所说的"'五辈达赖喇嘛所立条规，虽未注明，如有遇犯打死毋论之言，而既立铁棒，且称一切僧众倘有不遵清规，听从格斯

① 张其勤原稿，吴丰培增辑：《清代藏事辑要》，西藏人民出版社 1983 年版，第440 页。

贵惩治’等语”，其中的五世达赖所立条规实际上指的就是《十三法典》。“其五辈达赖喇嘛所立条规，现据班禅额尔德尼咨称，历同护法供奉，未便勒令启拆”这一句话说明，理藩院对于处理西藏地区的宗教案件，应当仍然适用五世达赖所定法律规范，因为五世达赖在清代西藏地区的威望非常高，其所定的法律规范也同样具有很高的权威性，因此理藩院极力建议“未便勒令启拆”。理藩院议覆的结论是“格斯贵、改桑汪青打伤喇嘛曲觉尔身死一案，可否即照班禅额尔德尼来咨，准其按照五辈达赖喇嘛所立条规，既已罚服，免其置议之处，出自圣主天恩等情，具奏前来”。结果上报皇帝后得到的批示是“依议”。

三　准据法的适用

前文提到的【案例二】“卑职等除将供词具册详送外，维该犯等已经当堂供认，系为首正凶，并追出赃据，实属罪无可恕，恳请查照新疆拿获劫盗之例，审实追出赃据，一面即请就地正法，一面具折奏闻各情，详称前来”，及“奴才是以遵照新疆拿获劫盗之例，当于是日恭请王命，立将该二犯就地正法，悬首示众”。这里说的“新疆”的具体含义是什么？难道清代真的有一部“新疆例”吗？驻藏大臣处理藏民之间的案件为什么要“恳请查照新疆拿获劫盗之例”？①

要想搞清楚这三个问题，笔者以为首先要搞清楚清代“新疆”一词的含义。这得从乾隆评定新疆的准噶尔说起。17世纪，准噶尔（蒙古的一支）以固勒扎为基地建立庞大的游牧帝国。经过激烈的战争控制了新疆大部分地区。1697年，清军击败了准噶尔，控制了新

---

① 在笔者关注的视野中，孙镇平博士已经意识到了这个问题，孙博士在其专著《清代西藏法制研究》一书中也使用了这个案例并发出这样的疑问：“从本案可以看出，凶犯、死者均系藏属人丁，案发地亦在藏，《大清律例》有关于抢劫杀人的律条，而在适用法律时，无论初审的复审，抑或再审的驻藏大臣均照‘新疆拿获劫盗之例’处理，并获皇上批准。究其原因何在，实不得而知，有待进一步发掘史料加以探求。”（孙镇平：《清代西藏法制研究》，知识产权出版社2004年版，第306页）

疆东部。1755 年，清朝攻占固勒扎；1757 年，清朝彻底征服了准噶尔政权。乾隆皇帝把这片土地命名为"新疆"，取"故土新归"之意。1759 年，清朝又平定天山以南因准噶尔部消失而趁机坐大的"回部"，即伊斯兰教白山派首领大、小和卓反叛，从此完全确立了清朝对新疆的稳固统治，回部之前在准噶尔暴力统治之下。而准噶尔部被灭族也直接导致新疆及中亚部分完全伊斯兰化。之前此区域统治民族准部蒙古全民信奉藏传佛教。

　　为了准确弄清"新疆"含义，有必要将"回疆"作一个界定。所谓"回疆"，是清代文献中对现在天山以南的新疆地区的称呼，又称"回部"。宋元以来，汉文文献中将穆斯林称作"回回"，"回"就成为与伊斯兰教有关的代名词，清代将伊斯兰教称作"回教"，因此清代各种文献将居住在新疆南部的少数民族除柯尔克孜被称为"布鲁特"外，其他民族一律统称为"回人""缠回"等。他们居住的地方也因此被叫作"回疆""回部"。本书所指的回疆主要指今天新疆境内南部的广大地区，其具体范围界定为天山以南，昆仑山以北，东界阳关、玉门，西界帕米尔高原，即今新疆的南疆及东疆的吐鲁番、哈密两地。清代新疆地区，总体上可以大致划分为天山以北的准部及天山以南大部地区的回疆。在准部主要生活着以游牧为主的厄鲁特蒙古、哈萨克等部，回疆地区主要聚居以农耕为主的维吾尔、柯尔克孜等族。清代准部所在的北疆与回疆地区，不仅在民族构成上不同，而且在宗教、法律文化等方面存在很大差异。如在宗教方面，形成了天山南路以伊斯兰教为主，天山北路以藏传佛教为主，伊斯兰教和藏传佛教并立的多种宗教并存的格局；① 在法律文化方面，回疆地区则以伊斯兰法文化为其传统法律文化，天山以北的准部，尤其是卫拉特蒙古各部则继续沿用以《蒙古卫拉特法典》为核心的蒙古习惯法。因此它们在法律制度的渊源、运作等方面均有较大差异。伊斯兰教法在回疆法律文化中占据突出的地位。伊斯兰教法是一种宗教型法律，它

---

① 马大正等：《新疆史鉴》，新疆人民出版社 2006 年版，第 267 页。

与伊斯兰教义紧密联系，宗教经典同时也具有法律效力。伊斯兰教法则较为重视"私法"问题，表现为一种民事化的法律体系，而在刑事、行政等"公法"领域较为简陋。中国传统法律文化属于一种"公法"文化，即体现为一种刑事化的法律体系，刑事条款成为一切法律现象的本原性规范，而对于民事问题，要么不作任何规定，要么以刑法加以调整。

因此，笔者认为清代的新疆主要应指的是人们经常说的北疆，那里主要生活着蒙古族；而南疆则主要生活着信仰伊斯兰教的维吾尔族，在清代被称为"回子"，南疆在清代被称为"回疆"。在当时的南北疆分别生活着不同的主体民族，有着不同的宗教信仰，北疆的蒙古人信仰藏传佛教而南疆则信仰伊斯兰教。

笔者在《历代判例判牍》中发现很多"驳案"经常会出现"新疆"和"回疆"的词语，下面引出两条试着说明这一问题。第一条史料是"陕西司道光二年。陕督咨赵兴迭窃拒捕一案。查赵兴迭次行窃张文焕等家已至八次。经差拿时，该犯用鞭杆拒捕。该督将该犯依极边烟瘴人犯事发在逃，被获时拒捕者，改发回疆为奴。经本部以赵兴并未到官脱逃，不得加以到官脱逃又获拒捕之例。将赵兴改依积匪猾贼，照云、贵、两广极边烟瘴充军罪上加拒捕罪二等，发新疆酌拨当差"①。值得注意的是，为什么在同一个条例中并列出现"新疆"和"回疆"？比较合理的解释也许是，新疆是指北疆而回疆指的是南疆。

第二条史料是"刑部谨奏，为遵旨将黑龙江等处遣犯酌议分别改发恭摺具奏仰祈圣鉴事。……经臣部议，将应发黑龙江之邪教为从及听从入西洋教不知悔改、暨造妖书传用惑人不及众三项，改发新疆给厄鲁特为奴。其余例内应发黑龙江、吉林并专发黑龙江为奴各案内，

---

① 杨一凡、徐立志主编：《历代判例判牍》（第六册），中国社会科学出版社2005年版，第413页。

摘出情节较重者共十二条，改发新疆及回城为奴"①。这条史料中出现新疆厄鲁特，显然讲的是北疆的厄鲁特蒙古族；回城应该指的"回子"生活的城市，主要指的是南疆，也就是指"回疆"。

那么，清代有没有一部"新疆例"呢？笔者曾经请教过一些学者，有的学者认为"新疆例"不是一个专有名词，应与前面的"照"字连读，大意是：照在新疆处理这类事情的办法处理。其"照新疆拿获劫盗之例"应当是指的《大清律例·刑律·白昼抢夺》门附例："新疆地方兵丁、跟役如有白昼抢夺杀人及为强盗等事，该办事大臣审实，一面奏闻，一面即行正法。谨案此条乾隆三十二年奉旨著为例。"② 认为清代没有一部专门的新疆例。有的学者认为有清一代确实存在过一部新疆例，指的应该是四库未收辑刊清人吴翼先撰写的《新疆则例说略二卷》。但是，笔者仔细阅读过后发现里面讲的是关于什么条件下要充军到新疆而并没有刑事实体法的存在。③ 笔者赞同这两位学者的观点，因为只要仔细分析就会发现实际上这两位学者从不同的视角解释了同一个问题，即有清一代只有关于新疆人犯罪或者内地人犯罪在什么条件下适用的准据法，并不存在一部《新疆则例》这样的实体法，其实这种现象在整个清代还有很多。

法律文本不是清代民族法律的核心。清代法律中的《蒙古例》《回疆则例》《苗例》等在法律上多是指一种法律适用中的准据法，而不是一种具体的法典，当然，由于清代蒙古族的特殊地位，在《蒙古律例》中比其他几部则例的内容更加实体化。乾隆二十五年，弘历发布上谕说："舒赫德拿获阿克苏盗马回人拜密尔咱，因系积匪，照

① 杨一凡、徐立志主编：《历代判例判牍》（第六册），中国社会科学出版社 2005 年版，第 316—317 页。

② 沈师徐、席裕福辑：《皇朝政典类纂》，文海出版社 1982 年版，第 8651 页。

③ 笔者曾经就此问题请教过中国社会科学院、清华大学法学院法学研究所的苏亦工教授，苏教授认为新疆例不是一个专有名词；笔者也曾经向中国第一历史档案馆的李保文先生请教，李先生认为清代应该有一个《新疆例》，并送给笔者一套《新疆则例说略二卷》的影像材料。在此对两位老师表示感谢！

回人例斩决枭示等语。回地新经平定，拿获匪犯自应从重办理，但内地或间有无耻兵丁仆役等偷盗回人马匹，若仍照内地之律办理完结，非所以昭平允。着谕办理回部事务大臣等嗣后回人盗本处及内地人盗回人马匹俱照回疆例办理。"① 而现在所见到的《回疆则例》都是关于官制、职掌等行政管理以及贸易、税收、卡哨及度量衡等方面的规定，部分条款涉及司法管辖和禁令。如《回疆则例》卷6里有"禁止换防绿营弁兵及发遣为奴人犯擅娶回妇"和"阿奇木伯克不得私交外藩"以及"阿奇木伯克不得私理刑讯重案"等条款，但并无刑事实体法的内容。因为这仅是清代回疆法律适用中的一部分，其本民族的固有法律在当时看来是明确的、没有必要特别规定的，且这些内容就是当时清代《回疆则例》的一个重要组成部分。

因此，本书提到的新疆例应该是适用于以蒙古人为主体民族生活的北疆地区，因为南疆被称为回疆，其有回律以及《回疆则例》，如《大清会典》记载"凡定例，有边腹之异。凡边外与腹地立法不同。……西藏治以番律，各回城治以回律，俱各从其俗"②。只不过这里的回律指的是回疆地区的固有法，侧重于实体法，而《回疆则例》则属于准据法。由此可见前面提到的【案例二】其"照新疆拿获劫盗之例"应当是指《大清律例·刑律·白昼抢夺》门附例："新疆地方兵丁、跟役如有白昼抢夺杀人及为强盗等事，该办事大臣审实，一面奏闻，一面即行正法。"③ 当是可信的，因为可以把它理解成作为清代准据法的新疆则例中的一部分，而这部分是由清中央王朝制定的，具有很强的国家法性质。

那么驻藏大臣处理藏民之间的案件为什么要"恳请查照新疆拿获劫盗之例"？笔者这里想用另一条史料来予以旁证。《钦定大清会典事例》记载："嘉庆十五年议准，热河副都统一缺裁汰，改设都统一

---

① （清）昆冈等修：光绪《大清会典事例》卷739，元亨利贞书屋2000年版。
② （清）伊桑阿等纂修：《大清会典》卷53，"刑部"，文海出版社1992年版。
③ 沈师徐、席裕福辑：《皇朝政典类纂》，文海出版社1982年版，第8651页。

员，所有附近蒙古事件向属税员兼管者，俱改归都统专办。……遇有应报理藩院之事，皆令呈报热河都统，由都统核定报院。都统衙门办理旗人蒙古刑名案件照新疆例。派理藩院司官一员，随同都统办事，由理藩院司员中拣选二员带领引见派往，三年更换。"①

有意思的是，热河督统衙门办理蒙古刑名案件也照新疆例，这既不能用巧合，也不能用常识来解释。笔者以为，从法律文化的视角也许能得出较为可信的结论，因为具有共同文化传统、共同宗教信仰的人们适用同样的法律更能使人们接受。前文笔者分析了北疆地区的厄鲁特蒙古族信仰藏传佛教，从宗教信仰来看北疆的厄鲁特蒙古和西藏地区藏民的信仰是一致的，都是藏传佛教；从民族构成来看，北疆的厄鲁特蒙古与热河地区的蒙古都是清代的蒙古人。如果说不同的法律有其产生的不同文化背景这一结论是正确的，那么法律适用的正当性应该是适用于具有相同文化背景的人们当是没有问题的，从这个角度来看也许笔者的分析是正确的。

第四节　清代西藏地区的司法终审权问题

笔者在解释本章第二节的审判程序时并没有单独采取一审及二审程序的分类方法，而是结合案件性质作为分类标准，为什么呢？笔者以为这样做的好处是：既能一般性地说明清代西藏地区司法审判程序的概貌，也能为下文解释法律的适用提供较有利的分类标准。本章第三节，从法律多元的视角，用国家法与固有法的二元结构理论来考察清代在西藏地区适用的到底有哪些规范性的法律文件，同样要分别讨论不同性质的案件类型。当我们讨论清代西藏地区的司法终审权问题时，同样离不开这么一种分类方法，因为只有这样才有可能较为全面地考察司法终审权问题，当然仅以分类的方法还不够，还要把这个问题放在更为宏大的历史变迁的背景下来考察也许才会更有说服力。同

① （清）昆冈等修：《钦定大清会典事例》卷976，上海古籍出版社1995年影印本。

时，必须指出的是，西藏地区的司法终审权问题涉及理藩院的问题不多，在这里仅做一个概要阐述，意在提供一种思考的路径。

一　置于历史变迁中的考察

清军入关前，清朝的统治阶级就充分认识到藏传佛教的巨大威力，于是积极与西藏地方政权接触，尊崇佛教以此来很好地统治蒙古族，此时清政府还没有能力过多地把自己的政治势力扩张到西藏地区，可以说入关之前清政府的司法审判制度丝毫没有进入西藏，更谈不到司法终审权是否收归中央的问题了。清军入关后，顺治帝掌握大权，随着全国的统一，顺治帝继续其祖先以佛教治理蒙古和藏族的策略，更加厚爱佛教。西藏与清中央政府的关系日益密切，当然这是一种双赢的结果，因为西藏的宗教势力要借助清中央政权的势力稳固自己在西藏的统治地位。但是，清军入关后的相当长时间里清政府对西藏采取的是以蒙古王治理西藏的办法，是一种间接统治。在这种情况下，清中央政府对西藏地方政府的要求仅仅是"作朕屏辅，辑乃封圻"，政治上的诉求并不是很高，对西藏的治理不深入，司法审判制度也基本上没有扩张到西藏地区，因此也很难说司法终审权是否上收的问题。自雍正朝在西藏设置驻藏大臣以后，情况发生了剧变。体现在清中央政府对西藏的治理力度加强，司法审判制度也在向西藏地区推进，从此开始直到清末，清中央政权都不断把中央王朝的司法审判制度扩张到西藏地区，进而实现其对西藏地区控制的政治诉求。于是，随着这一进程的不断加快司法终审权表现得越加明显，那么清中央王朝对西藏地区享有司法终审权的具体表现如何呢？

二　以案件分类的考察

从本章的第二节来看，对于清代西藏地区发生的政治性案件和重大宗教案件是毫无疑问收归清中央管辖的，这从前文列举宗教案件【案例五】和【案例四】可以看出一斑。就西藏地区发生的所有民事案件及一般的藏民之间的刑事案件的终审权是没有收归清中央的。值得说明的是，前文【案例一】是汉藏民之间的案件，发生的时间是在太平天国起义后，此时，"就地正法"在全国推广，而"就地正法"本身就是清中央把终审权下放的具体表现。但是，随着清王朝对西藏的治理的不断深入，在过去看来是普通刑事案件的终审权也有上收的趋势。如道光二十七年，驻西藏粮员武雨来抓获吸食鸦片烟民周文炳等六人，经粮员一审，驻藏大臣二审，最后报刑部核查，并将定案拟罪理由奏请皇帝裁决。① 如果说此案打击的重点是鸦片犯，目的是堵住鸦片的交易和泛滥，稳定国家动荡的局势，维护国家安全的政治诉求，那么笔者在前文法律的适用一节之固有法的适用中所列举的汉藏民之间争讼的案件是一起非常普通的刑事案件，确有"除将全案供招咨送兵部刑部外，所有审拟缘由，理合恭折具奏，伏乞皇上圣鉴，敕部核复施行。谨奏"② 的判词。该案中虽然驻藏大臣没有对藏民作出明确具体的判决，但是，他指令商上处理并报皇帝敕刑部核复施行，已经很清楚地表明此类案件的司法终审权已上收到中央。

因此，笔者认为应把西藏地区的司法终审权问题放在清中央政府治理西藏地区的历史变迁中来考察，随着政治势力的不断深入，司法终审权也在不断地扩大范围，再结合具体不同性质的案件来分析也许可以得出较为信服的结论。正如袁剑博士所说："我们应该清楚地认识到清代中央政府在西藏地区的终审权的受限制性和不完整性。"③ 所以对于清代西藏地区的司法终审权问题不能"一刀切"地下结论。

现代意义上的司法审判制度，特别强调国家主权下各级法院的分工，因为现代意义上的司法审判制度是建立在宪政制度和司法独立或者追求司法独立的基础之上，而清代的司法审判制度体现出强烈的政

---

① （清）孟保撰，黄维忠、季垣垣点校：《西藏奏疏》附《西藏碑文》，中国藏学出版社 2006 年版，第 130—133 页。

② 吴丰培编辑，赵慎应校对：《清代藏事奏牍》，中国藏学出版社 1994 年版，第 318—320 页。

③ 袁剑：《清代西藏终审权问题初探》，载张世明等《世界学者论中国传统法律文化》，法律出版社 2009 年版，第 502 页。

治性，为皇权政治的中央集权服务，不存在现代意义上司法审判制度应有的正当性。

史学界一般认为皇权专制到了清朝已经发展到无以复加的地步，但是，清朝作为中国最后一个封建帝国能使中国的专制制度又延续260多年，笔者认为清政府制定了一整套相对可行的法制体系是其中非常重要的原因。其制度的设计必然有其在当时合理的地方。我们对古代制度的考察应持一种"同情的理解"的态度。可以说有清一代，为了有效地治理西藏，清中央并没有仅仅靠武力而是很注重以法律来治理。清政府从审判组织、审判程序、法律适用等方面为西藏地区设置了一整套的司法审判制度体系，从而为实现其对西藏的有效治理提供了法律保障。因此，笔者认为封建帝制时期的政治与法律具有本质上的一致性，法律体现出强烈的政治诉求。有清一代，为了实现对西藏的有效治理，清中央王朝在中央集权和地方自治两股力量的博弈中进行了慎重处理，较为合理地设置了西藏地区的司法审判制度，这种司法审判制度体现出中央集权逐步加强，同时弱化了西藏地方自治权的政治诉求。尽管这种司法审判制度体系的设置是为中央集权服务的，为皇权服务的，但是在治理西藏事务中还是较为合理地以法律的形式实现其政治的目的。正如郑秦先生说："清朝继承和发展了专制集权的政治体制，高度发展的权力早已制度化、法律化。在专制集权的社会里，法制的存在是一个客观事实，不是没有法制的问题，而是有什么样的法制的问题。"① 我们对待古代法律制度的态度应该是一种"同情的理解"，应该是一种从法律视角的考察，而不能单从政治角度检视。可以说，有清一代，清中央政府为了更好地服务于中央集权而采取适当分权，表现出政治上的高度集权与适当分权的统一，同时在法制上又表现为统一与多元的结合，在清王朝治藏的历史变迁中进行动态的此消彼长，基本实现了清中央王朝对西藏地区的有效治理。

---

① 郑秦：《清代司法审判制度研究》，湖南教育出版社1988年版，第3页。

结　论

　　清统治者自入主中原以后，面对辽阔的疆域、众多的民族，为了长治久安和国家统一，同时考虑到其自身也是少数民族，加大了对边疆民族地区的治理力度。清王朝于崇德元年设置了专门管理蒙古事务的理藩院，在其存在的两百多年时间里，随着清王朝整个政权机构的调整以及管理藩部事务的不断增多与复杂，理藩院的机构及功能设置也在不断地变化与完善，最终成为直属于皇帝之下管理清代蒙古、回疆及西藏等非直省地区民族事务的最高中央机关。理藩院是清中央王朝管理清代北方和西北少数民族地区的中央最高机构，为了有效地统治该地区，清中央政府赋予理藩院非常大的权力。理藩院代表清政府制定了一系列适用于这三个非直省地区的民族法律规范，如《蒙古律例》《理藩院则例》《回疆则例》《番夷成例》《钦定西藏章程》等。这些法规总的精神原则符合《大清律例》，是在大清律基本原则指导下立法的结果。但是，同时又允许这些非直省地区民族固有法的存在和适用，这样就形成了清代民族法制的二元性。这种二元性在理藩院的司法审判中也有着充分的表现，因为民事及刑事审判也是理藩院的重大功能之一，理藩院对于这三个非直省地区案件的审理体现出强烈的多元化特点。在各种形式的审理之中交叉适用了国家法与民族地区的固有法，有效地解决了民族地区的纠纷，客观上维护了边疆地区的稳定有序。

　　中国封建帝制时期的法律与政治具有本质上的一致性，法律体现出强烈的政治性。历代封建帝国为维持社会稳定有序总要把中央集权和地方自治作为大事来考虑，总会通过一定的制度设计把统治者的这种价值取舍体现出来。历史的经验反复证明，只有妥善处理中央集权与地方自治，才能实现社会的稳定有序。稳定和秩序是社会得以正常运行的必要条件，要实现这种政治价值目标就必须有一套制度体系作为载体。鉴于此，笔者从法制的视角得出以下结论，从而间接反映出法制所体现的政治诉求。

一　理藩院对非直省民族地区立法与司法上的共同性

（一）民族立法上的共同性

1. 以《大清律例》为基本指导

清中央王朝为了巩固统一多民族国家的稳定有序，首先要加强中央集权，维护中央政权的最高权威，理藩院代表中央政府在非直省地区的民族立法必须以《大清律例》为指导，不能与其基本原则相冲突，保证《大清律例》能在全国各地畅行无阻地贯彻实施。但是，因为非直省地区自身条件的复杂性，又不得不考虑到这些地区少数民族的传统习俗，认可少数民族某些固有权力结构的存在，因势利导，"因俗而治"。当然，维护国家统一仍是最高原则，强调钦定立法，皇帝掌握民族立法的最高权力，理藩院虽然拥有民族立法的实质作用，但是绝不能越过皇帝进行立法。

例如，从康熙六年开始，理藩院对蒙古地区原来所制定的一些条例进行修改、整理并颁布了《蒙古律书》，后经雍正、乾隆、嘉庆、光绪等各朝的努力，理藩院又编纂了《理藩院则例》，共64卷，其中规定了蒙古地区的行政区划、机构设置、官员安排、军事编制等，特别详细地规定了蒙古地区的刑事法律规范。整个立法过程都是在理藩院的统一领导下完成的，这样就能非常有效地做到国家法制的统一，使非直省地区的少数民族固有法尽量在中央立法的框架内发挥作用。在法律制定的具体过程中，特别注意国家法与少数民族地区的固有法进行调适，逐步把这些地区的固有法改造成为与《大清律例》能够相互配合使用的特别法，进一步提升了少数民族地区固有法的权威性和有效性，同时又不失时机地把《大清律例》中的相关规范渗透到这些民族地区固有法之中，使中央集权逐步加强的同时，使国家意志和中央权力日益扩张到民族地区，以达到对这些地区的有效控制。例如，《蒙古律例》"盟长札萨克出缺报院期限"条规定："内外各盟长札萨克汗王、贝勒、贝子、公台吉、塔布囊及闲散王公等，遇有因病出缺者，各按距京途径远近，除去往返日期，限二十日报院。逾期不报者，照内地'迟误公事例'议处。"①另外，在"斗杀"条文中，规定了《大清律例》中的"保辜"制度："凡斗殴伤重，五十日内身死，殴之者监候。"②

在这个问题上，无论是在回疆地区还是在西藏地区都有着基本一致的态势，特别是重大政治性案件、命盗案件以及有较大影响的宗教案件。例如，西藏地区发生的五世达赖圆寂密不发丧一案不仅适用国家法来审判，就连审判机关也是中央审判机关。

在回疆地区，咸丰六年（1856年）十月，发生的回人叶依木强奸案的判词是，本案审结如下："查律载，强奸十二岁以下十岁以上幼女者，拟斩监候。又例载同行未成奸者，仍依轮奸本例拟绞监候等语，此案回子叶依木……自应照强奸十二岁以下十岁以上幼女斩监候律，拟斩监候，秋后处决。回子克染木跟伊主人抢掠幼女，一同行走，听主人行奸，不能力阻，应照同行未成奸仍依轮奸本例绞监候律，拟绞监候，秋后处决。"③这里就显然适用《大清律例》的条款来结案的。这样的情况很多，笔者在理藩院对清代回疆地区的法律适用一节中有详细的分析。

2. 通过民族立法逐步加强中央集权

整个清朝近三百年的民族立法过程，采取的是一个逐步实行国家统一法律的过渡方式。从历代皇帝对相关律例的修订来看，民族地区的固有法与国家法之间的此消彼长，总的趋势是国家法越来越普及强

①　《钦定理藩部则例》"擢授"门，天津古籍出版社1999年版。

②　《钦定理藩部则例》"人命"门，天津古籍出版社1999年版。

③　《军机处录副奏折·民族类》（微缩胶卷596卷）。

大，固有法受到诸多的限制，适用的范围越来越狭窄，法律效力越来越弱小。①

具体表现在这三个非直省地区的情况是一致的，只不过具体过程和力度有别而已。在清代蒙古地区的民族立法中，清军入关前，漠南蒙古各部先后被努尔哈赤和皇太极征服，当时由于战事频仍无暇顾及对蒙古地区的法制建设，此时的民族立法相当的简单，仅有《盛京定例》作为对蒙古地区的立法，皇太极为加强对该地区的控制经常派大臣到蒙古地区颁布命令，如"尔蒙古诸部落向因法制未备，陋习不除"，今后"如不遵我国制度者，俱罪之"②。也就是说，一旦蒙古地区出现违反清朝法律规范的时候，皇太极就通过派遣官员到蒙古地区联合蒙古地区的封建领主共同处理案件，由此也可以看出当时对蒙古地区的统治是相当松散的，中央的权威没有得到应有的体现。

清军入关后，随着全国局势的逐步稳定，清政府已经牢牢掌握国家政权的时候，清中央政府丝毫不敢放松对蒙古地区的治理，民族立法的进程逐步加快，通过民族立法，中央集权逐步得到加强。康熙年间，在入关前《蒙古律书》的基础上制定康熙六年的《蒙古律书》，后经雍正、乾隆年间的不断完善形成乾隆《蒙古律例》，分官衔、户口、差徭、朝贡、会盟、行军、边境哨卡、盗贼及喇嘛共 12 卷 209 条，其内容涉及治理蒙古地区民族事务的方方面面，十分详细。然而，综观整个立法过程，人们不难发现，立法过程的背后体现出中央对蒙古地区统治不断加强的过程。正如李鸣先生所言："这一期间修订律例的过程就是清朝因势利导，加强中央集权的过程。"③

清代是我国多民族统一国家发展的重要时期，现代中华民族的分布格局已基本形成。清政府以满族贵族为主体入主中原近三百年，既要处理好与人口众多的汉族的关系，又要协调好与其他少数民族的关

---

① 李鸣：《中国民族法制史论》，中央民族大学出版社 2008 年版，第 368 页。
② 《清实录》（2），《清太宗实录》卷 17，中华书局 1986 年版，第 222 页。
③ 李鸣：《中国民族法制史论》，中央民族大学出版社 2008 年版，第 369 页。

系。因而其非常重视利用法律工具加强统治，制定了适用于内地的各种法律和适用于边疆民族地区的各种单行法规。如清王朝在统一新疆之后就明确指出："新疆回子归化有年，应谙悉内地法纪……回子等均属臣仆，何分彼此……嗣后，遇有此等紧要案件，均照内地成例办理，并饬新疆大臣等一体遵办。"① 清王朝为了在回疆地区适用所谓"内地成例"来达到进一步加强在回疆地区的有效统治，在有限地承认回疆地区固有法的同时逐步把大清律例的内容渗透到民族地区的立法之中，从而达到加强中央集权之目的。具体表现在《回疆则例》的编纂之中，在这部法律之中到处体现出大清律例的内容。比如，以法律形式确定了回疆地区的基本政治制度。清代统一新疆地区后，鉴于当地独特的人文及地理环境，采取因俗因地的原则。所谓"因俗因地"原则，是指对民族地区实行统治时，要尽可能照顾其民族习惯、宗教信仰、历史传统和价值观念等方面的特殊性。清政府首先确立了"军政合一，以军统政"② 的行政管理制度——军府制，即以伊犁将军、各领队大臣和都统辖领各城伯克的军府制。伊犁将军位权极重，"凡乌鲁木齐、巴里坤，所有满洲、索伦、察哈尔、绿旗官兵，皆听将军总统调遣。至回部与伊犁相通，自叶尔羌、喀什噶尔，以至哈密等处驻扎官兵，亦归将军兼管。其地方事务仍令各处驻扎大臣照旧办理，如有应调伊犁官兵之处，亦准咨商将军就近调拨，开明职掌载入敕书"③。伊犁将军是清中央政府直接委派的驻新疆地区的最高领导，直接向皇帝负责，一般都是皇帝的亲信，意在加强中央对该地区的政治控制，进而实现加强中央集权之目的。

清中央政府通过理藩院的民族立法实现对西藏地区中央集权的加强，具体体现在《西藏通制》的编纂之中。众所周知，《西藏通制》是由理藩院编纂而成的，是清朝有关西藏事务的行政法令和规章制度

---

① 《清实录》(26)，《清高宗实录》卷1413，中华书局1986年版，第1010页。
② 管守新：《清代新疆军府制度研究》，新疆大学出版社2002年版，第2页。
③ 《清实录》(17)，《清高宗实录》卷673，中华书局1986年版，第525页。

的汇编，也是理藩院主管藏政的法律依据和对西藏施政的行为准则。规定并强化驻藏大臣的权力，而驻藏大臣都是由满族或者蒙古族贵族担任，又是皇帝的亲信，与伊犁将军一样直接对皇帝负责，使西藏地区的政治控制牢牢掌握在皇帝手中，进而实现大清帝国加强中央集权之目的。

3. 立法形式的法典化

立法形式的法典化是立法水平提高的一种标志，不仅体现一个国家立法技术的成熟，更重要的是有利于国家法制的统一。然而，一个国家或地区的立法总是遵循着习惯到习惯法再到成文法，最后走向法典化这一历史的动态过程。清代由理藩院代表国家在非直省地区的民族立法也经历了一个立法形式相对简单到逐步成熟的过程，在蒙古、回疆及西藏地区的民族立法进程中有着充分的表现。如在清代蒙古地区的民族立法过程中，清政府一开始仅仅制定简单的《盛京定例》，接着才是由理藩院代表国家，在吸收蒙古地区历史上固有法基础之上的《蒙古律书》，又经过康熙、雍正、乾隆、嘉庆等朝的不断努力，先后出现康熙六年的《蒙古律书》、乾隆年间的《蒙古律例》直至理藩院编纂成《理藩院则例》，它是一部适用于三个非直省地区的较为成熟也最能体现清统治者意志的法典。又比如，在回疆地区也同样经历着这一过程，《回疆则例》本身也是在吸收回疆地区固有法的基础之上由理藩院编纂而成，最后由理藩院统一编纂进《理藩院则例》之中。类似的还有西藏地区的《西藏通制》和《喇嘛例》，也同样是在西藏地区固有法律如《十三法典》和五世达赖制定的宗教戒律的基础之上，逐步形成了清政府的立法，如《二十九条》以及理藩院参与制定《酌定商上条例》等，最后统一由理藩院编纂成为《西藏通制》和《喇嘛例》，作为理藩院治理藏务的法律依据，后统一编纂进《理藩院则例》之中。

这一法典化的具体表现，除了上面的这种通过理藩院的成文立法的形式逐步形成以外，在清代乃至在整个中国古代社会判例立法的现象一直是存在的。通过司法机关的判案成例，奏报皇帝批准形成"通行"之后,就具有普遍的法律效力的规范,再由有关机关编纂进成文法典之中,成为成文法典的一部分,这条路径也是清代非直省地区民族法典化的一大内容。以案增例,从司法实践中寻找立法的理由。有清一代,开始制定的民族法律条例如《盛京定例》都较为简单,但是随着国家在这些非直省地区统治的不断深入,原有的立法条例显然不能适应司法实践的需要,修订条例势在必行。而清代在蒙古、回疆及西藏这三个隶属于理藩院管辖的非直省地区民族法律条例的修订自然是由理藩院具体实施的,其最有效的修例途径就是从案例中寻找立法的根据。但是,这种以案增例的做法难免会与原有的成案之间产生矛盾冲突,理藩院很好地处理了例与成案之间的矛盾。理藩院首先强调慎守纲纪必以定例为凭,例往往是确定的,而司法机关审判的案例则层出不穷,在这个时候就必须以例统案,这样就解决了案与例的矛盾冲突。但是,如果遇到条例中没有相关规定必须按照成案判决的时候怎么办呢?理藩院通过定期或不定期的编纂活动把这些成案编纂进《理藩院则例》或者是《蒙古律例》之中,成案与条例严重冲突的时候造册注明事由不得援引,由理藩院上报皇帝决定,这样就很好地解决了司法机关在判案实践中法制不统一的弊端。

值得注意的是,无论是适用于蒙古地区的《蒙古律例》,还是适用于回疆地区的《回疆则例》及适用于西藏地区的《西藏通制》和《喇嘛例》,都充分体现了中央政权的意志,与原来没有形成法典之前的立法相比较可以明显看出的是,立法形式法典化的历史动态过程也是清中央集权逐步加强的过程,而随着这一过程的逐步加强,中央对这些民族地区的控制也在不断地加强。同样,中央集权不断加强的过程也是这三个非直省地区的自治权不断弱化的历史进程。

4. 尊重少数民族地区的宗教信仰和风俗习惯

在这个问题上,理藩院在三个地区的民族立法中都有共同的体现。可以说,宗教问题与民族问题经常交织在一起,使民族问题更加复杂化,民族往往利用宗教彰显个性,宗教利用民族扩大影响。在清代的蒙古、回疆及西藏地区的少数民族都有自己的宗教信仰,宗教已经渗透到这些地区人们的日常生活之中，成为他们的精神支柱，同时也渗透到民族的风俗、习惯之中，因此很难把宗教的教义与当地民族的风俗习惯截然分开。蒙古族与藏族都信仰藏传佛教而回疆地区的少数民族则信仰伊斯兰教，也正是因为这个原因，有清一代，清中央政府重视北方与西部边疆治理的时候特别注意回疆地区的治理，原因是蒙古与西藏地区的宗教信仰具有一致性，民族文化认同较为强烈，因此，这两个地区在具体的法律制度方面有着一致性的法文化基础。但是，回疆地区则不同，原因在于伊斯兰文化与佛教文化存在巨大的差异，所以，清政府不能简单地把蒙古及西藏地区的法律制度套用到回疆地区，而应该以一种全新的法律制度体系来治理回疆地区。这就是清代青海地区的《番夷成例》基本上来自《蒙古律例》的深层次的文化原因，因为青海地区生活的主体民族是蒙古族和藏族，共同的宗教信仰使他们具有共同的法律文化上的认同感。

在西藏，理藩院制定的《西藏通制》及《喇嘛例》中都有关于尊重宗教信仰的相关规定。15 世纪创建的黄教，在清代已经取得绝对的统治地位。18 世纪中叶，清政府授权达赖喇嘛管理西藏地方的行政事务，建立了西藏历史上政教合一的制度，同时也给予黄教上层人物高规格的礼遇，以达到拉拢安抚宗教上层人士，从而控制整个信仰黄教人们的政治目的。但是，清政府对于宗教上层人士也不是放任不管，也有一套约束机制，比如，"金瓶掣签"制度以及达赖喇嘛名号的继承制度，都体现出清中央政府对宗教上层人士的约束与控制。

在回疆，理藩院编纂的《回疆则例》中，非常详细地规定了宗教问题，也同样给予伊斯兰教上层人士很高的礼遇。但是，在回疆地区政治体制的设计上并没有完全效仿西藏地区的政教合一制度，相反，却采取政教分离制度，为什么呢？这与清代中期以后内地回族起义后，清中央对回族的残酷压迫政策有关，由于甘肃回民苏四十三起义后，部分回族移居到了回疆地区，与当地维吾尔族杂聚在一起，同时他们又具有共同的宗教信仰，所以清中央对这一地区采取高压政策和政治权力的上收战略，因此，政治体制设置上的政教分离就不难理解

了。不让回疆地区的宗教势力干预政治，规定阿訇不得承受官职及
"不应补放伯克"①，只允许他们发挥宗教职能念习经典，主持宗教仪
式等。

（二）民族司法上的共同性

1. 以国家法作为处理非直省地区重大案件的最高规范

《大清律例》作为清代国家最基本的法典，其效力当然地适用于
大清帝国主权所及的所有区域，只是对于非直省地区而言有轻重缓急
之别。从历史的纵向来看，清帝国建立之初，国家法律对于非直省地
区的适用是有限的，主要考虑到这些民族地区的历史文化和风俗传
统，按照因俗而治的策略不可强行推进国家法。但是，随着清帝国的
进一步稳固，中央集权亟待加强的欲望不断提升，国家法在非直省地
区的适用也呈现出不断加强和迅猛推进的势头，在这方面，三个非直
省地区表现出基本一致的态势。另外，从案件的性质来看，凡是重大
刑事案件、政治案件及宗教案件，从清帝国之初就表现出适用国家法
来处理的趋势，再慢慢扩展到轻微刑事案件。

2. 重大案件的司法终审权收归中央

有清一代，理藩院作为这三个非直省地区民族事务的最高管理
机关，当然具备相应的司法功能，清中央把理藩院设计成蒙古及回
疆地区的上诉机构，在学术界已经没有太大的争议了，但是理藩院
是否是西藏地区的上诉机构，在历史文献中找不到相关的规定。这
就带来一个问题：清代蒙古及回疆地区的司法终审权收归中央是没
有问题的，但对于西藏地区的司法终审权是否也已收归中央却存在
较大的争议。

蒙古地区的司法终审权通过理藩院收归中央，如《大清会典》规
定："凡蒙古之狱，各以札萨克听之……不决，则盟长听之。不决，

---

① 《清实录》(28)，《清仁宗实录》卷24，中华书局1986年版，第299页。

则报院（理藩院）。"① 又定："札萨克、盟长俱不能决者，即将全案遣送赴院，其或札萨克、盟长均判断不公，亦准两造赴院呈诉。"② 清中央政府在回疆地区享有司法终审权在史料中也能找到相关记载，《清实录》中记载："至各城回子，如受该处大小官员腌削者，准其赴参赞将军各衙门呈控，如该衙门不为究办，即于年班进京时，复理藩院呈控，倘理藩院仍不代奏，准其赴在京各衙门控告；如所控得实，免其坐罪，其申诉不实，或未经在参赞、将军等衙门里告者，仍照例治以诬告及越诉之罪。"③

对于西藏地区的司法终审权问题是无法从历史文献的记载中找到证据的，但是，我们同样可以从司法判案实践中发现答案。可以肯定地说，发生在西藏地区的重大政治性案件的终审权肯定是收归中央的，重大的宗教案件往往是由理藩院亲自审理报皇帝裁决，这也表明终审权已经收归中央。如五世达赖圆寂秘不发丧一案，就是由理藩院审理报皇帝裁决的。笔者认为，应把西藏地区的司法终审权问题放在清中央政府治理西藏地区的历史变迁中来考察，随着政治势力的不断深入，司法终审权也在不断扩大范围，再结合具体不同性质的案件来分析也许可以得出较为信服的结论。

3. 允许这三个非直省地区固有法的适用

清中央政府为了实现其因俗而治的目的，一方面不断推进国家法在这三个非直省地区的存在及影响；另一方面又不得不考虑这些地区特殊的民族风俗习惯和历史文化传统，有限地允许该地区固有法的存在并允许在处理一些轻微刑事案件时的适用。《蒙古律例》中到处体现出对蒙古地区固有法的认可，如罚畜刑及"立誓"，这些体现草原文化的刑罚方法就是很好的说明。在回疆地区同样体现出大清帝国对回疆地区固有法的认可，如据史料记载："回人内遇有故杀尊长者，

---

① 赵云田点校：乾隆朝内务府抄本《理藩院则例》，中国藏学出版社 2006 年版，第 397—398 页。

② 同上。

③ 《清实录》（35），《清宣宗实录》卷 140，中华书局 1986 年版，第 150 页。

照内地律例审办，拟罪随具奏；如有故杀及金刃他物殴毙者，拟缢，巴杂尔示众；其误伤及手足伤毙者，准其照回人例赎罪，以钱、牛、羊给予死亲，免其抵偿。将一年办过案件，汇咨军机处、理藩院。"①这说明理藩院对回疆地区的法律适用有最终的管辖权，同时"准其照回人例赎罪"中的"回人例"实际上指的就是回疆地区的固有法，这里主要是指伊斯兰法。在西藏地区也同样表现出这一特点，例如，《大清会典》记载"凡定例，有边腹之异。凡边外与腹地立法不同。……西藏治以番律，各回城治以回律，俱各从其俗"②。这里的番律主要指西藏地方的固有法《十三法典》，它是五世达赖罗桑嘉措时期制定的，其借鉴了吐蕃、元代及帕木竹巴等时期的法律制度而形成具有宗教性的一部诸法合体的基本法典，是民族习惯与民族宗教的结合。

二　理藩院对非直省民族地区立法与司法上的差异性

（一）民族立法上的差异性

1. 通过民族立法所体现出的国家控制力度有所不同

在清代蒙古地区，由于满蒙之间的政治联盟形成较早，加之满蒙之间的政治联姻，清帝国对蒙古地区的控制力度最强。其具体表现在对蒙古地区的行政建制上采取盟旗制，而盟旗制又是清帝国把自己八旗制糅合进蒙古地区原有的社会组织之中形成的一种全新的行政建制，既是行政组织又是军事组织，同时还承担相当的民事功能。例如，内蒙古察哈尔的不少地区不是盟长和札萨克来管理地方行政事务，而是设置了一些都统来管理地方事务，而这些都统不一定是由蒙古人担任，更多的是由中央政府委派的流官来担任。在对蒙古地区的民族立法中也充分体现了这一特点，尤其是嘉庆二十二年以后，蒙古地区发生的所有重大刑事案件基本上都可以适用《大清律例》。

---

① （清）和宁：《回疆通志》卷7，文海出版社1966年版，第232页。

② （清）伊桑阿等纂修：《大清会典》卷53，"刑部"，文海出版社1992年版。

对于回疆地区的控制力度相对于蒙古地区较小，这不仅体现在行政建制的军府制与伯克制度的设置上，在法律规范的适用中也有强烈的体现。在行政建制上吸收了回疆地区固有的制度体系，但是，该地区的最高领导伊犁将军一定是中央委派的流官，同时伯克制度中的大小伯克也享有比较大的权力。在法律适用中较能体现出这种控制力度的弱化，不仅大清律例的民事规范很少运用到该地区（至少新疆建省之前是这样的），而且大量的民事案件是适用当地的固有法来解决，当然主要是伊斯兰法的适用。

在清代的西藏地区，清帝国的控制力度相较于蒙古和回疆地区来说是最弱的。其行政建制的成熟形式是政教合一的模式，设驻藏大臣与达赖、班禅共同管理西藏地区的民族事务，虽然驻藏大臣的权力不断加强，但是在许多事务的管理中仍要考虑达赖、班禅的存在，特别是有关宗教的事情，达赖、班禅的权力很大。另外，在法律规范的适用上，大清律例中的民事规范在整个清代几乎没有在西藏地区适用过。当然，对这个问题的考察应该放在清政府治藏的历史变迁中来审视，因为中央对西藏地区的控制力度是有一个不断加强的过程。

2. 民族立法中体现出中原汉法的渗透力度不同

在理藩院编纂的《理藩院则例》中，最早吸收了蒙古律例的成果，其中对蒙古律例中反映蒙古地区固有法的吸收体现得最为明显，保留的也最多。《理藩院则例》中的《回疆则例》及《西藏通制》中保留的当地固有法，相对于蒙古地区的固有法而言较少。这中间主要体现出中原汉法对三个地区渗透扩张的力度存在着差异。为什么会有这种现象呢？笔者以为，清帝国的统治民族是满族，其与蒙古有着密切的关系，无论是政治上的联盟还是婚姻上的联姻，都可以看出二者之间的关系较之于其他两个地区的民族来说重要得多。清中央对于回疆地区的回人，自从甘肃苏四十三起义以后，清中央对回族的政策法律都倾向于打压，而大量的回族人逃难到回疆地区也给这里的少数民族带来不利，因此，清中央政府对于回疆地区的政策法律表现相较于蒙古及西藏地区来说要高压得多。比如，对西藏地区的行政建制采取的政教合一而对回疆地区则是政教分离，不允许伊斯兰教徒参与政治，就能够说明问题。

（二）民族司法上的差异性

司法上的差异性主要反映在司法机构设置及功能上的不同。

在蒙古地区实行盟旗制，札萨克享有非常大的司法管辖权力，可以审理所有的民事案件以及一些轻微刑事案件而不需上报理藩院。但是，西藏地区的基层司法机构的管辖权相对蒙古地区要小，只能审理决定民事案件，对于刑事案件的审理有严格的限制。例如，《钦定巴勒布纪略》中记载："乾隆五十四年（1789 年）六月十三日，查，西藏遇有鼠牙争讼之事，向设有管理刑法头人，番语呼为郎仔辖。凡犯罪者俱照夷例分别重轻，罚以金银、牛、羊，即行减免。查，唐古忒番人自相构讼，原不妨听其照夷例完结，若事有关系，亦当究办，不可听其罚赎了事。至番人与汉民并外番、西宁等处回民争讼，尤当秉公剖断，方为允当，若概交郎仔辖照本处番例议以罚赎，难保无偏护高下情弊。或办理稍有不公，必致滋生事端。是以臣等告知达赖喇嘛及噶布伦等，嗣后除唐古忒番人所犯私罪，仍照旧发郎仔辖按情妥办外，至有关涉汉、回、外番及别项公罪之事，无论大小重轻，均令该郎仔辖呈报驻藏大臣拣派妥干文武，会同审理，秉公剖结存案，毋许仍听郎仔辖任意议罚，致滋枉纵。"①

从这段材料可以看出，清代西藏地区发生不同民族间的争讼案件应当区别对待，不能像从前那样无论是汉人和番人之间的案件还是番人之间的案件，抑或是涉及回人的案件，一律都由郎仔辖管辖审判，并且适用西藏地区的固有法。如"查，西藏遇有鼠牙争讼之事，向设有管理刑法头人，番语呼为郎仔辖。凡犯罪者俱照夷例分别重轻，罚以金银、牛、羊，即行减免"，即是证明。但是，这样容易使案件审理非常不公正，因此，清中央政府加强对此类案件的审理管辖权以及法律的适用进行干预，强调今后只有番民之间的案件才可以继续由郎

---

① 《钦定巴勒布纪略》卷 22。

仔辖审判并且适用西藏地方固有法，涉及汉、回及番民之间的案件则一律责成郎仔辖上报驻藏大臣委员与郎仔辖会同审理。这一做法表面上看是在加大驻藏大臣的权力，削弱西藏地方审判机构郎仔辖的司法权力，实际上表明清中央政府加强中央集权的同时逐步弱化地方自治权的一种表现。

但是，同样的情况在回疆地区被限制得更加严格，当地的伯克甚至连一般的轻微刑事案件都无权真正地独立审判。例如，松筠在回疆事宜规条的奏请中："嗣后各城阿奇木伯克如枷号、鞭责轻罪人犯，准其自行办理，仍令禀明驻扎大臣存案备查，所有喀什噶尔、叶尔羌、阿克苏各城阿奇木伯克旧存夹棍等项刑具，应即呈交驻扎大臣衙门，如遇必应刑讯案犯，总由驻扎大臣先行委员会同阿奇木伯克审办复讯定拟，毋许该伯克擅自刑讯取供呈报，以杜滥刑之弊。"①

由此可知，虽然轻微刑事案件可以由伯克衙门自己审理，但是仍然要受到清中央政府派驻衙门的掣肘，不仅刑具要放在驻扎大臣衙门，而且案件的审理往往是由驻扎大臣委员与之共同审理，特别是理藩院派驻回疆地区的笔帖式，精通回疆地区少数民族的语言，对于伯克衙门的自行审理起到监督作用。

三　理藩院对非直省民族地区立法和司法上的特点

清代随着中央政府在政治上完成了边疆民族地区的统一，国家在边疆民族地区社会制度的设置与改置上越来越得以加深，国家法在边疆少数民族社会生活中起到的作用越来越明显。国家法的推进在一定程度上加快了国家组织制度在边疆民族地区的推进与发展，这当中基层社会司法组织在设置上更为明显。司法在中央政府对边疆民族社会治理中的重要性可以从清朝对新疆地区的治理中看出。乾隆年间随着国家对新疆地区治理的加深，虽然在北疆、南疆与东路地区社会组织制度设置差异很大，但在北路伊犁参赞大臣和塔城参赞大臣管辖下较

---

① （清）松筠修：《钦定新疆识略》卷3，《南路舆图》，文海出版社1965年版。

早就设有抚民同知、理事共同管理当地重大民刑案件。清代蒙古、回疆及西藏民族地区起到作用的法律形式主要有两种，它们是在一种相互作用、相互消长的关系中变迁，那就是中央政府的国家法律和各民族地区的固有法律，如地方土司、政府制度的法律，在西藏表现为地方政府制度的《十三法典》《十五法典》等固有法。

（一）法律渊源上的多元性

中国古代边疆民族地区很多民族在历史发展中不管是否已经分化出国家或阶级社会，都形成了自己的法律制度，加上清帝国对边疆民族地区法律上承认各民族的法律制度，所以这个时期边疆民族地区的法律渊源体现出多元性。这个时期法律渊源至少可以分为两类：国家法和蒙古、回疆及西藏地区的固有法。国家法是指中央政府的法律，是严格意义上的法律。清朝在嘉庆二十二年明确规定"凡办理蒙古案件，如蒙古例所未备者，准照刑例办理"[1]，规定国家法作为蒙古族案件中最后适用的法律。国家权威性指其产生的方式和内容选择上，由于它是由各地方当权者立法，所以内容上具有选择性，不完全是各地民族群体的固有法。这种法律最明显的是清代《蒙古律书》，从内容上看是蒙古人的固有法，但它是清政府明确规定的。[2] 此外还有《西宁番子成例》和新疆的《回疆则例》等，这些法律已具有国家法律的基本属性，笔者把它们列为国家法。各民族固有法是指清代各少数民族群体遵守的本民族内部已制度化的规范，它具有原生性，在产生和执行上都有特殊性。这类法律在清朝时由于国家采用"各依本俗"概括承认各少数民族的固有法，导致各少数民族的法律成为法律适用中的一个组成部分。如对西藏地区法律上规定"卫藏地方，番俗相沿，遇有唐古特番民争讼及犯人命窃盗事，多系罚赃减免，原不能按照内地律例科罪，但仍其旧例"[3]，这里承认了他们的固有法。

---

① 《钦定大清会事例·理藩院》卷994，中国藏学出版社2006年版，第423页。

② 《蒙古律书》最早颁行于崇德八年，最后一次颁行于嘉庆二十年，从中国历史档案馆所藏康熙六年的版本来看，此书是113条，完全是针对内外蒙古制定的法典。

③ 《钦定大清会事例·理藩院》卷993，中国藏学出版社2006年版，第411页。

（二）多元司法制度并存

国家设置的司法制度与蒙古、回疆地区及西藏地区少数民族自己的司法制度并存，体现出一种多元化的态势，包括清朝边疆民族地区设置的将军、都统、驻地大臣等。虽然国家在司法制度上承认少数民族自己传统的或改置的司法制度，但却存在一个整体特点，就是国家司法制度优先，中央司法机关具有最终司法裁决权，地方所有司法制度最终都可以归到中央司法机关之中。清代蒙古族地区人命重案就明确由理藩院统一审理后交刑部做最后的复审。新疆人命重要案由各驻地大臣、将军、都统审理后转到中央理藩院，最后由刑部复审。西藏地区采用强化驻藏大臣对司法的复核和检查达到对地方司法的干预。乾隆五十八年由于西藏司法出现"近年以来，该管之噶布伦、朗仔等剖断不公，意为高下，遇有家道殷实之人，于议罚本例外加至数倍，并不全数归公，侵鱼肥橐。又怀挟私嫌，意将偶犯小过之人，捏词回明达赖喇嘛，辄行抄没家产"，于是提出"嗣后罚赎多寡，按照向来旧例译写一本，交驻藏大臣衙门存案。如应有谇罪名，总须回明驻藏大臣，核拟办理。其查抄家产之例，除婪索赃数过多，回明驻藏大臣酌办"。① 这里把西藏地区的司法权交由驻藏大臣监管。

（三）法制目标上的一致性与形式上的多元性

从清帝国对蒙、回、藏少数民族地区的法制上看是目标上具有一致性，但形式上却是多样性的结合。从清中央政府在蒙古、回疆及西藏民族地区实行的法律制度上看，虽然形式上是多样的，但要达到的目标是一致的，具体是不激化这些民族地区的社会矛盾，适应各民族地区特有的社会经济和文化发展的需要。国家把各民族在政治上纳入一体，在法律上则灵活多样地承认少数民族内部的相对"自治"，即在一定程度上认可各民族的固有法律。在具体的运作中，为实现政治上的统一，国家把危害皇权和影响社会稳定的案件最先纳入国家司法管辖中，而为实现少数民族地区在法律上的相对"自治"，则在具体

---

① 《钦定大清会事例·理藩院》卷993，中国藏学出版社2006年版，第411—412页。

案件的法律适用上存在各种变通，针对不同民族地区制定符合本民族习惯的特别立法。如清朝理藩院根据蒙古族的固有法制定了适用于蒙古族的《蒙古律例》及适用于西北地区、西藏地区的专门法律。虽然国家在少数民族的法律适用上有适用各少数民族固有法律的司法实践，在本质上却是国家拥有对各少数民族固有法律的认可选择权。这样在这种司法运行模式下看起来法律是多元的，但实质上却具有相应的统一性。清代蒙古、回疆及西藏少数民族在法律适用上，地方出现审理机关的多元化，法律适用上多样化，但最后在决定机构上却是统一的，因为全国所有案件，不管是什么民族的，都由理藩院与刑部统一判决与裁定。这种司法特征是中国古代少数民族司法程序中的基本特点。

总之，理藩院对清代非直省民族地区立法与司法上的共性及个性，尤其是鲜明的特点，充分反映出清代民族法制的多元性。而这种多元化的法律制度，又是清中央政府对非直省民族地区"因俗而治"政治诉求的表现。理藩院秉承多元化的理念，通过具体法律制度的设置基本上实现了清中央政府加强对非直省民族地区控制的政治目的，客观上为清帝国边疆的稳定与发展做出了应有的贡献。当然，我们也必须清醒地认识到，理藩院毕竟是清帝国的一个职能机构，其所做的种种努力都是为清帝国中央集权服务的。

参考文献

一 史料类

1.（清）赵尔巽等：《清史稿》，中华书局 1977 年点校本。

2.（清）《清实录》，中华书局 1985 年版。

3.（唐）魏征等：《隋书》，中华书局 1973 年版。

4.（后晋）刘昫等：《旧唐书》，中华书局 1975 年版。

5.（宋）欧阳修、宋祁：《新唐书》，中华书局 1975 年版。

6.（元）脱脱等：《宋史》，中华书局 1985 年版。

7.（汉）班固：《汉书》，中华书局 1962 年版。

8. 中国第一历史档案馆藏：《军机处录副奏折·民族事务类》。

9. 中国第一历史档案馆藏：《朱批奏折·民族事务类》。

10. 扎西旺都编：《西藏历史档案公文选·水晶明鉴》，王玉平译，中国藏学出版社 2006 年版。

11. 张济民：《青海藏区部落习惯法资料集》，青海人民出版社 1993 年版。

12. 中国社会科学院民族研究所、西藏自治区档案馆合编：《西藏社会历史藏文档案资料译文集》，中国藏学出版社 1997 年版。

13. 中国人民大学清史研究所中国第一历史档案馆译：《盛京刑部原档》（清太宗崇德三年至崇德四年），群众出版社 1985 年版。

14.《竹书纪年》，中华书局《四部备要》本。

15. 佚名：《乌里雅苏台志略》，嘉庆年间抄本。

16.（清）昆冈等：《钦定大清会典事例》，上海古籍出版社 1995 年影印本。

17. （清）伊桑阿等：《乾隆朝大清会典》，文海出版社 1992 年版。

18. （清）沈之奇：《大清律辑注》，李俊、怀晓锋点校，法律出版社 1998 年版。

19. （清）托津等：《钦定回疆则例》，全国图书馆文献缩微中心影印本 1988 年版。

20. 中国社会科学院中国边疆史地研究中心主编：《蒙古律例回疆则例》，全国图书馆文献缩微中心 1988 年版。

21. 沈师徐、席裕福辑：《皇朝政典类纂》，文海出版社 1982 年版。

22. 《钦定理藩部则例》，天津古籍出版社 1999 年版。

23. （清）祁韵士：《皇朝藩部要略》，文海出版社影印本 1965 年版。

24. （清）和珅等：《钦定大清一统志》，台湾商务印书馆 1983 年版。

25. 《满文老档》，中华书局 1990 年版。

26. （清）傅恒等：《西域图志》，钟兴麟等校注，新疆人民出版社 2002 年版。

27. （清）和宁：《卫藏通志》，文海出版社 1965 年版。

28. （清）和宁：《回疆通志》，文海出版社 1966 年版。

29. （清）曹振镛等：《钦定平定回疆剿擒逆裔方略》，道光年间。

30. 《古兰经》，马坚译，中国社会科学出版社 1996 年版。

31. 钟兴麒等校注：《西域图志校注》，新疆人民出版社 2002 年版。

32. （清）孟保：《西藏奏疏》附《西藏碑文》，黄维忠、季垣垣点校，中国藏学出版社 2006 年版。

33. （清）昭梿：《啸亭杂录》，何英芳点校，中华书局 1980 年版。

34. （清）魏源：《戡定回疆记》，《小方壶斋舆地丛钞》第二帙。

35. （清）椿园七十一：《西域总志》，文海出版社 1966 年版。

36. 《喀什噶尔事宜》，南京图书馆古籍部抄本。

37. （清）松筠：《钦定新疆识略》，文海出版社 1965 年版。

38. （清）永贵、苏尔德：《新疆回部志》，北京出版社 1998 年版。

39. （清）会典馆编：《钦定大清会典事例理藩院》，赵云田点校，中国藏学出版社 2006 年版。

40. 乾隆朝内务府抄本《理藩院则例》，赵云田点校，中国藏学出版社 2006 年版。

41. 包银海编辑：《理藩院则例》，民族出版社 2006 年版。

42. 青海科学研究院藏学研究所编：《中国藏族部落》，中国藏学出版社 1991 年版。

43. 方慧编辑：《中国历代民族法律典籍——"二十五史"有关少数民族法制史料辑要》，民族出版社 2004 年版。

44. 高健、李芳主编：《清三通与续通考——新疆资料辑录》，新疆大学出版社 2007 年版。

45. 张其勤：《清代藏事辑要》，西藏人民出版社 1983 年版。

46. 吴丰培编辑，赵慎应校对：《清代藏事奏牍》，中国藏学出版社 1994 年版。

47. 周润年、喜饶尼玛译注：《西藏古代法典选编》，中央民族族大学学出版社 1994 年版。

48. 杨一凡、田涛主编：《中国珍稀法律典籍续编》，黑龙江人民出版社 2002 年版。

49. 刘海年等主编：《中国珍稀法律典籍集成》，中国社会科学出版社 1994 年版。

50. （清）祝庆祺等：《刑案汇览》，北京古籍出版社 2004 年版。

51. （清）沈家本：《历代刑法考》，邓经元、骈宇骞点校，中华书局 1985 年版。

52. 郭成伟、田涛点校整理：《明清公牍秘本》，中国政法大学出版社 2002 年版。

53. 杨一凡、徐立志主编：《历代判例判牍》（12 册），中国社会科学出版社 2005 年版。

二　著作类

1.《马克思恩格斯全集》，人民出版社 1965 年版。

2. 马大正、华立：《古代中国的北部边疆》，内蒙古人民出版社 1993 年版。

3. 马大正等：《新疆史鉴》，新疆人民出版社 2006 年版。

4. 马汝珩、马大正：《清代边疆开发研究》，中国社会科学出版社 1990 年版。

5. 马汝珩、马大正主编：《清代的边疆政策》，中国社会科学出版社 1994 年版。

6. 陈庆英译：《汉藏史集》，西藏人民出版社 1986 年版。

7. 陈庆英等：《西藏通史》，中州古籍出版社 2003 年版。

8. 张晋藩：《中国司法制度史》，人民法院出版社 2004 年版。

9. 张晋藩主编：《清朝法制史》，中华书局 1998 年版。

10. 张晋藩：《中华法制文明的演进》，中国政法大学出版社 1999 年版。

11. 赵云田：《清代理藩院、理藩院资料和理藩院研究》，全国图书馆文献缩微复印中心出版社 1988 年版。

12. 赵云田：《清代治理边陲的枢纽——理藩院》，新疆人民出版社 1995 年版。

13. 赵云田：《中国边疆民族管理机构沿革史》，中国社会科学出版社 1993 年版。

14. 赵云田：《中国治边机构史》，中国藏学出版社 2002 年版。

15. 翁独健主编：《中国民族关系史研究》，中国社会科学出版社 1984 年版。

16. 翁独健主编：《中国民族关系史纲要》，中国社会科学出版社 2001 年版。

17. 江应樑主编：《中国民族史》，民族出版社 1990 年版。

18. 瞿同祖：《中国法律与中国社会》，中华书局 2007 年版。

19. 达仓宗巴·班觉桑布：《汉藏史集》，四川民族出版社 1985 年版。

20. 牙含章：《达赖喇嘛传》（汉文本），人民出版社 1984 年版。

21. 降曲坚赞：《朗世宗谱》，西藏人民出版社 1986 年版。

22. 杜家骥：《清朝满蒙联姻研究》，人民出版社 2003 年版。

23. 齐格：《古代蒙古法制史》，辽宁民族出版社 1999 年版。

24. 黄华均：《蒙古族草原法的文化阐释——〈卫拉特法典〉及卫拉特法的研究》，中央民族大学出版社 2006 年版。

25. 方英楷主编：《中国历代治理新疆国策研究》，新疆人民出版社 2006 年版。

26. 齐清顺、田卫疆：《中国历代中央王朝治理新疆政策研究》，新疆人民出版社 2004 年版。

27. 王东平：《清代回疆法律制度研究》，黑龙江教育出版社 2003 年版。

28. 侯德仁：《清代西北边疆史地学》，群众出版社 2006 年版。

29. 余太山主编：《西域通史》，中州古籍出版社 2003 年版。

30. 秦永章：《甘宁青地区多民族格局形成史研究》，民族出版社 2005 年版。

31. 廖杨：《中国西北古代少数民族宗法文化研究》，广西师范大学出版社 2005 年版。

32. 管守新：《清代新疆军府制研究》，新疆大学出版社 2002 年版。

33. 程树德：《九朝律考》，中华书局 2003 年版。

34. 杨鸿烈：《中国法律发达史》，中国政法大学出版社 2004 年版。

35. 杨鸿烈：《中国法律思想史》，中国政法大学出版社 2004 年版。

36. 廖祖桂、李永昌、李鹏年：《钦定藏内善后章程二十九条》版本考略，中国藏学出版社 2006 年版。

37. 郑汕主编：《西藏发展史》，云南民族出版社 1992 年版。

38. 杨士宏：《藏族传统法律文化研究》，甘肃人民出版社 2004 年版。

39. 苏发祥：《清代治藏政策研究》，民族出版社 2001 年版。

40. 张羽新：《清代前期西部边政史论》，黑龙江教育出版社 1995 年版。

41. 张羽新：《清朝治藏典章研究》，中国藏学出版社 2002 年版。

42. 吴丰培、曾国庆：《清朝驻藏大臣制度的建立与沿革》，中国藏学出版社 1989 年版。

43. 多杰才旦主编：《西藏封建农奴制社会形态》，中国藏学出版社

2005 年版。

44. 孙镇平：《清代藏族法制研究》，知识产权出版社 2004 年版。

45. 徐晓光：《藏族法制史研究》，法律出版社 2000 年版。

46. 梁治平主编：《法律的文化解释》，三联书店 1994 年版。

47. 梁治平：《清代习惯法：社会与国家》，中国政法大学出版社 1996 年版。

48. 黄宗智：《清代的法律、社会与文化：民法的表达与实践》，上海书店出版社 2001 年版。

49. 苏钦：《中国民族法制研究》，中国文史出版社 2004 年版。

50. 刘广安：《清代民族立法研究》，中国政法大学出版社 1993 年版。

51. 刘广安：《中华法系的再认识》，法律出版社 2002 年版。

52. 张伟仁辑著：《清代法制史研究》，台北"中研院"历史语言研究所专刊之七十六，1983 年版。

53. 张建国：《帝国时代的中国法》，北京大学出版社 1999 年版。

54. 吴大华：《民族法律文化散论》，民族出版社 2004 年版。

55. 吕思勉：《中国民族史》，东方出版社 1996 年版。

56. 李鸿宾：《唐朝中央集权与民族关系——以北方区域为线索》，民族出版社 2003 年版。

57. 林干：《中国古代北方民族通史》，鹭江出版社 2003 年版。

58. 张中秋：《中西法律文化比较研究》，南京大学出版社 1999 年版。

59. 王学辉：《从禁忌习惯到法的起源运动》，法律出版社 1998 年版。

60. 吴永章：《民族研究文集》，民族出版社 2002 年版。

61. 毛汉光：《中国中古政治史论》，上海书店出版社 2000 年版。

62. 李鹏年：《清代中央国家机关概述》，黑龙江人民出版社 1983 年版。

63. 张德泽：《清代国家机关考略》，中国人民大学出版社 2000 年版。

64. 沈大明：《〈大清律例〉与清代的社会控制》，上海人民出版社 2007 年版。

65. 郑秦：《清代司法审判制度研究》，湖南教育出版社 1988 年版。

66. 郑秦：《清代法律制度研究》，中国政法大学出版社 2000 年版。

67. 苏亦工：《明清律典与条例》，中国人民大学出版社 2000 年版。

68. 韦庆远、叶显恩：《清代全史》（第五卷），辽宁人民出版社 1991 年版。

69. 那思陆：《清代中央司法审判制度研究》，北京大学出版社 2004 年版。

70. 林乾：《中国古代权力与法律》，中国政法大学出版社 2004 年版。

71. 武树臣等：《中国传统法律文化》，北京大学出版社 1994 年版。

72. 李鸣：《中国民族法制史论》，中央民族大学出版社 2008 年版。

73. 陈兴良主编：《刑法学》，复旦大学出版社 2003 年版。

74. 卢云主编：《法理学基础理论》，中国政法大学出版社 1994 年版。

75. 周旺生：《立法学教程》，北京大学出版社 2006 年版。

76. 曹海晶：《中外立法制度比较》，商务印书馆 2004 年版。

77. 杜文忠：《边疆的法律：对清代治边法制的历史考察》，人民出版社 2004 年版。

78.《中国北方民族关系史》编写组：《中国北方民族关系史》，中国社会科学出版社 1987 年版。

79. 吕一燃：《中国北部边疆史研究》，黑龙江教育出版社 1991 年版。

80. 卢照辉等：《清代北方地区社会经济史》，黑龙江教育出版社 1994 年版。

81. 汪世荣：《中国古代判例研究》，中国政法大学出版社 1997 年版。

82. 汪世荣：《中国古代判词研究》，中国政法大学出版社 1997 年版。

83. 陈新宇：《从比附援引到罪刑法定——以规则的分析与案例的论证为中心》，北京大学出版社 2007 年版。

84. ［美］C. 莫里斯、D. 布迪：《中华帝国的法律》，朱勇译，江苏人民出版社 2003 年版。

85. ［美］亨利·W. 埃尔曼：《比较法律文化》，贺卫方、高鸿钧译，三联书店 1990 年版。

86. ［美］克利福德·吉尔兹：《地方性知识——阐释人类学文集》，

王海龙、张家瑄译，中央编译出版社 2000 年版。

87. ［美］劳伦斯·M. 弗里德曼：《法律制度——从社会科学角度观察》，李琼英、林欣译，中国政法大学出版社 2004 年版。

88. ［美］唐纳德布·J. 布莱克：《法律的运作行为》，唐越、苏力译，中国政法大学出版社 2004 年版。

89. ［美］霍贝尔：《原始人的法》，严存生等译，法律出版社 2006 年版。

90. ［英］鲁珀特·克罗斯、菲利普·A. 琼斯：《英国刑法导论》，中国人民大学出版社 1991 年版。

91. ［德］尤尔根·哈贝马斯：《合法化危机》，刘北成、曹卫东译，上海人民出版社 2000 年版。

92. ［日］滋贺秀三：《中国家族法原理》，张建国、李力译，法律出版社 2003 年版。

93. ［日］千叶正士：《法律多元——从日本法律文化迈向一般理论》，中国政法大学出版社 1997 年版。

94. ［日］田山茂：《清代蒙古社会制度》，潘世宪译，商务印书馆 1987 年版。

三　论文类

1. 赵云田：《清代前期统治西北地区的政策和措施》，载《首都师范大学学报》（社科版）1982 年第 1 期。

2. 赵云田：《清代理藩院初探》，载《中央民族大学学报》1982 年第 1 期。

3. 赵云田：《略谈清代理藩院对西藏的治理》，载《西藏研究》1984 年第 3 期。

4. 赵云田：《清代理藩院的设置和沿革》，载《内蒙古师范大学学报》（哲学社会科学版）1984 年第 1 期。

5. 赵云田：《清朝治理蒙藏地区的几个问题》，载《中国社会科学》1994 年第 3 期。

6. 赵云田：《理藩院的整理和利用》，载《内蒙古社会科学》2001 年第 2 期。

7. 杨选第：《从〈理藩院则例〉与〈卫拉特法典〉的比较看其民族法规的继承性》，载《内蒙古社会科学》1998 年第 6 期。

8. 杨选第：《近年来清朝〈理藩院则例〉的整理研究概况》，载《内蒙古社会科学》1999 年第 3 期。

9. 杨选第：《理藩院专题研究力作〈清代治理边陲的枢纽——理藩院〉》，载《广播电视大学学报》1999 年第 4 期。

10. 杨选第：《从〈理藩院则例〉析清朝对蒙古地区立法的特点》，载《内蒙古社会科学》2000 年第 2 期。

11. 杨选第：《试论清代蒙古地区的司法制度》，载《内蒙古社会科学》2001 年第 4 期。

12. 李文祺：《清代理藩院职能的发展与完善》，载《哲学史研究》2007 年第 5 期。

13. 吕文利：《清代蒙古地区票照制度初探》，载《中国边疆史地研究》2007 年第 4 期。

14. 吕文利：《清代对蒙古地区实行的票照制度法律法规初探》，载《兰州学刊》2007 年第 2 期。

15. 刘长江：《清朝法政体制述论》，载《四川理工学院报》（社会科学版）2006 年第 1 期。

16. 张永江：《论清代的藩部与行省》，载《中国边疆史地研究》2001 年第 2 期。

17. 颜廷真、陈喜波、韩光辉：《清代热河地区盟旗和府厅州县交错格局的形成》，载《北京大学学报》（哲社版）2002 年第 6 期。

18. 廖杨：《论清代蒙古地区的民族立法》，载《社会科学辑刊》2003 年第 4 期。

19. 苏发祥：《简述清朝民族管理机构的形成及其演变》，载《西北民族学院学报》（哲学社会科学版）2002 年第 2 期。

20. 包文汉：《清代"藩部"一词考释》，载《清史研究》2000 年第

4 期。

21. 张世明：《清代宗藩关系的历史法学多维透视分析》，载《清史研究》2004 年第 1 期。

22. 李晓英、牛海桢：《试论清王朝对西北"外藩"民族的羁縻笼络政策》，载《青海民族研究》2006 年第 4 期。

23. 李大龙：《关于藩属体制的几个理论问题——对中国古代疆域理论发展的理论阐释》，载《学习与探索》2007 年第 4 期。

24. 达力扎布：《〈蒙古律例〉及其与〈理藩院则例〉的关系》，载《清史研究》2003 年第 4 期。

25. 达力扎布：《〈喀尔喀法规〉制定原因及实施范围初探》，载《中央民族大学学报》2005 年第 1 期。

26. 柴荣：《论古代蒙古习惯法对元朝法律的影响》，载《内蒙古大学学报》2000 年第 6 期。

27. 苏钦：《清代四大民族法规概观》，载《中国法学》1991 年第 4 期。

28. 苏钦：《〈理藩院则例〉性质初探》，载《民族研究》1992 年第 2 期。

29. 苏钦：《从"喀屯案"的审理看清朝边疆民族司法的灵活性》，载《法学杂志》1992 年第 6 期。

30. 苏钦：《清朝对边疆各民族实行的"换刑制"》，载《法学杂志》1993 年第 6 期。

31. 苏钦：《民族风俗习惯与民族法制建设》，载《中央民族大学学报》（哲社版）1998 年第 5 期。

32. 吴金：《北方民族文化发展的历史轨迹》，载《内蒙古社会科学》1996 年第 1 期。

33. 李凤山：《长城带民族融合的特点》，载《内蒙古社会科学》（文史哲版）1995 年第 6 期。

34. 徐晓光：《蒙古立法在清代法律体系中的地位》，载《比较法研究》1990 年第 3 期。

35. 徐晓光：《清朝政府对西藏的行政立法初探》，载《现代法学》1991 年第 1 期。

36. 徐晓光：《清朝对〈蒙古律例〉、〈理藩院则例〉的制定与修订》，载《内蒙古社会科学》1994 年第 3 期。

37. 滕毅：《历史上游牧民族的冲击对世界法制的影响》，载《法学评论》2000 年第 5 期。

38. 马啸：《20 年来有关清代前期治理西北蒙藏地区政策研究述评》，载《青海民族研究》2007 年第 2 期。

39. 史筠：《清朝治理西藏的基本法律——〈西藏通制〉》，载《民族研究》1992 年第 2 期。

40. 陈文仓：《玉树藏族部落习惯法初论》，载《青海民族研究》2004 年第 1 期。

41. 李占荣：《历史上藏族社会的经济法律论纲》，载《社会科学战线》2004 年第 2 期。

42. 王继先：《安多藏区僧职土司初探》，载《西北民族研究》1994 年第 1 期。

43. 朱文莉、毛阳海：《简析西藏噶厦时期的差乌拉制度》，载《中国藏学》2002 年第 1 期。

44. 张云：《元代西藏地方的基层组织》，载《中国边疆史地研究》1998 年第 2 期。

45. 郑秦：《清朝统治边疆少数民族区域的法律措施》，载《民族研究》1988 年第 2 期。

46. 沈晓云：《清代新疆的伯克制》，载《丝路学刊》1994 年第 1 期。

47. 吴轶群：《清代新疆道制建置沿革探析》，载《兰州学刊》2007 年第 3 期。

48. 武红薇、张杰：《略论清代在新疆设置军府制的历史作用》，载《石河子大学学报》（哲学社会科学版）2003 年第 2 期。

49. 聂红萍：《清代前期新疆州县以下基层制度的演变》，载《兰州大学学报》（社会科学版）2004 年第 1 期。

50. 苏奎俊：《试析清代"因俗而治"政策在新疆的实施》，载《新疆地方志》2006 年第 1 期。

51. 司俊：《略述清代前期西北边疆地区社会制度改革及其历史作用》，载《甘肃社会科学》1999 年第 5 期。

52. 王希隆：《新疆哈密维吾尔族中的札萨克旗制》，载《西域研究》1997 年第 1 期。

53. 王荣霞：《略论清代前期西北边疆的"因俗而治"政策》，载《甘肃理论学刊》2001 年第 1 期。

54. 陈国光：《清朝统治时期新疆维吾尔地区伊斯兰教法问题》，载《世界宗教研究》1990 年第 2 期。

55. 陈国光：《关于清代新疆伊斯兰教民法问题——契约文书探析》，载《西域研究》1992 年第 2 期。

56. 陈国光：《我国新疆地区历史上伊斯兰法制的兴衰》，载《西域研究》1993 年第 3 期。

57. 陈国光、徐晓光：《清代新疆地区的法制与伊斯兰教法》，载《西北民族研究》1995 年第 1 期。

58. 陈国光：《清政府对新疆伊斯兰教的政策》，载《新疆社会科学》2002 年第 2 期。

59. 马建德：《清朝政府在西北少数民族地区立法浅析》，载《甘肃民族研究》1985 年第 2 期。

60. 潘向明：《略论清政府在南疆地区的宗教政策》，载《西北史地》1991 年第 1 期。

61. 齐清顺：《清朝加强和改善新疆吏治的重大举措》，载《西域研究》1996 年第 2 期。

62. 王钟翰：《论清代民族宗教政策》，载《中国社会科学》1992 年第 1 期。

63. 贺萍：《试论新疆地区伊斯兰教的民族特点》，载《新疆大学学报》（社会科学版）2003 年第 4 期。

64. 马玉祥：《伊斯兰法文化与中国法文化的比较研究》，载《西北民族学院学报》（哲学社会科学版）2000 年第 1 期。

65. 白京兰：《清代回疆立法——〈钦定回疆则例〉探析》，载《中南民族大学学报》（人文社会科学版）2004 年第 4 期。

66. 王东平：《清代回疆的司法制度》，载《中国边疆史地研究》1997 年第 4 期。

67. 王东平：《清代回疆地区法律典章的研究与注释》，载《西北民族研究》1998 年第 2 期。

68. 王东平：《清代回疆法律文化刍论》，载《民族研究》1999 年第 3 期。

69. 王东平：《〈大清律例〉回族法律条文研究》，载《回族研究》2000 年第 2 期。

70. 赵丽君：《清代新疆乡约制度研究三题》，载《新疆师范大学学报》（哲学社会科学版）2006 年第 4 期。

71. 王志强：《有清一代西北边疆民族立法措施评析》，载《伊犁师范学院学报》（社会科学版）2007 年第 3 期。

72. 冯引如：《禁忌与图腾向习惯法的转变过程》，载《现代法学》2000 年第 6 期。

73. 苏力：《语境论——一种法律制度研究的进路和方法》，载《中外法学》2000 年第 1 期。

74. 徐祥民：《对中国古代法制研究中几个思维定式的反思——兼论战国前法制研究的方法》，载《中国社会科学》2002 年第 1 期。

75. 陈琳国：《论中国古代民族观的形成和发展》，载《北京师范大学学报》（社科版）1995 年第 1 期。

76. 李昕：《中华法系的封闭性及其成因》，载《法律科学》1994 年第 6 期。

77. 何溥滢：《中国民族史与中华民族精神的形成——以中国古代民族史事为例》，载《社会科学辑刊》2003 年第 1 期。

78. 杨方泉：《法律人类学研究述评》，载《学术研究》2003 年第 2 期。

79. 刘正寅：《试论中华民族整体观念的形成与发展》，载《民族研究》2000 年第 6 期。

80. 刘广安：《简论清代民族立法》，载《中国社会科学》1989 年第 1 期。

81. 李云霞：《清朝的民族立法特点》，载《满族研究》2006 年第 2 期。

82. 赵旭光：《清代地方司法管辖浅析》，载《天中学刊》2003 年第 18 卷。

83. 袁自永：《试论清代民族法制的特点》，载《贵州民族学院学报》（哲学社会科学版）2002 年第 2 期。

84. 郭成伟、孟庆超：《清代司法程序中的惰性因素分析》，载《中国政法大学学报》2002 年第 5 期。

85. 徐忠明：《关于中国法律史研究的几点省思》，载《现代法学》2001 年第 1 期。

86. 武树臣：《论判例在我国法制建设中的地位》，载《法学》1986 年第 6 期。

87. 游伟：《我国刑事判例制度初论》，载《法学研究》1994 年第 4 期。

88. 张文、何慧新：《关于创立中国刑事判例制度的思索》，载《政法学刊》1999 年第 1 期。

89. 汪建成：《对判例法的几点思考》，载《烟台大学学报》2000 年第 1 期。

后　记

当我敲完书稿的最后一个字，想到作品即将付梓，感慨良多。

诚如恩师方慧先生所言，这部专著是在我的博士论文《清代理藩院对蒙古、回疆和西藏地区的立法与司法问题研究》的基础上结合近年思考加工而成的。2007年我参加方慧先生的课题研究时发现了这个命题，并与方老师讨论后定名为《清代理藩院对非直省民族地区的立法与司法问题研究》。在开题审议时，评委们认为"非直省"这个概念不太合适，尽管我也做了一些在当时看来不太成熟的辩解，但仍未能保留住我的初衷，故而改成现在的论文题目。当然，对于清代行政区划中的直省与非直省二元结构的坚信，促使我一直关注清代北方民族地区法治问题。

我认为，帝制社会延续到清代，尽管从治理思想到制度体系都已经到了穷途末路。但是，清帝国为维持这种僵化的帝制统治模式而采取的一系列具体治理技术是富有成效的，尤其是为达到对边疆民族的政治控制，其吸取历代治边经验教训，对待民族尤其是北方民族问题上并不十分直接注重军事和政治而是比较信赖法治的功能，所以清代在民族法治建设上达致中国古代民族法制的巅峰。理藩院是清帝国管理蒙古、回疆和西藏地区民族事务的中央最高机构，古代中国所具有的立法、司法与行政合一的特点决定了理藩院对这些地区也同样拥有相当大的立法与司法权力，尤其是从实质主义立法与司法功能的角度来看更是如此。应当说，法律功能是法律社会学意义上的概念，法律社会学并不十分关注抽象的、形而上的思辨法律逻辑结构以及法律的概念，相反更加偏好对法律的实际效果的关注，更加笃信法律的生命不是逻辑而是生活经验。也正因为此，笔者对这个命题曾三易其名，变更为现在的《清代理藩院的法律功能研究》。研究中离不开法教义学的工具性作用，但更多的是站在社科法学的立场思考理藩院在实际立法与司法中所起的作用，着力观照的是理藩院的法律功能所受到的来自多方面力量的影响。

客观地说，这本专著的诞生凝结着很多人的心血，在此必须表达我对他们的崇高敬意：

我的恩师方慧先生不仅在我的博士论文的选题、结构设计、研究方法上给予精心指导，同时对我的生活也给予无微不至的关怀，尤其是对我的宽容更让我久久不能忘怀。

贵州社会科学院院长吴大华教授给予我的不仅仅是师长的培育之情，更多的还有兄长般的关爱。在我博士毕业后甚至调回安徽工作期间，吴大华老师都一直默默地关心我、支持我。

实际上，理藩院这个机构名称是大师兄胡兴东教授最早向我提起的，是他在阅读《刑案汇览》时发现的。当时我在参与方慧先生课题研究时对清代东北地区关注较多，于是才有后记开头博士论文选题产生的描述。在以后研究过程中仍然不断得到胡师兄慷慨而又细致的帮助，在此表达我对胡师兄的谢意。

博士论文开题后我到北京查阅收集材料时，方慧先生让我去拜访赵云田先生，赵先生对我的博士论文从基本结构和研究视域两个方面给予了真诚的建议，还把他多年研究理藩院的成果介绍给我，使我受益匪浅。研究中不少论据都引用了赵先生的研究成果，在此请表达我对他的敬意。

中国第一历史档案馆的李保文先生精通蒙古文和满文，他最先向我提出清代行政区划的"直省"与"非直省"的概念，并在后期研究过程中给我提供很多的一手资料和他自己多年研究的成果。保文先生豪爽仗义，给了我兄长般的温暖，至今不能忘怀。

我的硕士同学姚龙兵是我必须感谢的人。在博士论文研究期间，龙兵同学已经是北京师范大学刑事科学学院的刑法学博士生，当时他研究任务繁重，时间紧张且生活也不宽裕。我在北师大收集材料时承蒙留我与他同宿一间寝室，陪我查阅、复印资料，并且在生活上关怀备至，想来依然历历在目。这种亲兄弟般的友情一直到他任职最高人民法院时仍然维持着，并对我后续的研究提出很多建设性的意见，在我的书中尤其是立法功能部分更是凝结着他的智慧和心血。

感谢安徽医科大学的校领导和马克思主义学院的领导，在本书的出版经费上给予我一定支持。

感谢中国社会科学出版社的任明先生，我多次的叨扰他都不厌其烦地为我提供各种可能的帮助，正是他的关怀与鞭策才使本专著顺利出版。

本书的出版需要感谢的还有师弟谢波、北京大学刘敏博士等，还有很多的老师和同学给我提供过不同程度的帮助，在此一并表达我的谢意。

最后，要感谢我的爱人杨金侠教授，她本人科研任务繁重，身体不是太好，而本书的出版得益于她的默默奉献。无论是生活上、精神上还是智识上都给予我无私的帮助，这本专著的出版也可以聊表我对她的谢意尤其是歉意！

马青连

2016 年 12 月 4 日于合肥